제6판
행정법입문

김 철 용 저

고시계사

제6판 머리말

    제6판은 제5판을 바탕으로 몇 가지 부분을 추가하였습니다. 조금이나마 독자들에게 저서의 내용을 풍부하게 하고자 추가한 부분이 뜻하지 아니하게 처음 행정법을 공부하시는 분들에게 쉽지 않는 곳이 있을는지 모릅니다. 그러나 저자로서는 최대한 좀 더 이해하기 쉬운 책이 되도록 노력했습니다.

    제5판 중에 몇 가지 고친 부분도 있고, 오자·탈자를 바로 잡은 부분도 있습니다. 어떤 독자님이 새로이 행정법을 공부하기 시작하면서 제5판을 읽고 처음 책을 읽는 사람이 이해가 잘 되지 아니한 부분을 모두 적어 보내주셨습니다. 이 분은 제5판을 처음부터 끝까지 정독을 하여 사항색인의 쪽수까지 잘못된 부분을 고쳐 주었습니다.

    제6판은 2021년 2월 1일 현재의 법령을 기준으로 하고 있습니다.

    제6판의 개정을 도와주신 고시계사 全炳周 편집국장님께 감사를 드립니다.

2021년 2월
저자의 작은 서재에서

金 鐵 容

제5판 머리말

행정법입문의 책은 행정법을 처음 공부하는 사람을 위하여 쓰여진 것이라고 흔히 말합니다. 이 책도 행정법을 처음 공부하는 분들을 위해 쉽고 간결하게 집필된 것은 사실입니다. 이 입문서를 읽고 난 뒤 본격적인 행정법의 도그마틱에 도전하게 되면 쉽게 행정법을 이해하게 됩니다.

행정법을 공부하는 분들 중에는 입문서를 읽는 것을 생략한 채 바로 전문서적인 행정법이론서에 뛰어드는 분들도 있습니다. 필자는 이 분들에게도 행정법입문서를 읽어보시길 권합니다.

그 이유는 행정법을 빠르게 마스터하는 데에 행정법입문서가 도움이 되기 때문입니다. 개개의 나무 하나하나는 잘 보이지만 숲 전체를 보지 못한다는 말이 있습니다. 행정법입문서가 행정법의 전체를 보는 데에 도움이 됩니다. 그 뿐만 아니라 행정법입문서에는 전문 행정법이론서에 기술되어 있지 않는 부분이 설명되어 있는 경우가 있습니다. 그래서 필자는 행정법입문서와 전문 행정법이론서를 자매로 비유하기도 합니다. 자매는 성년이 될 때까지 늘 같이 있습니다. 서로 도와주고, 도움을 받으며 자랍니다. 행정법입문서와 전문 행정법이론서도 이와 같습니다.

제5판에서도 제4판 이후 개정된 법령으로 책을 고치고, 책의 내용을 보충하면서 보다 쉬운 책이 되게 하려고 노력하였습니다.

제5판에도 여러분들이 도와 주셨습니다. 金明植 학장님, 李敏榮 교수님, 張校渨 교수님께 감사를 드립니다.

2020년 2월
작은 서재에서

金 鐵 容

제4판 머리말

　제4판은 제3판에서 사용한 데이터를 새로운 데이터로 바꾸었습니다. 또한 그동안 개정된 법령을 현행 법령으로 고쳤습니다. 적절하지 아니한 사례는 없애고, 새로운 사례로 대체하였습니다.

　이와 동시에 책의 내용을 약간 보완하였습니다. 그러나 이 책의 처음 의도대로 간결하고 알기 쉬운 책을 유지하는데 최선을 다하였습니다. 좀 더 깊이 알고 싶은 독자는 저자의 전면개정행정법 제7판을 참고하시기 바랍니다.

　제4판의 개정에는 건국대학교 법학전문대학원 張校湜 교수와 가톨릭대학교 법학과 李敏榮교수님이 도와 주셨습니다. 특히 李 교수님은 건강이 좋지 아니함에도 불구하고 끝까지 다하여 주었습니다. 바쁜 가운데에서도 시간을 할애하여 도와주신 張 교수와 李 교수님께 감사를 드립니다.

2018년 1월
서재에서
金 鐵 容

제3판 머리말

　제3판에서는 제2판에 이어 독자들이 더욱 이해하기 쉬운 책이 되도록 노력하였습니다. 행정법입문을 읽는 독자들 중에는 행정법을 처음 대하는 이들이 많을 것으로 생각했기 때문입니다.

　제3판에서는 저자의 전면개정판 행정법과의 연계에 더욱 유의하였습니다. 전면개정판 행정법을 읽는 독자를 위해서 선행되어야 할 기초 이해는 가능한 한 행정법입문에서 습득할 수 있도록 최선을 다하였습니다.

　제3판을 내면서 2014년 2월 12일 현재의 법령을 기준으로 하였습니다.

　제3판에도 미진한 부분이나 잘못된 부분이 있을 것입니다. 기회가 주어지는 대로 보완하거나 고치도록 노력하겠습니다.

　제3판의 출간을 도와주신 鄭相薰 사장님을 비롯하여 全炳周 편집국장님, 閔智暎 디자인팀장님께 감사를 드립니다.

2014년 2월
서재에서

金 鐵 容

제2판 머리말

   저자로서는 독자들의 응원에 힘입어 제2판을 간행하게 된 것을 기쁘게 생각합니다. 제2판에서는 독자들이 이해하기 어렵다고 생각할 곳에는 사례를 넣고, 설명이 충분하지 못하다고 저자가 생각하는 곳에는 설명을 보충하는 등 보다 쉬운 책이 되도록 노력하였습니다.

   저자는 제2판 행정법입문을 손질하면서 저자의 전면개정판 행정법과의 연계에 유의하였습니다. 전면개정판 행정법은 행정법의 전문서적입니다. 기초이해 없이는 어렵습니다. 저자는 제2판 행정법입문을 행정법의 기초를 이해시키는데에 초점을 맞추고 있습니다. 제2판 행정법입문을 읽고 난 후 전문서적인 전면개정판 행정법을 읽어보면 훨씬 이해하기 쉬울 것으로 생각합니다.

   제2판에도 잘못이 읽을 것으로 생각합니다. 기회가 주어지는대로 고치도록 하겠습니다.
   어려운 출판사정에도 제2판을 출간해 주신 고시계사에 감사를 드립니다.

2012년 11월
서재에서

金 鐵 容

머리말

저자로서는 행정법입문이라는 이름의 책이 햇빛을 보게 된 것을 기쁘게 생각합니다.

대체로 법학을 공부하는 사람들은 행정법을 공부하는 것이 어렵다고 이야기 합니다. 간혹 저자가 행정법을 전공하는 사람이라는 것을 알게 되는 경우, 수험생들 중에는 행정법을 어떻게 공부해야 쉽게 이해할 수 있느냐고 묻는 사람이 많습니다. 법과대학에 다니는 제자들 중에는 알기 쉬운 행정법을 써달라고 주문하는 사람도 있었습니다. 이러한 경우, 저자로서는 알기 쉽고 간결한 책을 집필하여 공급해 주는 것이 교수로서의 책무가 아닐까 생각하곤 했습니다.

그러나 그러한 책의 집필을 시작한다는 것이 쉽지 않았습니다. 특히 전통적 행정법이 바탕으로 하고 있었던 실정법이 개정 또는 실효되고, 새로이 많은 행정법규가 제정되고 있으므로, 이들 새로운 행정법규를 바탕으로 한 새로운 행정법의 체계를 쉽게 이해시킬 수 있는 책이어야 한다는 생각이 저자의 집필의지를 가로 막았습니다.

그런데 이미 간행되고 있는 저자의 행정법 교과서의 개정판이 출간된 지 얼마 되지 않은 금년 3월 중순, 행정법 강의를 하고 있는 제자의 강권으로 구상을 시작했습니다. 이 구상이 결국 이 책을 출간하게 된 시작이 되었습니다.

또 하나 이 책을 집필하게 된 이유가 있다면 법학전문대학원에서의 경험입니다. 그 경험에서 법학전문대학원에서 수업을 받고 있는 학생 중에는 이미 출간되어 있는 저자의 행정법 교과서를 이해하기 어려운 분들도 있겠다는 것을 알게 되었습니다. 그 분들이 저자의 행정법 교과서를 읽기 전에 입문 정도의 쉽고 간결한 책이 있어 그 분들께 읽혔으면 그 분들이 행정법을 이해하는데 도움이 될 수 있을 것 같습니다.

제2판 머리말

    저자로서는 독자들의 응원에 힘입어 제2판을 간행하게 된 것을 기쁘게 생각합니다. 제2판에서는 독자들이 이해하기 어렵다고 생각할 곳에는 사례를 넣고, 설명이 충분하지 못하다고 저자가 생각하는 곳에는 설명을 보충하는 등 보다 쉬운 책이 되도록 노력하였습니다.

    저자는 제2판 행정법입문을 손질하면서 저자의 전면개정판 행정법과의 연계에 유의하였습니다. 전면개정판 행정법은 행정법의 전문서적입니다. 기초이해 없이는 어렵습니다. 저자는 제2판 행정법입문을 행정법의 기초를 이해시키는데에 초점을 맞추고 있습니다. 제2판 행정법입문을 읽고 난 후 전문서적인 전면개정판 행정법을 읽어보면 훨씬 이해하기 쉬울 것으로 생각합니다.

    제2판에도 잘못이 읽을 것으로 생각합니다. 기회가 주어지는대로 고치도록 하겠습니다.

    어려운 출판사정에도 제2판을 출간해 주신 고시계사에 감사를 드립니다.

2012년 11월
서재에서

金 鐵 容

머리말

저자로서는 행정법입문이라는 이름의 책이 햇빛을 보게 된 것을 기쁘게 생각합니다.

대체로 법학을 공부하는 사람들은 행정법을 공부하는 것이 어렵다고 이야기 합니다. 간혹 저자가 행정법을 전공하는 사람이라는 것을 알게 되는 경우, 수험생들 중에는 행정법을 어떻게 공부해야 쉽게 이해할 수 있느냐고 묻는 사람이 많습니다. 법과대학에 다니는 제자들 중에는 알기 쉬운 행정법을 써달라고 주문하는 사람도 있었습니다. 이러한 경우, 저자로서는 알기 쉽고 간결한 책을 집필하여 공급해 주는 것이 교수로서의 책무가 아닐까 생각하곤 했습니다.

그러나 그러한 책의 집필을 시작한다는 것이 쉽지 않았습니다. 특히 전통적 행정법이 바탕으로 하고 있었던 실정법이 개정 또는 실효되고, 새로이 많은 행정법규가 제정되고 있으므로, 이들 새로운 행정법규를 바탕으로 한 새로운 행정법의 체계를 쉽게 이해시킬 수 있는 책이어야 한다는 생각이 저자의 집필의지를 가로 막았습니다.

그런데 이미 간행되고 있는 저자의 행정법 교과서의 개정판이 출간된 지 얼마 되지 않은 금년 3월 중순, 행정법 강의를 하고 있는 제자의 강권으로 구상을 시작했습니다. 이 구상이 결국 이 책을 출간하게 된 시작이 되었습니다.

또 하나 이 책을 집필하게 된 이유가 있다면 법학전문대학원에서의 경험입니다. 그 경험에서 법학전문대학원에서 수업을 받고 있는 학생 중에는 이미 출간되어 있는 저자의 행정법 교과서를 이해하기 어려운 분들도 있겠다는 것을 알게 되었습니다. 그 분들이 저자의 행정법 교과서를 읽기 전에 입문 정도의 쉽고 간결한 책이 있어 그 분들께 읽혔으면 그 분들이 행정법을 이해하는데 도움이 될 수 있을 것 같습니다.

막상 구상을 끝내고 집필을 시작해 보니 행정법을 쉽고 간결하게 쓴다는 것이 생각처럼 간단하지 않았습니다. 집필을 끝낸 지금도 과연 처음 의도대로 쉽고 간결한 그리고 새로운 흐름을 이해시킬 수 있는 책이 되었는지, 또 하나의 어려운 책을 출간하게 된 것이 아닌지 걱정도 됩니다. 다행히 개고의 기회가 주어진다면 저자가 처음 의도하였던대로의 책이 되도록 노력할 생각입니다.

이 책이 집필을 시작하여 2개월이란 짧은 기간에 완성된 것이라 혹시 잘못이 있을런지 모르겠습니다. 최선을 다하였지만, 혹시 있더라도 너그럽게 혜량하여 주실 것을 부탁드립니다. 발견하는 대로 고치도록 하겠습니다.

이 책이 나오기까지는 여러분들의 도움이 있었습니다. 특히 저자가 20여년 가까이 편집위원으로 있는 고시계사의 鄭相薫 사장님을 비롯한 여러 사원님들의 도움이 컸습니다. 교정은 저자의 조교였던 金成洙 박사가 맡았습니다. 이 자리를 빌어 감사를 드립니다.

2010년 8월
서재에서

金 鐵 容

Contents

제2장 행정과 사인은 어떤 관계에 있는가

제4장   행정은 어떻게 행하여지는가

제5장 | **행정은 어떤 절차를 밟는가**

제 1 장

행정법이란 어떤 법인가

제1장 행정법이란 어떤 법인가

I. 행정법은 법학의 한 분야이다

　법학의 세계는 헌법·민법·형법 등 여러 분야가 있다. 이 밖에도 상법·민사소송법·형사소송법 등도 있다. 마치 자연과학의 세계에는 물리학·화학·생물학·천문학·지학 등 여러 분야가 있는 것과 같다. 행정법도 법학의 세계에 속하는 한 분야이다. 행정법은 「헌법」·「민법」·「형법」·「상법」·「민사소송법」·「형사소송법」 등과 인접하여 서로 관련을 맺으면서 이들 전체를 법학이라는 이름으로 부르고 있는 학문의 한 분야를 이루고 있다. 그 중에서도 「헌법」·「민법」·「형법」과 행정법은 밀접한 관계가 있다. 따라서 행정법의 이해를 위해서는 「헌법」·「민법」·「형법」을 이해하는 것이 필요하다.

　2020년 12월 25일 어느 조간신문 성탄절 기사 중 다음과 같은 기사가 있었다.

　"2005년 대한민국은 황우석 전 서울대 교수의 논문조작 논란으로 떠들썩했다. 당시 그는 국제학술지 '사이언스'에 세계 최초로 인간배아줄기세포를 추출했다고 발표해 과학계를 놀라게 했다. 하지만 결국 데이터 조작으로 밝혀졌고 황 전 교수는 서울대에서 파면됐다. 그로부터 15년이 흐른 2020년 서울대 교수들이 박사과정 학생과 함께 '황우석 백서(白書)'를 만들기로 의기투합했다. H 서울대 생명과학부 교수는 '사회적으로 중요한 사건이 터지면 연구자들이 모여서 정리를 하고 그로부터 얻을 수 있는 교훈을 남겨야 한다'며 '백서를 통해 황우석 사태를 정리하면 그런 일들이 완전히 사라지진 않더라도 줄지 않겠는가'고 말했다."

한국방송공사는 2005년 12월경 소속 프로듀서(PD)인 A로 하여금 당시 세상을 떠들썩하게 했던 S대학교 황우석 교수의 논문조작 사건의 진실여부를 밝히는 '추적 60분 프로그램'으로 "새튼은 특허를 노렸나"(Gerald Schatten은 황우석 교수의 출원특허를 도용하고 있다는 의혹을 받고 있던 미국 피츠버그 대학의 교수)라는 제목의 방송용 가편집본 테이프를 제작하도록 하였다. 그러나 제작된 테이프에 논란이 된 부분이 있어 제작기간을 연장하기도 하였으나 논란이 된 부분이 보완되지 않았고 방송 여부에 대하여 프로듀서들 사이에 의견대립이 계속되자 한국방송공사는 2006년 4월 4일 TV제작본부 교양다큐팀장 회의를 열어 해당 프로그램을 방송하지 않기로 결정하고, 같은 날 시사정보팀장 명의로 추적 60분 홈페이지를 통하여 '현 상태로는 해당 프로그램을 방송할 수 없고 향후 필요하다면 별도의 방송을 검토할 생각'이라는 입장을 표명하였다. 이에 A는 방송용 가편집본 테이프를 가지고 2006년 4월 4일부터 2006년 4월 13일까지 잠적하였고, 그 기간 중에 외부에서 위 방송용 가편집본 테이프에 임의로 더빙 및 자막처리를 하여 2006년 4월 18일에 제출하였다. 이에 A가 제출한 정보를 황우석 교수의 지지자들 중 한 사람이 한국방송공사에 대하여 정보의 공개를 청구하면서 소송이 되었다. 이 소송에서 주된 쟁점은 문제가 된 정보가 「공공기관의 정보공개에 관한 법률」상의 비공개사유에 해당하느냐의 여부였지만, 정보의 공개가 헌법상 사생활의 비밀과 자유를 침해하는 것이 아니냐의 문제, 방송의 자유와 독립을 훼손할 우려가 있는 것이 아니냐는 문제 등 헌법의 이해가 문제되었다.

Ⅱ. 행정법이라는 이름의 법률은 없다

「헌법」·「민법」·「형법」·「상법」·「민사소송법」·「형사소송법」에는 각각 「헌법」·「민법」·「형법」·「상법」·「민사소송법」·「형사소송법」이라고 부르는 법률인 법전(法典·code)이 있다. 그러나 행정법에는 행정법이라는 이름의 법률이 없다. 이를 형식적 의미의 행정법이 없다고 말한다. 행정법은 수 많은 법률로 이루어져 있다. 행정법을 구성하는 법률 중에는 「행정규제기본법」·「행정대집행법」·「행정절차법」·「행정심판법」·「행정소송법」등과 같이 행정이라는 문자가 들어가 있는 법률도 있다. 그러나 「정부조직법」·「지방자치법」·「국가공무원법」·「지방공무원법」·「경찰관직무집행법」·「집회 및 시위에 관한 법률」·「도로교통법」·「식품위생법」·「공중위생관리법」·「수도법」·「국민기초생활 보장법」·「국토의 계획 및 이용에 관한 법률」·「건축법」·「공익사업을 위한 토지등의 취득 및 보상에 관한 법률」·「국세기본법」·「지방세법」·「국세징수법」 등 행정이라는 문자가 들어가 있지 않으면서 행정법을 구성하고 있는 법률이 수없이 많다. 요컨대, 각기 다른 이름과 내용을 가진 무수히 많은 법률들이 행정법을 구성하고 있다.

Ⅲ. 행정법이란 무엇인가

1. 행정법이란 행정을 규율하는 법이다

행정법을 한 마디로 정의한다면, 행정법은 행정을 규율하는 법이다. 이를 실질적 의미의 행정법이라고 부른다. 실질적 의미의 행정법이 무엇인가를 이해하기 위해서는 행정이란 무엇인가, 규율이란 무엇인가, 법이란 무엇인가를 밝혀야 한다.

2. 행정이란 무엇인가

(1) 우리 생활 곳곳에 행정이 있다

우리 일상생활은 행정과 불가분의 관계에 있다. 예를 들어보자. 인간생활의 세 가지 요소는 옷과 음식과 집이다. 우리가 집을 지으려고 하면, 우선 우리가 건축주가 되어 설계를 위해서 설계자와 계약을 하여야 하고, 건축의 시공을 위해서 공사시공자 및 공사감리자와 각각 계약을 체결하여야 한다. 그 다음, 건축주는 시장이나 군수 또는 구청장의 허가를 받아야 한다. 이 허가를 흔히 건축허가라고 부른다. 건축허가를 받고자 하는 사람은 건축허가신청서에 설계도서 등을 첨부하여 허가권자인 시장·군수·구청장에게 제출하여야 한다. 건축허가를 받은 사람은 건축공사에 착수할 수 있는데, 공사에 착수하기 전에 허가권자인 시장·군수·구청장에게 공사계획을 신고하여야 하고, 신고서에는 공사감리자와 공사시공자가 함께 서명하여야 하며, 설계도면과 건축주·공사시공자 및 공사감리자 간의 계약서의 사본을 첨부하여야 한다. 건축공사가 완료되면 건축주는 공사시공자로부터 건축물의 인도를 받아야 하고, 공사감리자가 작성한 감리완료보고서를 첨부하여 허가권자에게 사용승인을 신청하여야 한다. 사용승인의 신청을 받은 허가권자는 건축물의 사용승인을 위한 검사를 하여 검사에 합격한 건축물에 대하여 사용승인서를 교부하는데, 이 사용승인서를 교부받은 건축주는 비로소 건축물을 사용할 수 있게 된다.

만일 건축허가를 받지 아니하고 건축물을 건축하거나 사용승인을 받지 아니하고 건축물을 사용하게 되면, 처벌을 받거나, 경우에 따라서는 철거 등 강제조치를 당하게 된다.

이상에서 본 것 중 건축허가, 사용승인 및 철거 등 강제조치가 행정이다. 이와 같은 행정이 필요한 것은 건축물의 안전·기능·환경 및 미관을 향상시키고, 이로써 공공복리의 증진에 이바지하기 위한 것임은 말할 나위가 없다.

행정이 우리의 일상생활에 미치고 있는 예는 열거할 수 없을 정도이다. 2018년 12월 31일 현재 우리나라의 국가공무원과 지방공무원의 수는 105만 9850명이다. 이들이 매일 행하고 있는 활동이 행정인 것이므로 그 예를 열거할 수 없을 정도인 것은 당연하다.

(2) 행정에는 어떤 종류의 것이 있는가

1) 연혁적으로 본 행정의 종류

연혁적으로 보아 행정에는 어떤 종류가 있는가. 행정의 종류는 국가에 따라, 같은 국가라도 시대에 따라 다르다. 즉 행정의 종류는 특정 국가가 놓여 있는 사회적·경제적 배경의 변경에 따라 커다란 변동을 겪게 된다.

흔히 자유국가의 행정에서 복리국가의 행정으로의 추이(推移)라는 말을 한다.

(가) 자유국가의 행정

18세기와 19세기를 걸친 자본주의 국가에서는 자본주의적 경제활동을 활발하게 하는 것이 행정의 목표가 되어 있었다. 그 때문에 국민이나 주민 등 사인(私人) 개개인의 자주·자율이 존중되어 행정에 의한 사회에 대한 간섭은 극력 배격되어야 했다. 거기에는 작은 정부가 표방되어 행정의 범위는 좁게 한정될 수 밖에 없었다. 행정의 임무는 오로지 사회의 자율적 질서를 지키는 것이라는 이상(理想)에 서 있는 국가를 흔히 자유국가라고 부른다. 때로는 질서국가 또는 야경국가(夜警國家)라고도 부른다. 이러한 자유국가의 행정에는 경찰행정·군사행정·외교행정·조세행정이 그 대부분을 이룬다.

(나) 복리국가의 행정

그러나 20세기에 들어오면서 과학기술의 눈부신 발전에 의하여 고도산업사회가 나타나게 되면서 사정이 급격하게 변화하게 되었다. 사람들의 생활이 고도화·복잡화하게 됨에 따라 사회의 통합관리를 목적으로 하는 행정의 내용도 복잡화하게 됨에 따라 사회의 통합관리를 목적으로 하는 행정의 내용도 복잡하게 되면서 다양한 분야에 미치게 되었다. 사인의 생활의 구석구석까지 행정이 미치게 되어 행정 없이는 사인의 일상생활을 생각할 수 없는 복리국가의 등장이 그것이다. "요람에서 무덤까지"의 표어가 단적으로 이를 나타내고 있다.

이러한 복리국가의 행정 중 두드러진 행정은 규제행정과 급부행정이다. 규제행정의 시작은 자유국가의 행정에서 비롯된 경찰규제행정이다. 경찰규제행정은 식품영업허가나 의사면허 등에서 볼 수 있는 바와 같이 비위생적인 식품영업이나 미숙한 의사에 의하여 사회에 해독을 끼치는 것을 미연에 방지하기 위하여 행하는 자유의 제한이라는 소극적 성격을 갖는다. 이들은 시민의 자유를 기초로 하고 예외적으로 사회질서를 교란하는 행위를 방지하거나 제거하기 위한 필요최소한도의 규제이다. 그러나 이와 같은 형식적인 자유와 평등이 가져다 준 사회적 역학관계의 불균형은 사회 내부의 이해 대립과 분열을 초래하게 되고 이것이 새로운 규제행정을 필요로 하게 된다. 도시의 과밀화나 도시주변지역의 무질서한 개발 및 공장규모의 거대화에 따른 유해물질의 대량 방출로 인한 생활환경의 급속한 악화에 대처하기 위한 토지에 대한 강력한 규제, 대기오염 등 방지규제, 경제사회행정에서의 부당노동행위에 대한 규제, 독과점 및 불공정거래 등이 그 대표적인 예이다.

급부행정은 사인에 대하여 일상생활에 필수불가결한 물자와 서비스를 제공하는 행정이다. 사인의 생활권을 보장하여 인간다운 생활을 영위할 수 있도록 하기 위한 수도사업 등 공기업 행정, 학교·도서관 등 영조물행정, 도로·하천·공원 등 공물행정, 산업재해보상보험급여·생계급여 지급 등 사회보장행정, 보조금 교부 등 자금조성행정이 그 주류를 이룬다.

2) 행정을 행하는 주체에서 본 행정의 종류

행정을 행하는 주체에 따라 행정을 나눈다면, 크게 국가행정과 지방행정이 있다. 외교·국방·국세·물가정책·우편·철도·기상행정·신생에너지 개발 등은 국가행정에 속한다. 주민등록·청소·전염병예방·상수도 및 하수도의 설치·교육 및 문화시설의 설치 등은 대체로 지방행정에 속한다.

3) 행정의 대상을 기준으로 한 행정의 종류

행정은 그 대상을 기준으로 하여 나눌 수 있다. 행정활동을 경찰행정, 급부행정,

국토·도시계획·건축 등 토지행정, 토지의 수용·사용 등 공용부담행정, 환경행정, 세무행정, 군사행정 등으로 나누는 것이 그 예이다.

4) 행정이 행하여지는 단계에서 본 행정의 종류

행정은 그것이 행하여지는 단계에 따라 추상적인 행정과 구체적인 행정으로 나눌 수 있다. 정책·제도·계획의 수립 및 기준의 설정 등은 추상적인 행정의 단계이며, 기준의 적용·화재의 진압·교통질서의 유지 또는 생계급여의 지급 등은 구체적인 행정이다.

5) 행정의 수단을 기준으로 한 행정의 종류

행정은 그 수단을 기준으로 하여 권력행정과 비권력행정으로 나뉜다. 권력행정이란 국민에게 조세의 납부를 명한다든가 공익사업을 위하여 토지를 강제적으로 수용한다든가, 무허가 건물을 철거하는 등 공권력을 행사하여 일방적으로 명령하고 강제하는 행정을 말한다. 비권력행정이란 도로나 하천을 관리한다든가 국·공립학교를 설치·운영하는 등 공권력 행사를 수단으로 하지 아니하는 행정을 말한다. 「행정절차법」·「행정심판법」·「행정소송법」은 '공권력의 행사'라는 개념을 사용하고 있다. 따라서 "공권력"의 개념은 행정법의 핵심(key)개념으로서 중요한 의미를 가진다. 행정의 행위가 공권력성을 가지는가의 여부에 의하여 법률의 근거를 필요로 하는가 등 법이론의 적용이나 행정소송을 제기하는 경우에 어떤 종류의 소송을 선택해야 하는가 등 쟁송상의 취급에 질적인 차이를 가져오는 경우가 있다.

예컨대, 행정이 자동차 운전자가 교통법규를 위반하였음을 이유로 운전면허를 취소하려고 하면 반드시 교통법규에 취소할 수 있는 근거 규정이 있어야 하며, 취소당한 자동차 운전자가 이를 다투려고 하면 취소심판이나 취소소송으로 다투어야 한다.

6) 행정이 사인에게 이익을 주느냐의 여부에 따른 행정의 종류

행정이 사인에게 이익을 주느냐의 여부에 의하여 이익행정과 불이익행정으로 나뉜다. 이익행정이란 택시영업을 허가한다든가 철도사업면허를 해주는 등 행정이 사인에게 권리·이익을 주는 행정을 말한다. 수익(授益)행정이라고도 한다. 이에 대하여 불이익행정은 사인에게 권리·이익을 주는 것을 거부하거나, 택시영업허가를 취소하는 등 기득의 권리·이익을 제한·박탈하거나, 시정명령 등 사인에게 새로운 의무를 과하거나, 의무를 이행하지 아니하거나 법을 위반하는 경우에 강제 또는 제재를 과하는 행정을 말한다. 침익행정이라고도 한다. 행정이 이익행정이냐 불이익행정이냐의 여부에 의하여 법이론의 적용이나 쟁송상의 취급에 질적인 차이를 가져오는 경우가 있다.

예를 들어 행정이 불이익행정을 하는 경우에는 불이익행정을 하는 원인이 되는 사실과 행정의 내용 및 법적 근거 등을 사전에 알려주어야하며, 불이익행정을 다투는 경우는 취소심판·무효확인심판·취소소송·무효확인소송 등으로 다투게 되나 이익행정을 신청하였는데 이를 거절하는 경우는 의무이행심판·부작위위법확인소송으로 등으로 다투게 된다.

행정 중에는 한쪽 사인에게는 이익을, 다른 한쪽 사인에게는 불이익을 주는 것이 있다. 이를 복효적 행정이라 한다.

7) 행정이 임하는 목적을 기준으로 한 행정의 종류

행정이 임하는 목적을 기준으로 하여 적극행정과 소극행정으로 나눌 수 있다. 적극행정이란 사인의 권리·이익의 실현을 위하여 적극적으로 활동할 것을 목적으로하는 행정을 말한다. 환경보호행정·소비자보호행정 등이 그 예이다. 이에 대하여 소극행정이란 행정이 적극적인 판단이나 행동을 가능한 한 삼가는 것을 목적으로 행하여지는 행정을 말한다. 예컨대, 경찰행정이 원칙적으로 이러한 소극행정에 속한다.

8) 행정의 법에 대한 구속의 정도를 기준으로 한 행정의 종류

행정의 법에 대한 구속의 정도에 따라 기속(羈束)행정과 재량행정으로 나뉜다. 기속행정은 자동차운전면허행정과 같이 법이 정한 요건에 해당하면 운전면허를 해주어야 하는 것처럼 법에 엄격하게 구속되어 있는 행정을 말하며, 재량행정은 철도사업면허행정과 같이 법이 행정에게 자기판단의 여지를 주어서 면허를 할 것인가의 여부를 결정하게 하는 것처럼 법에 의한 넓은 범위의 권한부여에 의하여 행하여지는 행정을 말한다. 그러나 법이 기속행정에도 선택적으로 판단할 수 있는 여지를 남겨두기도 하고, 재량행정도 법에 의한 구속을 받는다는 점에서 기속행정과 재량행정의 구별은 상대적인 것이다.

(3) 규제행정과 급부행정의 구별이 중요하다

앞의 연혁적으로 본 행정의 종류에서 규제행정과 급부행정을 언급하였다. 행정을 규제행정과 급부행정으로 나누는 것은 행정법 전체를 이해하는 데 매우 도움이 되는 중요한 구별이다. 중복되지만 좀 더 보기로 한다.

1) 규제행정이란 어떤 것인가

우리 법률 중에「도로교통법」이란 법률이 있다. 이 법률 속에 규제행정의 전형적인 예를 볼 수 있다.「도로교통법」은 누구든지 운전면허를 받지 아니하고 자동차를 운전하여서는 아니된다고 규정하고, 자동차를 운전하고자 하는 사람은 지방경찰청장으로부터 운전면허를 받아야 한다고 규정함과 동시에 운전면허를 받지 아니하고 자동차를 운전한 사람은 1년 이하의 징역이나 300만원 이하의 벌금에 처한다고 규정하고 있다. 경찰청이 발표한 2019년도 교통사고통계에 의하면 2018년도 자동차 교통사고 발생 217,148건, 사망자 3,781명, 부상자 323,036명이다. 귀중한 생명을 잃은 사람은 말할 것도 없고, 사망자의 가족과 부상자의 고통은 얼마나 클 것인지 헤아리기 어렵다. 운전면허를 받지 아니하고 자동차를 운전한 사람은 처벌을 받을 것이고, 교통사고로 사망한 유족과 부상자는 가해자에 대하여 손해배상을 청구할 수 있을 것이다. 그러나 그것으로 원상회복이 될 수 없을 뿐만 아니라 유족과 부상자의 고통을 덜어주기 어렵다. 가장 좋은 방법은 미숙한 운전을 하지 못하게 하여 자동차 교통사고가 일어나지 못하게 하거나 감소시켜야 한다. 자동차 운전면허는 이를 위한 규제행정의 전형적인 예이다.

규제행정을 필요로 하는 까닭(사유)에는 위의 예 이외에도 여러 가지가 있다. 시장(市場)이 제대로 작동하지 못하여 규제를 하는 경우, 시장의 실패(market failure)가 규제의 정당화 사유이라고 한다. 시장의 메카니즘(mechanism)이 자원을 가장 적합하게 배분하는 것이다. 이것이 자유경제 체제의 장점이다. 이 장점을 최대한 발휘하기 위해서는 일정한 전제 조건이 충족되어야 한다. 전제 조건이란 예컨대 소수의 공급자와 수요자에 의하여 시장이 지배되어서는 아니된다든가 사람들이 시장과 제품에 대하여 합리적인 판단을 하기에 충분한 정보를 가져야 한다든가 하는 등이다. 그런데 어떤 까닭으로 말미암아 이와 같은 조건이 충족되지 못하게 되어 시장의 메카니즘이 비틀어지는 현상이 발생하는 경우에 이를 시장의 실패라고 한다. 우리는 매일의 생활 속에서, 혹은 뉴스를 통하여 규제를 경험하고 있다. 이 경우 우리가 생각해야 하는 것은 행정이 과연 필요한 규제를 하고 있는 것인지, 규제를 제대로 하고 있는 것인지의 여부이다. 따라서 규제행정에서 중요한 문제는 통제라고 하는 것을 알 수 있다.

2) 급부행정이란 어떤 것인가

인간 생활의 세 가지 요소는 옷과 음식과 집이다. 이를 위해서는 수입이 있어야 하고 수입을 위해서 우리는 직업을 갖는다. 그러나 직업을 얻을 수 없는 경우도 있고, 직업을 얻었다고 하더라도 병으로 일을 할 수 없는 경우도 있다. 이 경우에 대비하여 보험에 가입하기도 하고, 저축하기도 하며, 친족의 도움을 받기도 한다. 그러나 그럼에도 불구하고 경우에 따라서는 사람이 사람다운 생활을 못할 때도 있다. 행정은 이에 대비하여 안전 시스템(safety system)을 마련하게 된다. 이것이 급부행정이다.

위의 규제행정이 교통사고 등의 발생에 대비하여 국민·주민의 자유를 제한하는 행정이라고 한다면 급부행정은 생활보호제도로서 사람의 건강하고 문화적인 최저한도의 생활을 보장하기 위하여 금전이나 서비스를 제공하는 행정이다. 이와 같은 급부행정은 오늘날 생활보호에 한정되지 아니하고 널리 교육, 쓰레기 처리, 도로·하천·상수도·하수도의 설치와 관리, 여러 가지 공공복리 서비스 등 분야에 확대되고 있다. 이 경우에도 우리가 생각해야 하는 것은 행정이 과연 필요한 급부를 하고 있는 것인지, 급부를 제대로 하고 있는 것인지의 여부이다. 따라서 급부행정에서 중요한 문제도 통제라는 것을 알 수 있다.

3. 규율이란 무엇인가

규율이라는 말은 여러가지 의미로 사용된다. 경우에 따라서는 의사표시의 뜻으로 사용되기도 한다. 예컨대, 뒤에서 설명하는 바와 같이 "행정행위의 부관"이라는 개념을 정의하면서 "본체의 행정행위에 부가된 종된 행정청의 규율"이라고 밝히고 있다. 이때 사용하는 규율은 행정청의 의사표시를 의미한다.

그러나 '행정을 규율하는 법'이라고 할 때의 규율은 위와 같은 뜻으로 사용된 것이 아니다. 이때의 규율은 행정기관에게 행정의 권한을 부여하거나, 행정의 기준을 정하거나, 행정을 일방적으로 명령하거나 합의하거나, 행정을 구체적으로 실시하거나 또는 집행하거나, 행정을 통제한다는 뜻이다.

4. 법이란 무엇인가

(1) 법의 뜻

법이란 사람들의 행동의 지침 내지 평가기준이 되는 규범의 체계로서 강제의 뒷받침을 받는 것을 말한다. 이것이 지금까지의 일반적인 정의이다.

그러나 법의 의미를 한 마디로 단정하기 어렵다. 학자들이 항상 다투고 있는 문제이기 때문이다. 따라서 법의 의미는 학자들마다 차이가 있다. 독일의 법철학자 라인홀트 지펠리우스(Reinhold Zippelius)는 그 어느 것이나 "수정을 남겨 놓은채, 알려고 노력하는 잠정적인 결과일뿐이다"라고 말한다.

흔히 실정법(實定法)과 자연법(自然法)을 함께 법이라고 한다. 실정법은 입법기관에 의하여 일정한 목적 아래 의식적으로 행하여진 법 정립 행위를 거쳐 만들어진 법인 제정법(制定法)과 사회생활 속에서 관행이 반복되어 형성된 법인 관습법과 같은 경험적 사실에 바탕하여 성립하였고, 또 경험적 성격을 가지는 현실로 행해지고 있는 법을 통틀어 일컫는 말이다. 그러나 실정법은 인간이 만든 법이라 불완전하다. 이에 대하여 자연법은 때와 공간을 초월한 자연 내지 이성(理性)을 전제로 존재하는 법이다. 오늘날 보통 법이라 할 때에는 실정법을 말한다. 이에 의하면, 법이란 사회에 존재하는 주장과 요구의 대립을 바탕으로 하여 생겨나고, 일정한 질서를 세우기 위해서 사회의 지배적인 규범 의식에 의하여 그 준수가 강요되는 규범이며, 그 강요성은 원칙적으로 일정한 기구(機構)에 의한 조직적 강요에 의하여 뒷받침되는 것이다.

(2) 공법(公法)과 사법(私法)

법은 크게 공법과 사법으로 크게 나뉜다. 우리나라의 지금까지의 통설에 의하면 공법이란 공권력 발동에 관한 법 및 공권력 발동에 관한 법은 아니지만 공익과 밀접한 관련이 있는 법이라고 하고, 행정법을 이러한 공법에 한정하였다. 즉 행정법이란 행정을 규율하는 공법으로 한정하였다.

우리나라의 현행법(실정법이라고 부른다)에는 공법과 사법의 구별을 전제로 하고 있는 경우가 있다. 예컨대, 「행정소송법」은 행정소송의 종류(동법 제3조)로서 당사자소송을 들고, '공법상의 법률관계에 관한 소송'이라고 정의한다. 여기서 말하는 공법이 무엇이며, 어떤 경우가 여기서 말하는 '공법상의 법률관계'에 해당하는가는 공법과 사법의 구별 일반론에 의하여 획일적으로 정하여지는 것이 아니라 각각의 법률관계의 근거가 되어 있는 법의 구조를 개별적·구체적으로 검토함으로써 정하여진다. 따라서 실정법에서 공법과 사법을 구별하고 있다는 것과 행정법의 범위를 공법에 한정한다는 것과는 별개의 문제이다.

앞에서 본바와 같이 오늘날 현대국가에 있어서는 행정기능이 늘어나면서 행정활동이 사인의 생활의 구석구석까지 스며들어 있기 때문에 행정에 관한 모든 법과 법

현상을 다루어야 할 필요가 있다. 그러나 행정법의 범위를 공법에 한정하게 되면 많은 사인들과 밀접한 관련이 있는 행정에 관한 법과 법현상의 일부를 제외하게 된다. 예를 들면, 「공익사업을 위한 토지 등의 취득 및 보상에 관한 법률」은 제3장에서 수용을 위한 토지 등의 취득을 위한 첫 절차인 사업인정 이전에 공익사업에 필요한 토지 등의 협의에 의한 취득을 규정하고 있다. 공익사업에 필요한 토지 등은 종래 대부분 사업시행자와 토지 소유자의 계약에 의한 임의매수의 방식에 의하여 취득되었다. 임의매수의 방식이 강제수용의 방식보다 바람직함은 말할 나위가 없다. 그러나 임의매수의 방식에 의하는 경우, 임의매수의 성질상 일정한 기준이 있을 수 없으므로, 매수가격이 수용에 의한 보상기준보다 낮아질 수 있다. 실제로 1960년대 후반부터 경부고속도로 건설 등 공익사업이 활발해지면서 임의매수를 할 때의 가격과 수용보상을 할 때의 가격에 차이가 발생하였고, 임의매수를 할 때의 가격이 낮아 민원의 대상이 되었다. 이에 현행 「공익사업을 위한 토지 등의 취득 및 보상에 관한 법률」은 공익사업에 필요한 토지 등의 취득 속에 협의에 의한 취득과 수용에 의한 취득을 포함하여 보상액 산정뿐만 아니라 절차 등을 동일하게 규정하였다. 판례는 사업인정 이전의 사전협의에 의한 토지 등 취득의 법적 성질을 사법상 계약이라고 하였다(헌법재판소 1992. 11. 12. 90헌마160 결정, 대법원 1994. 12. 13. 선고 94다25209 판결 등). 따라서 행정법을 행정을 규율하는 공법에 한정하는 한, 「공익사업을 위한 토지등의 취득 및 보상에 관한 법률」중 사업인정 이전의 사전협의에 의한 취득 및 그에 따른 보상액 산정과 절차 등 규정은 사법규정으로 행정법의 대상에서 제외된다.

지금까지의 통설이 행정법을 공법에 한정하였던 것은 공법에는 특수한 공법원리가 있다는 것을 전제로 하고 있었다. 문제는 과연 특수한 공법원리가 존재하는가의 여부이다. 행정 규율의 특수성이라는 것이 개별 행정법규가 부여하고 있는 것에 불과한 것이라고 볼 수 있기 때문이다. 이에 의하면, 행정 규율의 특수성은 개별 행정법규의 해석의 문제에 귀결된다.

(3) 실체법과 절차법

법은 또한 실체법과 절차법으로 나뉜다. 실체적 법률관계를 규율하는 법을 실체법이라 부른다. 권리와 의무에는 어떤 종류가 있고, 그것들은 어떻게 변동하며, 어떤 효과를 가지느냐 등 일반적으로 권리와 의무의 실체를 규정한다. 개개의 규정을 실체적 규정이라고 부른다. 광업법 제5조 제1항 본문은 "광구에서 광업권이나 조광권에 의하지 아니하고 토지로부터 분리된 광물은 그 광업권자나 조광권자의 소유로 한다"고 규정하고 있는데, 이 규정이 실체적 규정의 예이다. 절차적 법률관계를 규율하는 법을 절차법이라 부른다. 국세기본법 제64조 본문은 "국세청장은 심사청구를 받으면 국세심사위원회의 의결에 따라 결정을 하여야 한다"고 규정한 것은 절차적 규정의 예이다.

실정법은 끊임없이 변경한다. 예를 들면, 현행 국가공무원법 제75조 제1항 본문은 "공무원에 대하여 징계처분 등을 할 때나 강임·휴직·직위해제 또는 면직처분을 할 때에는 그 처분권자 또는 처분제청권자는 처분사유를 적은 설명서를 교부(交付)하여야 한다"라고 규정하고 있다. 그러나 1949년 8월 12일 제정 당시의 국가공무원법을 보면 이와 같은 처분사유 설명서 교부같은 규정은 없고, "신체정신상의 고장으로 직무를 감당치 못할만한 지장이 있을 때", "근무 성적이 극히 불량할 때" 등에 해당할 때 임명권자는 면직시킬 수 있다는 등 실체적 규정만을 두고 있다. 1963년 6월 1일 국가공무원법 전면 개정 때 처분사유 설명서 교부규정을 신설하는 등 절차적 내용을 보완하였다. 1981년 5월 31일 개정, 2010년 3월 22일 개정, 2019년 4월 17일 개정으로 교부 대상이 확대되고 있다.

우리 행정법은 처음에는 실체법 중심의 법체계였다. 그러다가 점차 절차법이 중요시 되는 법체계로 변화된 것이다. 지금은 실체법과 절차법이 법의 지배의 두 기둥을 이루고 있다. 이것은 절차가 문명국의 보편적 가치로 인식되면서 우리 실정법도 끊임 없이 변화하고 있기 때문이다.

IV. 행정법이 왜 필요한가

1. 행정법은 언제부터 등장하게 되었는가

행정법의 역사는 길지 않다. 산업자본을 원동력으로 하는 근대의 시민사회에 있어서만 해도 행정의 많은 부분이 시민일반에 공통하는 시민법의 규정에 따라 실시될 수 있었다. 예를 들어 식품에 독약을 넣는 등 사회적으로 위험한 행위를 규제하기 위해서는 그러한 행위를 범죄로 지정하여 형벌을 정해두기만 하면 형사법의 절차에 따라 국가가 이를 규제함으로써 해결할 수 있었다. 주택의 제공이라는 행정서비스를 예를 들어보면 행정측에서는 민법상의 방법으로 필요한 토지와 자재를 획득하여 그 토지 위에 주택을 건축하여 시민과 임대차 계약을 체결하여 이용시키기만 하면 특별한 문제가 없었다. 그러나 시민법의 규정만으로 모든 행정목적이 적절하게 실현될 수 있는 것은 아니다. 사회적으로 위험한 행위의 규제만 하더라도 위험한 행위가 증대하게 됨에 따라 위의 형사법적 대응으로는 일정한 한계가 있다. 국민의 건강과 안전을 지키기 위해서는 행정측에게 위험이 발생할 우려가 있는 시민의 행위를 사전에 조사하여 필요한 경우에는 행위를 제한하거나 금지를 명령할 수 있는 시스템을 정비하지 않으면 아니된다. 구체적으로 위해시설(危害施設)의 설치에 신고제를 규정한다든가 약품의 제조·판매에 감독을 강화할 필요가 있게 되어 이러한 규제의 권한을 행정측에 부여하는 법률의 제정이 늘어나게 된다. 이리하여 시민법과는 다른 행정에 특유한 법률이 생겨나게 된 것이다.

2. 오늘날 행정법이 필요한 이유는 무엇인가

오늘날 행정법이 필요한 이유로 여러가지를 들 수 있다. 여기서는 몇 가지만 들어보기로 한다.

(1) 피해나 분쟁의 사전 방지

행정법은 피해나 분쟁을 미연에 방지하기 위하여 필요하다. 앞에서 「도로교통법」이 자동차를 운전하고자 하는 사람은 운전면허를 받아야 한다고 규정하고 있음을 보았다. 이 운전면허제도는 미숙한 자동차 운전자로 인한 교통사고를 미련에 방지하기 위한 것이다. 즉 「도로교통법」은 예방행정을 위한 것이다.

요즘에는 자동차 못지않게 자전거를 가진 사람이 급증하고 있다. 이로 말미암아 자전거로 인한 사고가 많아지고 있다. 물론 자전거 사고로 부상을 받은 사람은 가해자에 대하여 손해배상을 청구할 수 있다. 그러나 그것으로 원상회복이 될 수 없을 뿐만 아니라 부상자의 고통을 덜어주기 어렵다. 그래서 「도로교통법」은 종래 없었던 자전거 등의 통행 방법에 대한 특례를 별도로 규정을 새로이 마련하고 있다. 이 규정들에 의하면, 우선 자전거 등의 운전자는 자전거도로가 따로 있는 곳에서는 그 자전거도로를 통행하여야 한다. 자전거도로가 설치되지 아니한 곳에서는 도로 우측 가장자리에 붙여서 통행하여야 한다. 자전거 등의 운전자가 횡단보도를 이용하여 도로를 횡단할 때에는 자전거에 내려서 자전거를 끌거나 들고 보행하여야 한다. 이들 규정들은 자전거로 인한 피해나 분쟁을 미리 방지하기 위한 것이다.

오늘날 현대인에게 가장 큰 관심사 중의 하나가 환경문제이다. 사람들은 누구나 건강하고 쾌적한 환경에서 생활하기를 원한다. 그러나 사람들의 희망과는 달리 환경은 나날이 파괴되고 있고, 그로 인한 피해도 속출하고 있다. 물론 환경피해를 구제하기 위한 제도가 있다. 가장 일반적인 방법은 전통적인 민사상의 구제로서 환경피해로 인한 손해배상청구와 환경피해 원인행위에 대한 금지청구이다. 그러나 이러한 제도에 의하여 피해구제가 확실히 되는 것은 아니며, 사후처리에 의하여 환경보전이 되는 것도 아니다. 환경은 한번 훼손되면 이를 원상으로 회복시키기 어려울 뿐만 아니라 때에 따라서는 회복이 불가능한 경우가 많기 때문에 환경을 보전하기 위한 최선의 방법은 환경이 훼손되지 아니하도록 사전에 예방하는 것이다. 「환경정책기본법」·「환경영향평가법」·「대기환경보전법」 등 여러 환경행정법들이 사전 예방을 위한 규제들을 행하고 있다.

(2) 사회의 무질서한 발전의 컨트롤

행정법은 사회의 무질서한 발전을 컨트롤하기 위해 필요하다.

만일 사람에게 자기 마음대로 생산하고 버리고 폐기하며, 소유물을 사용·수익하게 하거나, 생활 공간을 자유로이 개발하도록 허용하면 어떻게 될 것인가를 생각해보자. 아마 인간의 생활은 분쟁이 끊임없이 발생할 것이고, 물이나 음식물을 안전하게 먹을 수 없을 것이며, 환경은 악화하게 될 것이다. 왜냐하면 인간이 각자가 적법하게 행동한다고 하더라도 그 권리·자유·이익을 최대한으로 추구하게 될 것이므로 각자에게는 최선이라 하더라도 예컨대 인간의 가장 기본인 식품의 안전성을 보장할 수 없을 것이며, 결국 사회 전체적으로 보면 중대한 불이익을 초래할 가능성이 높기 때문이다. 이와 같은 사회의 무질서한 발전을 컨트롤하기 위한 행정법이 「식품위생법」·「수도법」·「도로교통법」·「소음·진동규제법」·「환경정책기본법」 등이다.

(3) 자원의 취득과 효율적 이용

자원을 취득하고 자원을 효율적으로 이용하는 일은 국가·사회의 발전을 위해서 매우 중요하다. 자원의 취득과 그 효율적 이용을 사인의 임의와 자율에 맡겨서는 실현되기 어렵다. 도로의 건설 등 공익사업을 위하여 토지를 취득하는 경우를 예로 들어보자. 가장 이상적인 방법은 공익사업을 시행하려는 사업자가 임의매수(사법상 계약)에 의하여 공익사업에 필요한 토지를 모두 취득하는 것이다. 그러나 그것은 현실적으로 어려운 일이다. 공익사업을 위해서 임의매수에 응하는 사람들도 있을 것이지만, 응하지 아니하는 사람들도 있을 것이기 때문이다. 이러한 경우에는 필요한 토지를 강제적으로 취득하지 아니하고서는 공익사업을 행할 수 없다. 이를 위한 행정법이 「공익사업을 위한 토지 등의 취득 및 보상에 관한 법률」이다.

또한 자원을 효율적으로 이용하는 일도 대단히 중요하다. 토지를 예로 들어보자. 우리가 살아가야 할 국토는 한정되어 있다. 국토교통부의 2018년 12월 31일 전국 국토 현황에 의하면 대한민국의 국토 총 면적은 100,377,668,318㎡이고 그 중에서 농경지 19.9%, 산림지(임야) 63.5%, 대지 3.1%, 공장용지 1.0%, 공공용지(학교·도로·공원) 6.9%, 하천 2.8%, 그 밖에 5.6%를 차지하고 있다. 이와 같이 이용할 수 있는 토지가 협소하므로 토지에 대하여 계획을 세워 유효 적정하게 이용하여야 한다. 이를 위한 행정법이 「국토기본법」·「국토의 계획 및 이용에 관한 법률」 등이다.

(4) 생활필수 서비스의 제공·제공확보 및 생존배려

행정은 경찰, 소방, 재난·안전 관리, 상·하수도 등 국민 또는 주민의 생활에 필수적인 서비스를 직접 공급하거나 공급제공을 확보하며, 약자의 생존을 배려한다.

우선 예를 주택문제에서 찾아보자. 우리는 누구나 건강하고 쾌적한 생활을 원한다. 이를 위해서는 질좋은 거주 공간을 확보하는 것이 무엇보다 중요하다. 그러나 우리나라는 심각한 주택난 문제에 직면하고 있어 주택을 확보하는 것이 매우 어렵다. 따라서 무엇보다 양질의 주택 공급이 급선무이다. 민간주택건설 사업자들이 주택을 공급하지만, 이들만에 의존하여서는 해결되기 어렵기 때문에 국가 등이 주택난 문제를 해결하기 위해서 적극적으로 개입하게 된다. 「주택법」이란 법률에서 규정하고 있는 주택의 공급 등이 그 예이다. 주택 공급에서 중요한 포인트는 주택구입능력이 취약한 일반서민을 대상으로 저렴한 가격으로 임대·분양하는 주택이다. 또한 국가 등은 주택 건설 사업이 원활하게 되게 하기 위해서 택지를 확보하여 주어야 한다. 「택지개발촉진법」이란 법률이 있다. 이 법률은 도시지역의 시급한 주택난을 해소하기 위해서 주택 건설에 필요한 택지의 취득·개발·공급 및 관리 등에 관하여 특례를 규정함으로써 국민 주거 생활의 안정에 기여하고 있다.

또한 행정법은 사회보험(연금·의료보험), 사회보상(군사원호보상·범죄피해보상), 사회부조(구빈·생활보호), 사회복지(아동복지·노인복지·장애인복지)등 사인의 건강하고 문화적인 생활을 확보하기 위한 배려를 하고 있다. 예컨대 「국민기초생활보장법」은 현실적으로 생활빈궁상태에 있는 사람에게 그 사람의 기여 등에 관계없이 최저한도의 인간다운 생활을 보장하기 위하여 직접 급여를 지급 할 수 있는 규정을 두고 있다.

V. 행정법은 다른 법과 어떻게 다른가

1. 행정법이 갖는 일반적 특색

행정법이 다른 법에 비해서 갖는 특색을 일률적으로 말하기 어렵다. 개괄적으로 본다면 다음과 같이 요약할 수 있다.

(1) 행정의 우월한 지위

행정법에서는 개체와 전체의 조화라는 관점이 전면에 나선다. 그 때문에 행정에게 우월한 지위를 행정법이 인정하는 경우가 있다. 행정이 국민의 건강이나 안전을 지키기 위하여 사전에 위험의 발생을 억제하는 경우를 생각해 보자. 국민의 건강이나 안전을 지키기 위해서는 법률이 약해(藥害)의 발생을 방지할 수 있도록 예컨대 제약회사를 강제적으로 조사할 수 있도록 한다든가 약품의 제조에 허가를 받도록 한다든가 이미 허가한 약품의 제조를 금지할 수 있도록 허가를 취소한다든가 할 수 있는 권한을 행정기관에게 부여하지 않으면 아니된다.

이와 같이 행정법에는 시민법과 달리 행정에게 우월적인 지위를 인정하는 경우가 적지 않다. 행정법이 사법(私法)에서와는 달리 행정활동이 위법함에도 불구하고 잠정적인 통용력(이른바 공정력)을 인정하거나, 행정법상의 의무를 이행하지 아니한 경우에 의무를 강제적으로 이행시키기 위한 공권력의 행사(행정상 강제집행)를 규정하고 있는 것이 이러한 경우이다.

(2) 공익성의 지배

행정의 본질은 공공성·공익성을 추구하여 그것을 실현하는 데에 있다. 행정법규에 "공익", "공공의 이익", "공공복리", "공공의 안녕"등의 용어가 등장하는 것은 이 때문이다. 공익이란 개념은 시대와 더불어 변천·발전되어 온 여러 의미를 가진 개념이다. 그래서 공익의 의미에 관하여 다투어지기도 한다. 그러나 공익이란 것이 본래부터 있는 것이 아니라 대립되는 여러 이익 간의 조정에 의하여 사회나 공동체의 성원 간에 성립하거나 형성되는 공동(共同)의 이익이라고 보는 것이 오늘날의 일반적인 견해이다. 어쨌든 공익은 행정법에서 중요한 의미를 가진다. 대법원은 행정청이 원고의 산림형질변경허가 기간을 연장하여 달라는 신청을 반려하는 처분을 한데 대하여 원고가 이를 취소하여 달라는 소송사건에서 "산림형질변경허가는 법령상의 금지 또는 제한지역에 해당하지 않더라도 신청대상 토지가 현상과 위치 및 주위의 상황들을 고려하여 국토 및 자연의 유지와 상수원 수질과 같은 환경의 보전 등을 위한 중대한 공익상의 필요가 있을 경우 그 허가를 거부할 수 있다"(대법원 2007. 5. 10. 선고 2005두13315 판결 등)라고 판결하여 공익이 이 사건 처분의 적법 여부의 판단 기준으로 작용하고 있음을 보여주고 있다. 위 판결에서 공익은 '국토 및 자연의 유지와 상수원 수질과 같은 환경의 보전 등'이다.

행정이 갖는 이와 같은 공익성의 지배는 앞의 행정의 우월한 지위와 더불어 행정에 엄격한 법치주의(법률에 의한 행정의 원칙)가 적용되는 원인이 된다.

(3) 행위규범성

법을 흔히 재판규범과 행위규범으로 나눈다. 재판규범이란 법관이 재판을 하기 위한 기준으로서 정립된 법을 말한다. 이에 대하여 행위규범이란 국민·주민 즉 사인이나 행정기관 등의 활동의 기준으로서 정립된 법을 말한다. 운전면허 등 허가를 예로 들어보면 「도로교통법」이라는 법률에서 사인이나 행정기관을 구속하는 행위규범인 활동기준이 사전에 만들어져 있어서 그 기준인 행위규범에 따라 면허가 행하여지기도 하고 행하여지지 아니하기도 한다. 법을 이와 같이 재판규범과 행위규범으로 나누는 경우, 행정법은 분쟁이 발생해서 재판을 받게 되면 재판규범으로 기능하지만, 제1차적으로는 행위규범이다. 이는 행정법이 법률관계에서 발생하는 분쟁을 해결하기 위한 법적 판단의 기준(재판규범)이 되는 것보다 행정질서의 관리와 운영을 마련하는 것에 더 본질적인 목표를 두고 있는 특성에서 나온다. 행정법령을 해석할 때에 그 초점을 행정법이 어떻게 하면 행위규범으로서 잘 기능할 수 있게 하는가에 맞추어야 하는 것도 이 까닭이다. 이 점에서 민사법(民事法)·형사법(刑事法)과는 중점에 차이가 있다. 민사법과 형사법은 제1차적으로는 재판규범이다. 민사법관계인 물건의 매매를 예로 들어 보면, 사전에 당사자를 구속하는 룰(rule)인 행위규범이 만들어져서 그에 따르는 것이 아니라 매도인과 매수인이 물건값을 흥정해서 물건 1개에 1만원이라는 룰이 사후에 만들어지고 이 룰이 양 당사자를 구속한다. 「민법」 제3편 제2장 제3절에 규정된 매매 규정들은 양 당사자간에 분쟁이 발생한 경우에 재판규범으로 기능하게 된다. 한편 「형법」 제250조 제1항은 "사람을 살해한 자는 사형, 무기 또는 5년 이상의 징역에 처한다"라고 규정하고 있다. 이 형법 규정은 직접적으로 사회생활을 하고 있는 일반사인의 활동기준으로서 정립된 행위규범이라기 보다는 범법행위에 대하여 형벌이라는 법률효과를 귀속시키기 위해서 규범위반행위를 사후적으로 평가하기 위한 기준으로서 정립된 재판규범이다.

(4) 획일성

민사법의 영역에서는 임의규정(任意規定)이 원칙임에 반하여, 행정법은 강행규정인 것이 원칙이다. 임의규정은 당사자의 의사에 의하여 그 적용을 배제(排除)할 수 있는 규정이며, 강행규정은 당사자의 의사가 어떠하던 강제적으로 적용되는 규정이다.

민사법의 영역에서는 계약자유의 원칙 등 사적자치(私的自治)의 원칙이 기본이 되어 있으므로, 당사자가 자유로이 표명하는 의사에 따라서 계약관계를 형성하는 것이 원칙적으로 가능하다. 따라서 법률이 정하고 있는 것보다 당사자 간의 약속이 우선하는 셈이다. 이에 반하여 행정법의 영역에서는 국가 또는 지방자치단체가 조세를 부과하는 것 등 공권력을 행사하여 행정을 행함에는 상대방의 의사에 불구하고 공평·평등을 기하기 위하여 행정법규를 획일적으로 적용하여 집행하지 아니하면 아니되는 것이 그 특색이다. 회사의 사장이든, 전무이든, 평사원이든 봉급생활자이면 연봉이 얼마인가에 따라 세법이 정하는 바에 따라 소득세가 획일적으로 정하여진다. 형편이 좋지 않으니 세금을 조금 깎아달라는 것은 소득세법이 정하는 일정한 사유에 해당하지 아니하는 한 인정되지 아니한다.

(5) 외관성·형식성

행정법은 외관주의(外觀主義)가 또 하나의 특색이다. 행정법은 다수의 국민 또는 주민을 대상으로 하여 획일·평등하게 대량으로 사안을 신속하게 처리하지 않으면 아니 될 경우가 있다. 이러한 경우에는 규율의 대상이 되는 사람이나 사물의 내면적·실질적인 사정을 일일이 파고 들어갈 수 없고 외부에 나타나 있는 외관적·형식적인 상태를 기준으로 하여 정형적으로 처리할 것이 인정되지 않으면 아니된다. 예를 들면, 「공익사업을 위한 토지 등의 취득 및 보상에 관한 법률」은 토지소유자의 토지를 강제적으로 취득하는 근거 법률이다. 여기서 말하는 토지소유자는 진실한 토지소유자이어야 함은 말할 나위가 없다. 그러나 사업시행자가 과실없이 진정한 토지소유자임을 알지 못할 때에는 형식상 권리자인 등기부상 소유명의자를 피수용자로 확정하더라도 적법하다.

(6) 기술성 · 전문성

행정법은 나날이 새로워지는 기술의 진보나 사회경제적 조건의 변화에 맞추어 서로 대립하고 충돌하는 다원(多元)적인 공익이나 사익을 적정하게 조정해가면서 행정목적을 공정하고 합리적으로 달성하기 위한 법이므로, 다른 법분야에 비해서 기술(技術)적 성격이 강하다. 예컨대, 사람의 생명 · 건강이나 환경 등에 유해한 행위나 상태, 매우 위험도가 높은 시설 등의 규제를 행하는 경우에 법률은 기본적인 규제의 틀만을 규정하고, 목표치 · 기준치 · 기술기준 · 설비기준 등을 시행령 · 시행규칙 · 고시 · 계획 등에 위임하거나, 법률에서는 추상적이거나 다의(多義)적인 개념 또는 불명확한 개념(이를 불확정개념이라고 부른다)으로 행위의 요건을 규정하여 그 판단을 행정청의 전문적 · 기술적 재량에 맡기는 경우가 적지 않다. 또한 도시계획, 댐 건설, 공항건설 등 대규모의 기획사업과 같이 일정한 토지나 그 토지의 지상과 지하 공간을 대상으로 행하여지는 공공적 사업의 계획 결정에 있어서는 그 결정과정에 서로 충돌하는 공익과 사익 사이, 공익 사이, 사익 사이의 조정, 관계 주민의 참여와 합의 형성, 다른 계획과의 조정, 행정기관 상호간의 권한 조정, 계획재량의 적정한 행사 등을 위한 계획절차 등 기술적으로 극히 복잡한 과정을 거치도록 되어 있다. 이처럼 행정법은 하나의 법률 아래 광범한 하위의 규범체계를 가지고 있어서 그 기술성 · 전문성 때문에 이해하기 어려운 부분이 적지 않다.

(7) 목적규정

행정을 규율하는 법률은 목적규정을 두고 있다는 점이 특색이다. 행정을 규율하는 법률은 정책의 산물인 것이므로, 행정을 규율하는 법률의 목적규정은 정책의 의도를 명시하여 주는 기능을 행한다. 목적규정은 이 기능 외에도 설명기능 · 해석기능을 가진다. 행정법 중에는 법을 구성하는 조문들을 보면 그 법의 제정 이유를 알 수 있다. 그러나 법문만으로는 명확하지 아니하는 경우가 있다. 이 경우 이를 간결하게 설명해 주는 것이 목적규정이다. 또한 행정법의 해석 · 적용은 개별 조문을 직접 대상으로 하지만, 개별조문만으로는 이것인지 저것인지 잘 알 수 없는 애매한 경우가 있다. 이 경우 법의 목적규정이 해석기능을 행하게 된다.

2. 행정법과 헌법

「헌법」은 국가의 최고 기본법이며, 행정법은 「헌법」의 하위법으로서 그 한 구성부분을 이룬다. 흔히 행정법은 헌법의 구체화법이라고 한다. 따라서 「헌법」의 기본원리는 행정법의 기본원리를 이룬다.

대한민국헌법 제1조 제2항은 "대한민국의 주권은 국민에게 있고, 모든 권력은 국민으로부터 나온다"라고 규정하고 있다. 이것이 국민주권원리이다. 국민주권은 국정의 운영이 궁극에 있어서는 국민의 의사에 바탕을 둘 것을 요구하는 통치의 원리이다. 따라서 우리나라의 행정조직, 행정의 구조, 실제로 행하여지는 개개의 구체적인 행정활동은 모두 최종적으로는 국민의 의사에 의하여 정당화되지 않으면 아니 된다.

다만, 행정법이 「헌법」의 구체화법이라고는 하지만, 「헌법」이 행정법을 전면적으로 동시에 일의적(一義的)으로 구속하는 것은 아니다. 「헌법」의 규정은 추상적이고 개방적이어서, 행정이 행하여야 할 구체적인 내용은 행정법규에서 정할 수 밖에 없고, 따라서 행정법의 영역에서 일정한 범위 내에서 선택 가능성이 존재하게 된다. 그러나 이로 인하여 발생하는 「헌법」과 행정법의 간격은 행정활동의 관점이나 방향이 헌법원리의 지배를 받는다는 점에서 상대적인 것에 불과하다.

3. 행정법과 민사법

(1) 행정법과 민사법의 구별

민사법은 사인(법인을 포함한다) 상호 간의 사회생활의 준칙(rule)과 그것을 둘러싸고 발생하는 법적인 분쟁을 재판에 의하여 해결하기 위한 절차에 관하여 정한 법(민법·상법·민사소송법 등)이다. 민사법은 사인과 사인 간의 법률관계를 규율하며 원칙적으로 계약의 법리가 적용된다는 점에서 계약의 법리가 아니라 법률에 의한 행정의 원리가 적용되는 법인 행정법과 다른 것이며, 민사법에만 의하여는 사회관리기능에 한계가 있기 때문에 행정법이 필요하게 되는 것임은 도로교통의 안전확보라는 사회관리기능을 예로 들어 보면 명백하다. 교통사고가 발생한 경우 민사법에 의하여 사고를 일으킨 가해자로 하여금 피해자에게 손해배상을 시키는 것만으로는 도로교통의 안전을 효과적으로 실현할 수 없고, 국가의 보다 적극적인 대책이 필요하며, 그러한 대책의 중심에 있는 것이 운전면허제도이다. 운전면허제도는 행정조직으로서의 경찰조직이 맡고 있다.

그러나 행정법과 민사법은 밀접한 관계에 있다.

(2) 행정법과 민사법의 관계

행정활동에 민사법 특히 계약법리가 적용되는 경우가 드물지 않다. 국가나 지방자치단체가 사인으로서의 지위에서 물품을 구입하는 매매계약, 청사를 건설하는 도급계약 등에 민사법이 적용되는 것은 말할 것도 없고, 국공립병원의 이용관계 등 서비스의 제공이라는 행정목적을 직접 실현하는 공행정활동에도 널리 민사법이 적용된다.

행정법은 앞에서 본 바와 같이 수많은 행정법령으로 이루어져 있을 뿐이고, 행정법규 전체의 체계를 세워 편별로 조직한 성문(成文)의 법규집인 행정법이라는 이름의 법전(法典)이 없다. 이에 비하여 민사법에는 「민법」·「상법」·「민사소송법」이라는 이름의 법전이 있다. 그 결과 행정법이 법전으로 되어 있으면 있어야 할 법의 일반원칙이라든가 기간의 계산 방법 등 법 기술상의 약속이라든가 하는 규정이 민사법의 법전 속에 들어있다. 이들 민사법의 법전 속에 들어있는 규정이 행정법의 공백을 메우는 경우가 있다. 「행정소송법」 제8조 제2항은 "행정소송에 관하여 이 법에 특별한 규정이 없는 사항에 대하여는 「법원조직법」과 「민사소송법」 및 「민사집행법」의 규정을 준용한다"라고 하여 이를 명시하고 있는 경우가 있다.

또한 경우에 따라서는 행정법이 사인과 사인간의 법률관계에 개입하기도 한다. 예컨대 「국토의 계획 및 이용에 관한 법률」에는 사인과 사인이 국토교통부 장관이 지정한 허가구역 안에서 토지의 거래계약을 체결하는 경우에는 시장·군수·구청장의 허가를 받도록 규정하고 있다. 사인 간에 행정청의 허가를 받지 아니하고 토지거래계약을 체결하게 되면 그 토지거래계약은 무효가 된다.

4. 행정법과 형사법

형사법은 범죄와 형벌 및 범죄를 인정하고 형벌을 과하기 위한 절차에 관하여 정한 법(「형법」·「형사소송법」 등)이다. 행정법과 민사법에서와 마찬가지로 형사법만으로는 사회관리가 완벽할 수 없다. 다시 도로교통의 안전 확보라는 사회관리 기능을 예로 들면, 교통법규를 정하여 그 위반자에게 형벌을 과하는 것만으로는 도로교통의 안전을 효과적으로 실현할 수가 없다. 여기에도 행정조직에 의하여 운영되는 운전면허제도로 교통사고의 발생 자체를 최소화하는 행정이 필요하다. 그러나 운전면허제도를 행정조직이 운영하여도, 운전면허를 받아 자동차를 운전하도록 하고 있는 행정법상의 의무가 제대로 이행되도록 담보되지 아니한다면 운전면허제도 자체가 온전히 기능할 수 없게 된다. 「도로교통법」은 운전면허를 받지 아니하고 자동차를 운전하지 못하도록 하는 행정법상의 의무를 과하고, 이 행정법상의 의무가 제대로 이행되도록 담보하기 위하여 벌칙에서 의무위반자에게 형사벌을 과하도록 규정하고 있다. 즉 운전면허제도를 뒷받침하고 있는 것은 형사벌이다. 이처럼 행정법과 형사법은 긴밀한 관계가 있다.

VI. 행정법의 기본원리로는 어떤 것이 있는가

1. 행정법의 기본원리에는 여러가지가 있다

행정법의 기본원리에는 여러가지가 있다. 우선 헌법과 행정법의 관계를 보면 앞에서 본 바와 같이 행정법은 헌법의 구체화법인 것이므로, 헌법의 기본원리 즉 권력분립원리·민주국가원리·법치국가원리·사회국가원리는 행정법의 상위의 기본원리가 된다. 이 상위의 기본원리에 바탕하여 행정법의 구체적인 기본원리가 나온다. 예컨대 민주국가원리에 의하여 행정은 가능한 한 국민의 동의에 바탕하여 행하여지지 않으면 아니된다. 따라서 행정조직에 있어서는 말할 것도 없고 행정작용에 있어서도 민주국가원리가 존중되어야 한다. 그러기 위해서는 행정정보가 최대한 공개될 필요가 있고, 민주국가원리가 요구하는 행정의 공정을 위해서 적정한 행정절차 즉 사전절차가 존중되어야 한다. 여기에 적법절차원리가 나온다. 또한 법치국가원리에서 법치행정원리가 나온다. 법치국가원리는 실체적으로뿐만 아니라 절차적으로도 보장되어야 하는 것이므로 적법절차원리는 법치국가원리에서도 파생된다.

행정법의 기본원리 중 가장 중요한 것은 법치행정원리이다. 법치행정원리가 성립하지 않고서는 행정법은 발생할 수 없기 때문이다. 그러한 의미에서 법치행정원리는 행정법의 성립의 기초이다.

2. 법치행정원리란 어떤 법원리인가

(1) 법치행정원리의 의미

법치행정원리란 행정은 법률(법)에 바탕하여 법률(법)에 따라 행하여져야 한다는 원리를 말한다. 예로 운전면허제도를 들어 보자. 누가 운전면허의 권한을 가지고 있는가. 「도로교통법」은 운전면허의 권한을 갖는 행정기관이 지방경찰청장임을 명시하고 있다. 지방경찰청장은 어떤 사람에게 운전면허를 해주어야 하고, 어떤 사람에게는 운전면허를 해주어서는 아니되는가. 「도로교통법」은 18세 미만인 사람 등 운전면허를 받을 수 없는 사람의 기준을 정하고, 운전면허를 받을 수 있는 사람이라 하더라도 운전에 필요한 적성, 도로교통에 관한 법령에 대한 지식, 운전에 필요한 기능 등 시험을 치르게 해서 그 시험에 합격한 사람에게 운전면허증을 교부하도록 하는 규정을 두고 있다. 또한 어떠한 경우에 운전면허를 취소·정지할 수 있으며, 어떠한 경우에는 반드시 운전면허를 취소하여야 하는가. 이점에 대하여도 「도로교통법」은 자세히 규정을 두고 있다. 따라서 지방경찰청장은 자동차의 운전면허에 관한 「도로교통법」의 규정을 집행하고 있음을 알 수 있다. 결국, 운전면허에 관한 행정은 지방경찰청장이, 법률과 관계없이, 자기의 독자적인 공익 판단에 의하여 행하는 것이 아니라 법률에 바탕하여 법률에 따라 행하는 것이다. 국민주권국가에 있어서는 행정이 주권자인 국민의 의사 즉 국민을 대표하는 국회가 제정하는 법률에 바탕하여 법률에 따라 행하여져야 한다는 것은 지극히 당연한 일이다. 이러한 의미에서 행정은 "사람의 지배"로서가 아니라 "법률의 지배"로서 행하여져야 하는 것이다.

(2) 법치행정원리는 어떤 역할을 하는가

위에서 본 바와 같이 법치행정원리는 행정으로 하여금 국민을 대표하는 국회가 제정하는 법률에 따라 행사하게 하고, 행정권의 행사를 민주적으로 통제함으로써 행정권의 남용을 방지함과 동시에 국민의 기본권을 보장하려는 데에 있다.

법치행정원리는 국민대표의 의사에 맞추어 행정을 행하게 한다는 민주주의적 계기와 국민의 자유와 재산(기득권)을 행정권의 침해로부터 보호한다는 자유주의적 계기라는 두 측면을 모두 포함하고 있다.

법치행정원리의 역할은 구체적으로 다음과 같이 요약할 수 있다.

첫째로, 행정이 법에 의하여 지배되게 되면 행정의 자의(恣意)를 억제할 수 있다. 즉 법치행정원리는 행정의 자의를 억제하는 역할을 한다.

둘째로, 행정이 따르게 될 법률이 공포되어 사인이 법률의 내용을 알게 됨으로써, 사인으로서는 어떠한 경우에 어떠한 행정이 행하여질 것인가를 예측할 수 있게 된다. 또한 이에 의하여 행정과 사인의 관계가 안정될 수 있다. 즉 법치행정원리는 예측가능성과 법적 안정성을 가능하게 하는 역할을 한다.

셋째로, 법치행정원리는 법률에 의하지 아니한 위법한 행정으로 사인이 권리·이익을 침해당한 경우 그 사인이 법원에 청구하여 그 침해된 권익을 구제 받을 수 있을 것을 요청한다. 법원의 구제는 법치행정원리의 실현을 보장하기 위하여 없어서는 아니 될 제도이다. 법치행정원리는 법원에 의한 구제를 가능하게 하는 역할을 한다.

넷째로, 법률은 국민대표기관인 국회에 의하여 제정된 것이며, 국민의 의사의 표현이다. 법치행정원리는 법률에 의하여 표현된 국민의 의사를 행정에 반영시키는 민주적 정당성과 개방적 참여성을 실현하는 역할을 행한다.

(3) 법치행정원리의 내용

법치행정원리란 행정은 법률에 바탕하여 법률에 따라 행하여져야 한다는 원리임을 보았다. 즉 법치행정원리는 첫째는 행정은 법률에 바탕하여 행하여져야 한다는 원리이고, 둘째는 행정은 법률에 따라 행하여져야 한다는 원리이다. 첫째의 원리가 법률의 유보(留保)이고, 둘째의 원리가 법률의 우위(優位)이다. 흔히 전자를 법률유보의 원칙이라 부르고, 후자를 법률우위의 원칙이라 부른다. 법치행정원리는 법률유보의 원칙과 법률우위의 원칙 및 두 원칙의 상위 개념인 법률의 법규창조력의 원칙을 포함한다. 법률의 법규창조력이라고 할 때의 법규는 국민의 권리의무에 관한 새로운 법규범을 뜻한다. 법률의 법규창조력의 원칙, 법률유보의 원칙, 법률우위의 원칙의 셋을 법치행정원리의 내용으로 드는 것이 일반적이다.

(4) 법률의 법규창조력의 원칙

법률의 법규창조력의 원칙이란 법규를 만드는 힘은 원칙적으로 법률만이 갖는다는 원칙을 말한다. 예를 들면 공익사업을 위하여 재산권을 수용·사용하려는 경우 또는 공무원의 정치운동을 제한하려는 경우에 행정기관이 정립하는 행정입법으로 정할 수 없다. 이와 같은 법규를 만드는 것은 법률만이 할 수 있기 때문이다. 따라서 현행법을 보면 전자에 관하여 「헌법」 제23조 제3항에 의하여 「공익사업을 위한 토지 등의 취득 및 보상에 관한 법률」이, 후자에 관하여 「국가공무원법」 제65조와 「지방공무원법」 제57조가 만들어져 있다.

(5) 법률유보의 원칙

1) 법률유보의 원칙이란 무엇인가

법률유보의 원칙이란 행정은 법률에 바탕하여 행하여져야 한다는 원칙이다. 2011년 5월 24일 「자동차관리법」이 개정되기 이전에 신문에서 "'반사번호판' 단속 속수

무책…'구멍' 뚫린 법"이라는 기사가 난 일이 있었다. 기사의 내용은 무인 단속카메라가 적발되지 않게 하는 "반사번호판"을 제조·판매함으로써 경찰의 단속을 무력하게 만들고 있으나 이를 단속할 수 없다는 요지였다. 당시의 자동차관리법은 "누구든지 등록번호판을 가리거나 알아보기 곤란하게 하여서는 아니되며 그러한 자동차를 운행하여서는 아니된다"라고 규정하고 이를 위반한 사람을 처벌하는 벌칙규정을 두고 있으나, 경찰의 단속을 무력하게 하는 신종 장비인 반사번호판을 제조·판매하는 사람을 단속하는 규정이 없었다. 행정은 법률에 바탕하여 행하여야 하기 때문에, 단속이 필요하지만, 단속을 할 수가 없었다.

2) 법률은 어떤 법률을 말하는가

법률유보의 원칙이라고 할 때의 '법률'은 어떤 법률을 말하는 것인가. 법률을 조직규범과 근거규범으로 나눌 수 있다. 조직규범이란 「정부조직법」·「경찰법」 등과 같이 어떤 행정기관을 설치할 것인가, 행정사무를 각 행정기관에게 어떻게 배분할 것인가, 각 행정기관의 조직을 어떻게 정할 것인가 등을 내용하는 법규범을 말한다. 조직규범에 의하여 설치된 행정기관이 조직규범이 정한 권한의 범위 내에서 행한 행정만이 국가 또는 지방자치단체의 적법한 행정이 되는 것이므로, 조직규범에 바탕하지 아니한 행정이란 있을 수 없다. 근거규범이란 조직규범에 의하여 맡겨진 사무의 범위 내에서 행정기관의 일정한 행정활동을 행함에 당하여 필요로 하는 구체적 권한(보통은 요건·효과를 정하여)을 부여하고 있는 법규범을 말한다. 수권(授權)규범이라고도 한다. 법률유보의 원칙이라고 할 때의 '법률'은 바로 근거규범을 말한다.

3) 법률유보의 원칙이 적용되는 범위는 어디까지인가

법률유보의 원칙은 모든 행정에 적용되는 것인가, 법률의 근거규범이 없으면 행정은 아무것도 할 수 없는 것인가. 어느 범위까지 법률유보의 원칙이 적용되는가. 최소한, 국민의 권리와 자유를 침해하거나 제한하는 공권력 행사인 행정에는 법률유보의 원칙이 적용된다는 데에 대하여는 이견이 없다. 이러한 입장에서 있는 견해를 침해유보설이라고 부른다. 그 밖에 행정의 어느 범위까지 법률유보의 원칙이 적용되는가에 관하여는 학설은 아직 의견의 일치에 이르지 못하고 있지만, 행정활동 중 사인에게 영향을 미치는 중요사항(본질사항)은 반드시 법률의 근거규범을 필요로 한다는 중요사항유보설(본질성설)이 유력하다. 우리 법원의 태도는 어느 입장에 서 있는지 확실하지 않으나, 우리 헌법재판소는 중요사항유보설의 입장에 서 있다.

(6) 법률우위의 원칙

법률우위의 원칙이란 행정은 법률에 따라 행하여져야 한다는 원칙을 말한다.

집을 지으려는 사람이 「건축법」이 정하는 바에 따라 건축허가를 신청하였음에도 불구하고 신청을 받은 시장·군수·구청장이 「건축법」이 정하는 바에 따르지 아니하고 건축허가 신청을 거부하는 경우, 그 거부행위는 법률우위의 원칙에 위반된다.

법률우위의 원칙은 두 가지를 그 내용으로 한다. 첫째는 법률의 적용명령이다. 행정은 법률에 따라 행하여져야 하는 것이므로, 행정기관은 행정을 행함에 있어서 행정법을 적용할 것인지 아니할 것인지를 임의로 결정할 자유가 없다.

즉 행정법은 강행법규이다. 따라서 법률이 일정한 사실의 존재를 요건으로 하여 일정한 행정을 행할 것을 규정하고 있는 때에는 행정기관은 법률이 정하는 바에 따라 반드시 그 법률이 정하는 내용의 행정을 행하여야 한다. 이 점은 사인 상호간의 관계, 즉 사법(私法)상의 관계와 다르다. 사법상의 관계에서는 계약자유의 원칙(보다 일반적으로는 사적 자치의 원칙)이 인정되어 있어, 다른 사람과의 합의에 의하여 법적인 관계를 맺을 수 있다. 이때에 법률의 규정이 있더라도 그 법률의 규정은 대체로 보충적인 것이다. 둘째는 법률 위반 금지이다. 행정은 그것이 어떤 종류의 행정(예컨대 이익행정, 불이익행정 등)이든, 어떤 형식의 행정이든(예컨대 행정입법, 행정행위, 행정계약 등) 법률에 위반하여서는 아니 된다.

법률우위의 원칙은 법률의 존재를 전제로 하는 것이므로 법률의 규정이 존재하지 아니하는 경우에는 법률우위의 원칙을 적용할 여지가 없다. 법률우위의 원칙은 법률유보의 원칙과는 달리 법률이 이미 존재하는 한 모든 행정에 적용된다.

(7) 실질적 법치국가

법치행정원리의 내용을 법률유보의 원칙과 법률우위의 원칙만으로 한정한다면 그것은 법률과 행정의 관계를 형식적으로 규율하는데 그치고, 법률의 내용의 옳고 그름을 도외시하게 된다. 그런데 행정의 근거나 기준을 정하고 있는 법률 자체가 국민의 권리와 자유를 부당하게 침해하거나 또는 국민을 합리적인 근거 없이 불평등하게 취급하는 규정을 두고 있는 경우가 없다고 할 수 없다. 우리 헌법은 제10조에서 "모든 국민은 인간으로서의 존엄과 가치를 가지며, 행복을 추구할 권리를 가진다. 국가는 개인이 가지는 불가침의 기본적 인권을 확인하고 이를 보장할 의무를 진다"라고 규정하고, 제11조 제1항에서 "모든 국민은 법 앞에 평등하다. 누구든지 성별·종교 또는 사회적 신분에 의하여 정치적·경제적·사회적·문화적 생활의 모든 영역에 있어서 차별을 받지 아니한다"라고 규정하여 입법권도 구속하고 있다. 이와 같이 국민의 권리와 자유 및 평등을 실질적으로 보장하는 헌법합치적인 법치국가를 실질적 법치국가라고 부른다.

헌법재판소는 구 법인세법이 실질적 조세법률주의에 위배되는지 여부가 다투어진 사건에서 다투어진 규정이 실질적 조세법률주의에 위배된다고 판단하면서, "조세법률주의는 조세행정에 있어서의 법치주의를 말하는 것인바, 오늘날의 법치주의는 국민의 권리·의무에 관한 사항을 법률로써 정해야 한다는 형식적 법치주의에 그치는 것이 아니라 그 법률의 목적과 내용 또한 기본권 보장의 헌법이념에 부합하여야 한다는 실질적 적법절차를 요구하는 법치주의를 의미하며,「헌법」제38조, 제59조가 선언하는 조세법률주의도 이러한 실질적 적법절차가 지배하는 법치주의를 뜻하므로, 비록 과세요건이 법률로 명확히 정해진 것일지라도 그것만으로 충분한 것은 아니고 조세법의 목적이나 내용이 기본권 보장의 헌법이념과 이를 뒷받침하는 헌법상 요구되는 제 원칙에 합치되어야 하는 것이다"(1997. 7. 16. 96헌바36 내지 49(병합) 결정)라고 명시하고 있다.

결국 법치행정원리는 법률의 유보, 법률의 우위와 더불어 법률의 내용적 적정성을 포함한다.

(8) 법치행정원리의 한계

법치행정원리에 일정한 한계가 있다는 것이 일반적 견해이다. 한계론의 중심이 되는 것이 특별권력관계론과 행정재량론 및 신뢰보호원칙이다.

1) 특별권력관계론

좀 오래된 기사이긴 하지만, 1989년 3월 23일자 신문에 모 국립대학 총장실 난입 파괴사건으로 학교당국에 의해 제명처분을 받은 총학생회 간부 2명에게 제1심 법원이 제명처분을 취소하라는 판결을 내리자 대학측이 "교권·학원자유화 침해"라고 반발함으로써 발생한 파문을 크게 다루었고, 다음 날 신문사설에서 "심판대에 선 교권"이라는 제목으로까지 다루었던 사건이 있었다. 사건의 핵심은 법률의 규정에 의하지 아니하고 국립대학이 스스로 학칙을 제정하여 학생의 의무와 의무위반에 대한 징계의 기준을 정하고 이 징계의 기준에 따라 의무위반 학생에 대하여 징계한 경우 법원이 어느 범위까지 관여할 수 있느냐는 것이었다. 특별권력관계론이란 국가와 국가공무원의 관계, 지방자치단체와 지방공무원의 관계(이상을 행정법에서는 공무원의 근무관계라고 부른다), 국공립학교와 그 학생의 관계(학생의 재학관계라고 흔히 부른다)등은, 일반적인 국가와 국민의 관계, 지방자치단체와 주민의 관계와는 달리, 포괄적인 지배·복종의 관계로서 법률의 근거 없이도 일방(국가·지방자치단체·국공립학교)이 타방(국가공무원·지방공무원·학생)을 명령하고 권리를 제한하며 의무를 과할 수 있고 사법심사도 제한을 받는다는 이론이다. 즉 법률유보의 원칙이 적용되지 아니한다는 이론이다. 이 이론을 특별권력관계론이라고 부른다. 특별권력관계론은 원래 학설의 산물로서 19세기 후반의 독일 입헌군주제 아래서 생겨난 이론이다. 우리나라에서도 종래 통설적인 지위에 있기도 하였고, 판례에서 이 이론을 채택하기도 하였다. 그러나 이 이론은 법치국가원리를 바탕으로 하고 국민의 기본적 인권을 최대한으로 존중하고 있는 우리 현행 헌법과는 전적으로 합치되지 아니하는 이론이다. 현재로는 이 이론의 지지자는 현저히 줄어들고 있다.

2) 행정재량론

법치행정원리가 타당한 경우에도 모든 행정활동을 법률로 한결같이 구속할 수는 없다. 국회가 장래에 발생할 수 있는 모든 사태를 예상하여 구체적으로 규정하여 둔다는 것이 불가능하기도 하고, 경우에 따라서는 행정기관의 전문적이고 기술적인 또는 정책적인 판단에 맡겨두는 것이 바람직한 사항도 있을 수 있기 때문이다. 그래서 국회가 법률을 제정하면서 행정기관에게 판단의 여지를 부여하는 경우가 많다. 예를 들어 보자. 「초·중등교육법」제13조는 보호자에게 그 자녀 또는 아동을 취학시킬 의무를 규정하고, 제14조 제1항에서 "질병·발육상태 등 부득이 한 사유로 취학이 불가능한 의무교육 대상자에 대하여는 대통령령으로 정하는 바에 따라 제13조에 따른 취학의무를 면제하거나 유예할 수 있다"라고 규정하고 있다. 법률에서 위와 같이 '등 부득이한 사유'라는 대단히 애매모호한 불확정개념을 사용하는 것은 법치행정원리에서 보면 예측가능성이라는 점에서 바람직하지 않다. 그럼에도 불구하고 법률이 불확정개념을 사용한 이유는 자녀 또는 아동이 취학할 수 없는 경우가 여러가지 이어서 학교의 장에게 전혀 예상하지 못하였던 사유로 취학의무를 면제하게 하거나 유예하게 할 필요가 있을 수 있기 때문에 이에 대비하기 위한 것이다. 이와 같이 판단의 여지를 행정재량이라고 한다. 지금까지 행정재량이 주로 문제되었던 영역은 행정행위에 있어서의 재량행위였다. 그것은 행정재량이 대체로 사법(司法)심사에서 문제가 되는데, 우리나라 행정소송제도가 행정행위 위주로 짜여 있기 때문이다. 그러나 행정재량은 행정행위에 있어서만 문제되는 것이 아니며, 행정행위 이외의 다른 행정활동에 있어서도 문제된다. 이와 같이 행정재량이 행정기관에 맡겨져 있다고 해서 행정기관의 자유로운 재량판단에 맡겨져 있는 것은 아니다. 종래에는 행정기관에게 자유로운 재량판단을 맡겨야 한다는 주장도 있었다. 이것을 행정편의주의의 법리(法理)라고 불렀다. 오늘날에는 법률이 행정기관에게 재량권을 부여하고 있는 경우에도 행정기관은 이 재량권을 조심스럽게 행사하지 않으면 아니 된다. 경우에 따라서는 국민의 생명·신체 등 중요한 법익을 보전하기 위하여 행정기관이 재량권을 행사해야 할 법적 구속을 받을 정도로 재량권이 수축되는 경우도 있을 수 있다.

3) 신뢰보호원칙

법치행정원리를 관철하는 것이 경우에 따라서는 사인의 이익을 실질적으로 보호한다는 관점에서는 바람직하지 아니할 때가 있다. 예를 들면, 어떤 사람이 행정기관으로부터 사업허가를 받아 많은 자기 자본을 투자해서 사업을 하고 있는데 행정기관이 행한 사업허가처분에 위법사유가 있다고 가정해 보자. 법치행정원리에 의하면 위법한 사업허가처분은 취소되어야 한다. 그러나 그 위법사유가 사업허가를 받은 사람에게 책임이 있으면 몰라도, 그렇지 아니한 경우 사업허가를 신뢰하여 많은 자기 자본을 투자해서 사업을 하고 있는 사람에게 허가의 취소는 너무 가혹하다. 이 경우에는 허가처분에 취소원인인 위법이 있다고 하더라도 허가처분을 취소할 수 없게 된다. 즉 법치행정원리는 신뢰보호원칙에 의하여 후퇴를 하게 된다.

법치행정원리의 신뢰보호원리에 의한 후퇴가 전형적으로 나타나는 곳이 행정행위의 취소권 제한이다.

(9) 법치행정원리를 담보하는 행정통제·행정구제

법치행정원리에도 불구하고 실제로는 법률에 의거하지 아니한 행정활동이나 법률에 위반한 행정활동이 행하여질 수 있다. 물론 행정활동을 담당하는 행정기관이나 공무원은 법률에 적합한 행정활동을 행하여야 할 의무가 있으므로, 행정기관이나 공무원은 적법하고 적절한 행정활동을 행하려고 노력하게 된다. 그러나 행정기관이나 공무원의 스스로의 노력만으로는 행정활동의 적법성이나 적절성이 온전히 담보될 수가 없다. 이를 담보하는 법적 장치가 행정통제·행정구제이다. 행정통제는 상급행정기관이나 상관의 직무상 감독 등과 같은 행정조직 내부에 의하여도 행하여지며, 국회나 사법부와 같은 외부기관에 의하여도 행하여진다.

예를 들어 보자. 1980년대부터 대한민국과 중국 정부 간의 합의(이 사건에서는 비망록이라 한다)에 따라 문화체육관광부장관이 중국단체관광객 유치 전담여행사를 지정·관리하여 오고 있다. 만일 문화체육관광부장관의 지정이 위법하거나 부당하다고 가정하여 보자. 이 지정(처분)은 행정절차(「행정절차법」 제20조에 의한 처분기준의 설정·공표, 동법 제21조의 사전통지, 동법 제22조의 의견청취 등)에 의하여 통제를 받게 되고 행정심판이나 행정소송 등에 의하여 통제를 받게 되며, 이에 의하여 위법하거나 부당하게 지정을 받지 못하여 영업을 하지 못하고 있는 여행사는 행정구제를 받을 수 있게 된다. 경우에 따라서는 국가배상소송 등에 의한 행정구제가 행정통제의 기능을 행할 수 있다.

3. 그 밖에 행정법의 기본원리로는 어떤 것이 있는가

(1) 그 밖의 기본원리

법치행정원리 외에도 행정법을 지배하는 기본원리로 우선 우리나라의 기본법인 헌법의 기본원리에서 나오는 원리를 들 수 있다. 뒤에서 볼 비례원칙 같은 것이 그 대표적인 예이다. 또한 법치행정원리를 뒷받침하는 원리도 들 수 있다. 그 대표적인 것이 법치행정원리와 짝을 이루는 사후적 권리구제제도인 사법심사(司法審查)충실의 원리이다. 최근에는 행정을 민주적으로 동시에 실질적으로 통제하는 기본원리로 각광을 받고 있는 것이 적법절차원리이다. 앞에서 본 바와 같이 적법절차원리는 헌법의 민주국가원리 및 법치국가원리에서 나오는 원리이다.

(2) 적법절차원리의 의미

적법절차원리란 행정은 공정한 절차를 거쳐 올바른 행정결정을 행하여야 한다는 원리이다. 행정법의 세계는 크게 대륙형 행정법과 영미형 행정법으로 양분된다. 영미형 행정법 아래에서는 예컨대 영국의 경우 적법절차원리가 일찍부터 판례에 의하여 확립되어 있었다. 캠브리지 대학의 행정법 교수인 웨이드는 "정의는 실현되는 것만으로는 아니 된다. 정의가 명백히 그리고 의심없이 실현되는 모습을 보여주어야 한다"는 말로 판례를 요약하고 있다. 우리나라는 대륙형 행정법에서 출발하였으나, 대한민국 헌법이 제정된 이후 영미형 행정법이 도입되었다. 대륙형 행정법 아래서의 법치행정원리는 행정활동이 내용적으로 올바를 것을 중시하는 생각(이를 실체법 중심의 사고라고 부른다) 즉 법치행정원리라고 할 때의 법을 실체법으로 보는 생각이었다고 할 수 있다. 이러한 생각의 밑바닥에는 법률이 규정한 요건대로 행정활동이 행하여진다는 것이 중요한 것이고, 법원에 의한 심사도 법률의 규정에 비추어 행정활동의 내용이 올바른 것인가의 여부를 심사하는 것이라는 사고가 있었다. 지금까지의 우리나라 행정실무나 재판실무뿐만 아니라 학계까지도 이와 같은 실체법 중심의 사고에 익숙해 있었다.

그러나 우리 헌법 제12조가 적법절차를 명문화하고 헌법재판소가 '적법절차의 원칙을 헌법의 기본원리'로 확인하며, 더욱이 「행정절차법」이 제정·시행되면서 적법절차원리는 법치행정원리와 나란히 행정법의 중요한 기초원리가 되었다. 따라서 오늘날에는 행정활동은 내용적으로 올바른 것이어야 한다는 실체적 정의도 중요하지만, "정당한 것은 일이 진행되는 흐름 속에서 정당하게 보이는 것이다"라는 절차적 정의도 대단히 중요하다. 특히 우리나라에서는 "실체적 진실로 정의를 세우고 싶으면 보이는 정의도 바로 세워야 한다"는 생각을 갖는 것이 요청된다.

(3) 사전절차와 사후절차

행정절차는 특정한 행위나 결정의 시점을 기준으로 사전절차와 사후절차로 나눌 수 있다. 적법절차 보장의 문제는 종래 기본적으로는 특정한 행위나 결정에 이르기까지의 프로세스를 의미하는 사전절차, 특히 사인에 대한 일정한 절차적 조치·권리의 보장 문제로 다루어져 왔다. 이에 대하여 사후절차는 행정심판·행정소송 절차를 중심으로 주로 행정구제법에서 다루어져 왔다.

사전절차와 사후절차는 특정한 행위나 결정의 사전에 행하여지는 절차냐 사후에 행하여지는 절차냐의 시점의 문제에 그치는 것이 아니다. 사전절차에도 사전 행정통제·행정구제의 기능을 가지고 있기 때문에 사후 행정통제·행정구제 제도와 연계되어 있다. 즉 사전절차와 사후절차는 다같은 행정통제·행정구제 제도로서 서로 연계되어 있다. 재량행위에 대한 행정통제·행정구제를 예로 들어 보자. 재량행위가 위법·부당한 경우에 사후절차인 행정심판이나 행정소송으로 다툼으로써 어느 정도 행정통제가 되고 행정구제도 가능하다. 그러나 재량행위는 원칙적으로 재량행위를 행하는 행정기관의 전문적·정책적 판단을 법이 허용하고 있기 때문에 행정심판이나 행정소송에 의한 행정통제·행정구제에는 한계가 있다. 이 경우에 재량행위에 대하여 사전절차를 거치게 하는 것 그 자체가 행정통제·행정구제가 되기도 하고, 사후절차인 행정심판·행정소송절차에서 행정기관이 재량행위를 행하면서 법이 정한 사전절차를 거쳐 행하는 것인지, 예컨대 재량준칙을 제대로 설정·공표하고 이에 따른 것인지, 사전통지를 제대로 하였는지, 청문 등 의견청취를 제대로 하였는지, 구체적으로 이유제시를 하였는지를 심사함으로써 행정통제·행정구제를 행하게 된다. 따라서 양자는 연계의 활용과 역할 분담을 통하여 행정통제·행정구제 기능의 향상에 기여할 수 있게 된다.

Ⅶ. 행정법은 어떤 모양으로 존재하는가

1. 성문행정법과 불문행정법이 있다

법의 연원(淵源)을 법원(法源)이라고 한다. 법원은 여러가지 뜻으로 사용되고 있으나, 보통은 법을 구체적으로 알려고 하는 경우의 인식 수단을 의미한다. 또는 행정에 관하여 법을 적용함에 당하여 법으로서 원용할 수 있는 법의 존재 형식을 의미한다. 행정법의 법원은 성문의 형식을 취하는가의 여부에 따라 문자로 표현되고 문서의 형식을 갖춘 성문(成文)법원과 그와 같은 형식을 갖추지 아니한 불문(不文)법원으로 나눈다.

우리나라 행정법은 성문법원을 원칙으로 한다. 이를 성문법주의라고 부른다.

행정법이 행정에게 우월한 지위를 부여하는 경우 어떤 때에 공권력이 발동되고(행위요건), 공권력이 발동되면 어떤 권리 제한이나 의무 부과가 있는지(행위효과)를 명문(名文)의 규정으로 명확히 해서 국민의 권리가 부당하게 침해되지 아니하도록 할 필요가 있다. 또한 행정법이 행정에게 우월한 지위를 부여하지 아니하는 경우에도, 행정의 공익성 때문에 특별한 규정을 두는 때에는 그 내용을 명백하고, 국민의 권리·이익과 행정목적의 실현 사이를 조정하며, 국민에게 예측가능성을 주어야 할 필요가 있다. 이와 같은 필요에서 행정법에는 성문법주의가 원칙적으로 요구된다. 그러나 행정활동의 대상은 다양하고 또한 항상 변동하는 것이므로, 모든 사태에 대응하여 성문행정법이 갖추어져 있다고 할 수는 없다. 그 때문에 불문행정법이 생겨나게 되기도 하고, 또 필요하게도 된다.

2. 법전(法典)과 행정법전(行政法典)

이전부터 체계적으로 편별(編別)로 짜여진 성문법규의 전체를 법전이라고 일컬어져 왔다. 법전은 포괄적이라는 점에서 특정된 사항에 관해서만 제정된 단행법(單行

法)과 구별된다. 헌법전·민법전·형법전이 대표적인 법전이다.

19세기 초 독일에서 전국의 통일 법전의 입법이 옳으냐 그르냐에 관하여 논쟁이 있었다. 이 논쟁이 티보(Anton Friedrich Justus Thibaut)와 사뷔니(Friedrich Karl von Savigny)사이에 있었던 유명한 법전논쟁이다. 이 논쟁에서 티보는 독일 지방란트법(Landrecht)의 난립 불통일에서 발생하는 법 생활의 불안정을 없애기 위하여 통일법전의 필요성을 역설하였고, 이에 대하여 사뷔니는 법은 언어·풍속과 마찬가지로 자연적 유기적으로 발달·변천하는 것이며, 입법은 이러한 것을 성문화하여야 할 것이므로 법률학의 발달이 불충분한 때에 정책적 이유에서 강력한 통일법을 만들 것은 아니라고 맞섰다.

최근에는 행정법의 법전화에 관련하여 전체의 법전화와 부분적 법전화라는 개념을 사용하고 있다. 2016년 1월 1일부터 시행되고 있는 프랑스의 "공중(公衆)과 행정과의 관계에 관한 법전(Code des relations entre le public et l'administration)"이 부분적 법전화의 예이다. 흔히 프랑스 행정절차법이라고 부른다. 2014년 발표된 EU 행정절차법 모범초안도 부분적 법전화이다.

법전화의 장점은 여러 가지 있지만 그 첫째가 법의 통일이다. 그 다음이 법적 안전성의 확보이다. 그러나 단점도 갖고 있다. 단점도 여러 가지 있지만, 그 첫째가 법이 딱딱해진다는 위험성이다. 그 다음이 다양성을 상실하게 되는 위험성이다.

3. 성문행정법에는 어떤 것이 있는가

성문행정법에는 대한민국헌법, 법률, 명령, 자치법규, 국제조약·일반적으로 승인된 국제법규 등이 있다.

(1) 대한민국헌법

「헌법」은 앞에서 본 바와 같이 국가의 기본법이며, 행정법의 법형식은 아니다.

「헌법」은 다음에 볼 법률에 의하여 구체화됨으로써 행정법의 형성에 영향을 미치는 것이 통례이다. 그러나 헌법이 직접 행정을 규율하는 법으로 기능하기도 한다. 예컨대, 평등원칙, 비례원칙, 적법절차원칙, 알 권리 등이 행정상의 법의 일반원칙으로 기능한다. 또한 대통령의 지위·권한·의무, 국무총리의 지위·권한·의무, 국무회의의 지위·권한, 행정각부의 장의 지위·권한 등을 정하고 있는 「헌법」제4장 정부에 관한 규정은 행정조직법으로 기능한다. 특히 기본권에 관한 조항은 행정법의 해석과 운용에 있어서 중요한 기능을 행한다. 예컨대, 경찰공공의 원칙이란 것이 있다. 경찰권은 공공의 안전·질서의 유지라는 공공의 목적을 위해서만 발동될 수 있으며, 공공의 안전·질서의 유지에 직접적인 관계가 없는 사생활·사주소에는 개입해서는 아니 된다는 원칙이다. 이 원칙에서는 기본권이 경찰권의 한계가 된다. 반면에 국민의 생명·신체에 위험이 닥친 경우에 경찰기관이 경찰권을 행사하여 쉽게 위험을 회피할 수 있을 때에는 국민의 생명·신체를 보호하기 위하여, 즉 기본권을 보호하기 위하여 경찰권의 개입이 요청된다. 그러한 의미에서 헌법의 규정도 행정법의 법형식을 이룬다.

(2) 법 률

법률은 대한민국헌법 및 법률이 정하는 바에 따라 국회에 의하여 제정된 법규범의 형식이다. 먼저 행정법 중 앞에서 본 조직규범의 중심이 되는 것이 법률이다. 「정부조직법」이 그 대표적인 예이다. 다음으로 근거규범의 주된 법규범의 형식도 법률이며, 행정활동을 규제하는 중추적 법규범의 형식도 법률이다. 앞에서 본 「국세징수법」, 「도로교통법」등이 바로 이와 같은 법률이다. 또한 법률은 헌법의 아래에 있기는 하지만, 헌법규범에 비하여 보다 구체적으로 정한 법규범의 형식이다. 따라서 법률은 성문행정법원 중에서 가장 중요한 법원이다.

(3) 명 령

명령이라는 용어는 여러가지 뜻으로 쓰인다. 예컨대, 「국가공무원법」 제57조는 "공무원은 직무를 수행할 때 소속 상관의 직무상 명령에 복종하여야 한다"고 규정하고 있는데, 이때에 말하는 명령은 상관이 직무에 관하여 부하공무원에게 대하여 "무엇을 하라" 또는 "무엇을 하지마라"라고 명하는 것을 말한다. 그러나 성문행정법원에서 말하는 명령은 행정기관이 정립(제정)하는 법규범의 형식을 말한다. 헌법이 정하고 있는 명령의 형식으로는 대통령령·총리령·부령·중앙선거관리위원회규칙 등이 있다. 「도로교통법」을 예로 들면, 「도로교통법시행령」은 대통령령이고, 「도로교통법시행규칙」은 부령이다. 명령도 '성문' 행정법원이나 법률의 아래에 있는 행정법이다. 그 외에도 헌법이 정하고 있는 명령의 형식으로 긴급재정·경제명령과 긴급명령이 있으며, 법률의 효력을 가진다.

행정기관이 제정하는 명령은, 내용적으로는, 국민을 구속하는 법규명령과 그와 같은 구속력이 없는 행정규칙(행정명령)으로 나누는 것이 지금까지의 통례이나, 후자는 성문행정법원의 법형식 속에 포함시키지 아니하였던 것이 종래의 통설이다. 흔히 법령이란 용어가 사용된다. 법령은, 법률과 명령에 다음의 자치법규까지를 포함하는 의미로 사용되는 경우도 있으나, 일반적으로는 법률과 명령의 의미로 사용된다.

(4) 자치법규

자치법규는 지방자치단체가 자기입법권에 의하여 법령의 범위 안에서 제정하는 법규범의 형식이다. 자치법규에는 지방의회가 제정하는 조례와 지방자치단체의 집행기관이 제정하는 규칙이 있다. 교육감이 제정하는 교육규칙도 규칙 속에 포함된다. 서울특별시학생인권조례는 서울특별시 지방의회가 제정한 조례의 예이며, 서울특별시학생인권조례시행규칙은 서울특별시교육감이 제정한 교육규칙의 예이다.

(5) 국제조약·일반적으로 승인된 국제법규

국제조약은 우리나라와 외국 또는 우리나라와 국제기관 사이의 문서에 의한 합의의 형식이다. 일반적으로 승인된 국제법규는 세계 다수 국가에 의하여 일반적으로 승인된 보편적·일반적 규범의 형식이다. 일반적으로 승인된 국제법규도 우리나라의 가입에 의하여 국제조약이 된다. 예컨대, 유엔헌장은 과거 일반적으로 승인된 국제법규로 보았으나, 우리나라가 1991년에 유엔에 가입하였으므로 이제는 국제조약으로 보아야 한다. 국제조약과 일반적을 승인된 국제법규는 원래 국제법의 법원이다. 그러나 「헌법」 제6조 제1항은 "「헌법」에 의하여 체결·공포된 조약과 일반적으로 승인된 국제법규는 국내법과 같은 효력을 가진다"라고 규정하고 있으므로, 국제조약과 일반적으로 승인된 국제법규 중 행정을 규율하고 있는 것은 행정법의 법원이 된다.

(6) 성문행정법원 간의 우열의 차이

2012년 4월에 팔굽혀펴기 같은 교육벌 실시, 두발·복장규제, 소지품 검사, 교내외 집회 금지 등을 학교마다 학칙으로 정해서 시행 여부를 결정토록 초등교육법시행령이 개정되자, 전북도 교육감이 시행령과 시·도교육청 조례가 상호 충돌할 때에는 조례가 우선한다는 이유로 시행령을 거부한 일이 발생하였다. 바로 성문행정법원 상호 간의 우열의 차이 문제이다. 현재의 통설과 판례에 의하면, 성문행정법원 중 가장 상

위법이 「헌법」이고, 그 다음의 상위법이 법률이며, 명령·자치법규의 순서를 이루고 있다. 하위인 성문법원은 상위인 성문법원에 위반될 수 없다.

4. 불문행정법에는 어떤 것이 있는가

불문행정법에는 관습법, 판례법, 행정상 법의 일반원칙 또는 조리 등이 있다.

(1) 관습법

관습법은 국민의 전부 또는 일부 사이에 오랫동안 계속하여 같은 사실이 관행으로 반복됨으로써 일반국민의 법적 확신을 얻어 성립하는 법규범의 형식이다. 관습법은 행정기관이 취급한 선례(先例)가 오랫동안 반복됨으로써 형성되는 행정선례법으로 생겨나는 것이 보통이다. 「국세기본법」 제18조 제3항은 "세법의 해석이나 국세행정의 관행이 일반적으로 납세자에게 받아들여진 후에는 그 해석이나 관행에 의한 행위 또는 계산은 정당한 것으로 보며, 새로운 해석이나 관행에 의하여 소급하여 과세되지 아니한다"라고 규정하고 있다. 이 규정은 행정선례법이라는 불문법원의 존재를 명문으로 인정한 것이다.

(2) 판례법

행정사건에 대한 법원의 판결은 추상적인 행정법규를 구체화하여 그 내용을 명확하게 하며, 혹은 관습법의 존재와 내용을 명확하게 할 뿐만 아니라 이들 행정법규가 모두 존재하지 아니하는 경우에는 행정상 법의 일반원칙 또는 조리를 적용하여 구체적으로 무엇이 법인가를 선언한다. 특정한 사건에 대하여 내린 판결이 그 후의 유사한 사건에 대한 재판에서 기준으로 사용되는 경우, 그 판결을 판례라고 부른다. 혹은 보다 범위를 넓혀 법원의 판결을 판례라고 부르는 경우도 있다. 우리나라는 영미법계 국가에서와 같은 판례의 선례구속주의(先例拘束主義)를 취하고 있지 아니하므로 판례를 법원이라고 할 수는 없다. 그러나 「법원조직법」은 제8조에서 "상급법원 재판에서의 판단은 해당 사건에 관하여 하급심을 기속한다"라고 명시하고 있고, 법조실무에서도 대법원의 판결은 선례로서 하급법원에 의하여 존중되고 있으며, 대법원 스스로도 판례변경을 위해서는 대법관 전원의 3분의 2 이상의 합의체에서 과반수 찬성을 필요로 한다. 따라서 대법원의 판결은 실제상 불문법원으로 기능하고 있다.

행정제1심사건에 대한 판결 표시는 ○○행정법원 또는 ○○지방법원 2020. 1.

1. 선고 2020구합1000 판결이고, 행정항소사건에 대한 판결 표시는 ○○고등법원 2020. 1. 1. 선고 2020누1000 판결이며, 행정상고사건에 대한 판결표시는 대법원 2020. 1. 1. 선고 2020두1000 판결이다. 그 밖에 사건별 사건부호는 민사상고사건이 "다", 형사상고사건이 "도", 특수소송사건이 "추"이다.

(3) 법의 일반원칙 또는 조리

1) 법의 일반원칙 또는 조리의 의미

앞에서 본 성문행정법과 불문행정법으로서의 관습법·판례법이 없을 경우에 법원은 적용할 법이 없다는 이유로 재판을 거부할 수 없다. 이 경우에는 법원은 조리에 따라 재판하여야 한다는 것이 지금까지의 통설이다. 그러면 여기서 말하는 조리란 무엇인가. 통설은 "사물의 도리(道理)" 또는 "사물의 본질적 법칙"을 의미하는 것이라고 설명하여 왔다. 이와 같이 통설은 조리를 성문법·관습법·판례법이 없는 경우에 최후적인 법원이라고 함과 동시에 조리가 법해석의 기본원리로서도 기능한다고 본다. 판결 중에는 예컨대 "재량권의 행사는 사회통념에 비추어 현저히 불합리하다"는 이유로 재량권의 행사가 위법하다는 판시를 하고 있는 것을 볼 수 있다. 여기서 말하는 '사회통념'이 곧 조리이다. 최근에는 법의 일반원칙이라는 용어가 조리와 병행하여 사용되고 있다. 법의 일반원칙은 그 법적 성질을 일률적으로 판단할 수 없으며, 조리와의 관계도 명백하지 않다. 법의 일반원칙은 실정법의 형태로 존재할 수도 있고 조리의 형태로 존재할 수도 있다. 조리 또는 법의 일반원칙들이 들고 있는 중요한 것들은 평등원칙, 비례원칙, 신뢰보호원칙, 신의성실원칙, 부당결부금지원칙이다.

2) 평등원칙

평등원칙이란 행정기관이 행정활동을 함에 있어서 합리적인 이유가 없는 한 사인을 차별하여서는 아니 된다는 원칙을 말한다. 합리적인 이유가 있으면 평등원칙에 위반되지 아니한다. 평등원칙은 근대법의 대원칙이지만, 이제는 「헌법」 제11조에 명문화되어 있다. 통설은 평등원칙에서 행정의 자기구속원칙이 나온다고 본다. 행정의 자기구속원칙이란 행정이 행정활동을 하면서 스스로 정한 활동기준에 스스로 구속되는 것 또는 행정이 행정결정을 함에 있어서 같은 종류의 사안이면 이전에 제3자에게 행한 결정과 동일한 결정을 상대방에게 행하도록 스스로 구속되는 것을 말한다. 예컨대 행정기관이 개인택시운송사업의 면허를 함에 있어서 면허의 기준을 구체적으로 정하여 공표하였다면 행정기관은 정해진 기준에 따라 면허를 행하여야 하며, 합리적인 이유 없이 정해진 기준과 다르게 면허를 행하거나 면허신청을 거부 또는 반려하게 되면 이는 행정의 자기구속원칙의 위반이 된다.

3) 비례원칙

비례원칙이란 행정의 목적과 그 목적을 실현하기 위한 수단 사이에 합리적인 비례관계가 유지되어야 한다는 원칙을 말한다. 비유해서 말한다면, 참새를 잡기 위해서 대포를 쏘아서는 아니 된다는 원칙이다. 헌법재판소는 비례원칙을 과잉금지원칙으로 표현하고 있다. 예컨대 국·공립학교가 학생이 수차례 결석하였음을 이유로 학생에게 징계처분 중 가장 무거운 퇴학처분을 행하는 것은 비례원칙에 위반된다.

비례원칙은 다음의 셋을 그 내용으로 한다.

첫째는 적합성원칙이다. 적합성원칙은 선택된 수단이 목적 달성을 위하여 적합한 것이어야 한다는 원칙이다.

둘째는 필요성원칙이다. 필요성원칙은 목적달성을 위하여 선택 가능한 여러 수단 중에서도 가장 부담이 적은 수단을 선택하여야 한다는 원칙이다. 최소침해의 원칙이라고도 한다. 「경찰관직무집행법」 제1조 제2항은 "이 법에 규정된 경찰관의 직권은 그 직무수행에 필요한 최소한도 내에서 행사되어야 하며 이를 남용하여서는 아니 된다"라고 하여 이를 명시하고 있다.

셋째는 상당성원칙이다. 상당성원칙은 선택된 수단이 목적달성을 위하여 필요한 수단이라 하더라도 그 수단의 사용이 그것보다 더 큰 불이익을 초래하여서는 아니 된다는 원칙이다. 균형의 원칙이라고도 한다. 예컨대, 패트롤카(patrolcar)가 교통법규를 위반한 오토바이 운전자를 잡으려고 추적하는 경우를 생각해 보자. 추적을 당한 오토바이 운전자는 잡히지 않으려고 최대 속력으로 교통신호를 무시한 채 무모한 운전을 하는 것이므로 무고한 사람이 추돌사고로 피해를 입을 수 있다. 교통법규 위반자를 추적하는 경찰관의 행위는 필요한 수단임에는 틀림이 없다. 그러나 그 당시의 도로교통상황 등에서 예측될 수 있는 피해발생의 구체적 위험성의 유무 및 내용에 비추어 경찰관의 추적의 개시·계속 또는 추적의 방법이 상당성원칙에 위반될 수 있다.

4) 신뢰보호원칙

신뢰보호원칙이란 행정의 일정한 언동(言動)의 정당성 또는 존속성에 대한 사인의 보호가치 있는 신뢰는 보호해 주어야 한다는 원칙을 말한다. 예컨대, 술을 마시고 자동차를 운전한 사람의 행위가 운전면허취소사유임에도 불구하고 행정기관이 착오로 운전면허정지처분을 한 후, 그 운전면허정지처분을 받은 사람에게 음주운전이라는 같은 이유로 이미 행한 운전면허정지처분을 취소함과 동시에 운전면허취소처분을 행하는 것은 신뢰보호원칙에 위반된다.

5) 신의성실원칙

신의성실원칙이란 행정기관이 행정활동을 할 때에는 신의(信義)에 따라 성실하게 하여야 한다는 원칙을 말한다. 사법(私法)에서 발달하였고 현재 사법상의 원칙인 신의성실원칙(민법 제2조)은 행정법의 영역에서도 타당한 법원칙이다.

왜냐하면 국가 등은 국민 등의 신탁을 받아 직무를 수행하는 것이므로 직무를 수행함에 있어서 국민 등을 배려하면서 신의에 따라 성실히 행하여야 하는 것은 지극히 당연한 일이기 때문이다. 최근에는 「행정절차법」 제4조 제1항, 「국세기본법」 제15조 등에서 신의성실원칙을 명문화하고 있다. 예컨대, 상속인들이 상속 개시 직후에 상속세 신고를 하려는데 세무서장이 신고를 못하게 하고, 3년 후 상속재산의 기준시가가 상승하자 세무서장이 상속세법에 따라 상속세 부과 당시의 가액을 기초로 상속세를 부과처분한 것은 신의성실원칙에 위반된다.

6) 부당결부금지원칙

부당결부금지(不當結付禁止)원칙이란 행정기관이 행정활동을 하면서 그 행정활동과 실질적 관련성이 없는 상대방의 급부를 부당하게 결부시켜서는 아니 된다는 원칙을 말한다. 대법원도 "부당결부금지의 원칙이란 행정주체가 행정작용을 함에 있어서 상대방에게 이와 실질적인 관련이 없는 의무를 부과하거나 그 이행을 강제하여서는 아니 된다는 원칙을 말한다"(대법원 2009. 2. 12. 선고 2005다65500 판결)라고 하고 있다. 부당결부금지원칙위반의 예로는 지방자치단체장이 사업자에게 주택사업계획승인을 하면서 그 주택사업과는 아무런 관련이 없는 토지를 기부채납하도록 하는 부관을 붙이는 경우가 이에 해당한다.

Ⅷ. 행정법은 언제부터 법적 구속력을 갖는가

1. 행정법의 효력이란 무엇인가

행정법 중 성문법은 국회 그 밖에 각각 권한 있는 기관에 의하여 제정된 후 공포되고 시행됨으로써 비로소 현실적으로 법으로 활동을 하게 된다. 법으로서 현실적으로 활동하는 힘 즉 법적 구속력을 행정법의 효력이라고 한다. 행정법의 효력은 일정한 범위의 장소·사람·시간에 미친다. 예컨대, 장소를 예를 들면 국가의 법령은 대한민국의 영토 전역에 미치며, 지방자치단체의 조례·규칙은 지방자치단체의 구역내에서만 미친다. 사람을 예를 들면 행정법은 그 효력이 미치는 지역 내에 있는 모든 사람(법인 포함)에 대하여, 국적을 불문하고 적용된다.

이것을 속지주의(屬地主義)원칙이라고 부른다. 가장 문제가 되는 것이 시간이다.

2. 효력 발생시기는 언제인가

행정법령은 공포되고 시행됨으로써 그 효력을 발생한다. 공포란 널리 일반 국민이 알 수 있도록 알리기 위하여 관보·공보에 게재하는 것을 말하며, 시행이란 법령의 구속력이 현실적으로 발동하여 작용할 수 있게 된 것을 말한다. 행정법령은 그 법령이 시행되는 날을 명확하게 정하고 있는 경우가 많다. 「행정절차법」을 예로 들면, 그 부칙에서 시행일이란 제목하에 "이 법은 공포후 1년이 경과한 날부터 시행한다"라고 규정하고, 「행정절차법 시행령」은 역시 부칙에서 시행일이란 제목하에 "이 영은 2007년 11월 18일부터 시행한다"라고 규정하고 있다. 시행일에 관하여 특별한 규정이 없는 경우에는 법령은 공포한 날로부터 20일을 경과함으로써 효력을 발생한다(「헌법」 제53조 제7항, 「법령등공포에관한법률」 제13조, 「지방자치법」 제26조).

행정법령 중에는 법령 스스로가 언제부터 시행해서 언제까지 효력을 가진다는 것을 정하고 있는 경우가 있다. 이러한 법을 한시법(限時法)이라고 부른다.

3. 법령 불소급의 원칙이란 무엇인가

법령의 효력은 당해 법령에서 별도의 규정을 두고 있지 아니하는 한, 시행일로부터 장래에 향하여 발생한다. 이것을 법령 불소급의 원칙이라고 부른다. 법령 불소급의 원칙은 이미 완료된 사실에 대하여 인정되는 원칙이다. 예컨대, 적법하게 건축허가를 받아 공사를 완료하여 사용승인을 받은 건축물에 대하여는 그 후 「건축법」이

개정되어 그 건축물이 위법한 건축물이 되었다 하더라도 소급하여 그 건축물이 위법하게 되는 것은 아니다. 그러나 계속적인 사실, 예를 들어 어떤 영업행위를 허가영업으로 하는 경우, 일정한 기간을 정하여 허가를 받지 아니하면 그 영업행위를 금지하는 취지로 법령에서 정하였다 하더라도 법령 불소급의 원칙에 위반되지 아니한다. 흔히 있을 수 있는 예로, 영업허가를 신청할 때에는 허가기준에 적합하였으나, 허가신청 후 법령의 개정으로 허가기준이 변경되어 허가기준에 부적합하게 되어 불허가되는 경우가 있다. 이 경우, 그 불허가가 원칙적으로 법령 불소급의 원칙에 위반되는 것이 아니다. 왜냐하면, 행정활동은 그때그때 타당한 법, 즉 현행법에 따라서 행한 것이 원칙이므로, 개정법령에 별도로 경과조치가 마련되어 있지 아니하는 한, 허가를 할 것인지의 여부는 허가를 할 때의 법에 따라서 행하여야 하기 때문이다.

IX. 행정법은 어떤 내용으로 이루어져 있는가

1. 행정법은 네 기둥이 떠받들고 있다

행정법은 행정조직법·행정작용법·「행정절차법」·행정구제법의 네 기둥이 떠받들고 있다. 행정조직법은 행정조직 즉 "행정은 누가 행하는가"에 관한 법이다. 행정작용법은 행정작용 즉 "행정은 어떻게 행하여지는가"에 관한 법이다. 「행정절차법」은 행정절차 즉 "행정은 어떤 절차를 밟는가"에 관한 법이다. 끝으로 행정구제법은 행정구제 즉 "사인의 권익은 어떻게 구제되는가"에 관한 법이다.

2. 네 기둥은 어떤 관계에 있는가

행정법을 떠받들고 있는 행정조직법·행정작용법·「행정절차법」·행정구제법 상호간에는 어떤 관계가 있는가. 행정조직법·행정작용법·「행정절차법」·행정구제법의 관계를 비유적으로 말한다면 다음과 같이 생각할 수 있다. 먼저 행정조직법에 의하여 "몸통"이 생겨난다. 그러나 그 "몸통"은 아직 움직이지 않는 상태에 있다. 왜 "몸통"을 만들었는가 하면 활동을 하기 위해서이다. 다음에 행정의 "몸통"이 움직이게 된다. 이것이 행정작용법이다. 행정이 바르게 움직이기 위해서는 바른 프로세스가 필요하다. 이것이 「행정절차법」이다. 끝으로 행정의 움직임이 잘못된 경우에 "어떻게 하지"를 정하고 있는 것이 행정구제법이다.

3. 이 책을 읽을 때 특히 주목할 필요가 있는 셋 법률

이 책을 읽으면서 문득 혹시 행정법에는 세 가지 절차가 있는 것이 아닌가 하는 생각이 미치면 제대로 책을 읽고 있다고 안심해도 좋다. 이 절차가 행정법의 척추이기 때문이다. 이 책 제4장 행정은 어떻게 행하여지는가의 첫 부분에 행정의 행위형식이라는 용어가 나온다.

행정입법·행정행위(처분)·행정계약·행정지도·행정계획 등이 그 행정의 행위형식 중 중요한 것들이다. 이들 행정의 행위형식에는 절차가 있다.「행정절차법」은 행정의 행위형식 중 행정행위(처분)·행정지도·행정계획의 일부의 절차를 정하고 있는 법률이다. 이 외에 행정심판의 절차를 정하고 있는「행정심판법」, 행정소송의 절차를 정하고 있는「행정소송법」이 있다.

「행정절차법」·「행정심판법」·「행정소송법」에는 모두 제2조에서 정의(定義)규정을 두고 있다. 이 정의 규정에는 빠짐없이 처분에 관한 정의가 있다. 따라서 위 셋 법률의 공통점은 처분에 관한 정의를 규정하고 있다는 점이다.「행정절차법」제2조 제2호는 "처분"이라 함은 행정청이 행하는 구체적 사실에 관한 법집행으로서의 공권력의 행사 또는 그 거부와 그 밖에 이에 준하는 행정작용을 말한다 라고 정의하고,「행정심판법」제2조 제1호도 꼭 같은 정의를 정하고 있으며,「행정소송법」제2조 제1항 제1호는 "처분 등"이라 함은 행정청이 행하는 구체적 사실에 관한 법집행으로서의 공권력의 행사 또는 그 거부와 그 밖에 이에 준하는 행정작용(이하 처분이라 한다) 및 행정심판에 대한 재결을 말한다 라고 정의하고 있다. 왜 이들 법률들이 처분에 관한 정의를 규정하고 있는 것인가. 그것은 이들 법률들이 처분의 절차를 규정하고 있기 때문이다.

행정법을 공부할 때 이 점에 유의하여 책을 보면 행정법을 이해하는 데에 매우 유익하다.

제2장

행정과 사인은 어떤 관계에 있는가

제2장 행정과 사인은 어떤 관계에 있는가

I. 행정법은 종래 행정과 사인의 관계를 어떻게 이해하였는가

1. 행정상 법률관계란 어떤 것인가

(1) 법률관계란 무엇인가

우리가 집을 사고 파는 매매계약을 예로 들어보자. 매매계약이 성립하게 되면, 집을 판 사람(매도인)은 집을 산 사람(매수인)으로부터 매매대금을 청구할 권리가 발생하게 되고, 매수인은 매도인에게 대금을 지급할 의무가 발생하게 되며, 반대로 매수인은 매도인에게 집의 이전을 청구할 권리가 발생하게 되고, 매도인은 매수인에게 집을 이전할 의무가 발생하게 된다. 민법은 계약의 한 종류로 매매에 관한 규정을 두고 있다. 위 매도인과 매수인을 권리주체라고 부른다. 법률관계란 이러한 권리주체 사이에 성립하는 권리·의무의 관계로서 법률의 규율을 받는 것을 말한다. 그러므로 매도인과 매수인은 법률관계의 당사자가 된다. 국가·지방자치단체가 행정을 행할 사람을 고용한다든가 물건을 구입하는 경우에도 마찬가지이다. 이때에 국가·지방자치단체도 사람과 동일한 자격을 가져야 한다. 이를 어려운 말로 국가·지방자치단체가 법인격을 가지고 있다고 말한다.

(2) 행정상 법률관계란 무엇인가

행정상 법률관계란 법률관계 중에서 당사자의 한 쪽 또는 양 쪽이 국가나 지방자치단체 등 행정주체 또는 그 행정기관인 법률관계를 말한다. 국가와 국가공무원 사이의 근무관계, 집을 지으려는 사람이 행정기관으로부터 건축허가를 받음으로써 발생하는 법률관계 등이 그 예이다. 「건축법」 제11조 제1항은 "건축물을 건축하거나 대수선하려는 자는 특별자치시장·특별자치도지사 또는 시장·군수·구청장의 허가를 받아야한다"라고 규정하고 있는데, 이때의 '특별자치시장·특별자치도지사 또는 시장·군수·구청장'이 행정기관이다. 행정주체 또는 행정기관은 뒤 제3장에서 설명한다.

행정상 법률관계는 행정조직법적 관계와 행정작용법적 관계로 나뉜다. 행정조직법적 관계란 국가가 지방자치단체에게 「지방교부세법」에 따라 지방교부세를 교부하는 경우와 같이 행정주체 상호간의 관계, 도로의 관리에 관한 국토교통부장관과 도지사와의 관계 등과 같이 행정주체와 행정기관 또는 행정기관 상호간의 관계를 말한다. 행정작용법적 관계는 행정주체·행정기관과 그 상대방 또는 제3자와의 관계를 말한다. 위 건축허가를 예를 들어 보면, 행정기관으로부터 건축허가를 받은 사람이 여기서 말하는 '그 상대방'이며, 건축허가를 받은 사람이 집을 건축함으로써 햇빛을 충분히 쬐지 못하게 된 이웃집 소유자가 여기서 말하는 '제3자'이다. 상대방 또는 제3자를 이 책에서는 사인이라 부르고 있으나, 종래는 행정객체라고 불렀다. 상대방 또는 는 제3자는 자연인일 수도 있고, 법인일 수도 있다.

(3) 행정법관계와 사법(私法)관계

지금까지의 통설은 법을 공법과 사법(私法)으로 크게 나누고, 행정상 법률관계도 공법이 규율하는 법률관계인 공법관계와 사법이 규율하는 법률관계인 사법관계로 나누어, 공법관계가 곧 행정법관계라고 하였다. 그리고 통설은 공법관계에는 특수한 공법원리가 지배하는 것이라고 하였다. 이에 대하여는 행정규율의 특수성이라는 것이 개별 행정법규가 부여하고 있는 것에 불과하다고 보는 견해도 있다. 종합소득세에 관한 행정상 법률관계를 예로 들어 보자. 종합소득세에 관한 행정상 법률관계는 국가와 납세자인 국민간의 채권·채무관계이며, 그 성질은 사인 상호간의 채권·채무관계와 다르지 않다. 다만 사인 상호간의 채권·채무는 채권자와 채무자의 양 당사자 사이에 합의가 없으면 성립하지 않을 뿐만 아니라 만일 상대방이 그 채무를 이행하지 아니할 때에는 법원에 소송을 제기하여 판결을 받지 않으면 강제집행을 할 수가 없다. 이에 대하여 종합소득세에 관한 행정상 법률관계에 있어서는 납세자가 행한 신고 내용에 오류 등이 있는 경우에는 과세관청은 납세자의 수입에 대하여 일방적으로 세액을 경정결정할 수 있으며(소득세법 제80조제2항), 만일 확정된 세액을 납부하지 아니할 때에는 체납처분절차에 의하여 법원의 판결이 없이도 세액을 강제징수할 수 있다(동법 제85조). 이와 같이 종합소득세에 관한 행정상 법률관계가 사인간의 사법관계와 달리 조사·경정결정·체납처분이 가능한 것은 조세법이 규율의 특수성을 행정기관에게 부여하고 있기 때문이다. 행정상 법률관계인 사법관계의 예로는 국가·지방자치단체의 조달행정인 물품매매계약 등을 드는 것이 보통이다.

(4) 권력관계와 비권력관계

행정법관계는 권력관계와 비권력관계로 나뉜다. 권력관계란 토지의 강제적 취득(수용), 영업허가의 취소·정지 등 행정법관계의 일방의 당사자인 행정주체에게 우월한 지위가 인정되는 법률관계를 말한다. 비권력관계란 행정법관계 중 권력관계를 제외한 나머지 법률관계를 말한다. 종래 통설은, 행정주체가 도로·공원 등(공물)을 관리하거나 수도 등 공기업을 경영하는 경우, 행정주체가 공권력을 행사하는 것이 아니라 일종의 서비스를 제공하는 것이므로 사인이 물건을 관리하거나 기업을 경영하는 것과 다름이 없고 따라서 행정주체와 도로·공원 또는 수도의 이용자인 사인의 관계는 대등한 관계로 보았다. 그러나 이 대등관계를 규율하는 법은 공익의 실현을 목적으로 하고 있으므로 그 법률관계에 순수히 사적 이해의 조정을 목적으로 하는 사법원리가 적용된다는 것은 적합하지 아니하므로, 이를 관리관계라고 하여 사법관계와 구별하여 왔다.

(5) 행정법관계의 내용

행정법관계도 법률관계이므로 원칙적으로 권리·의무관계이다. 통설에 의하면, 권리란 법규범에 의하여 인정된 활동의 범위를 말하며, 의무란 법규범에 의하여 과하여진 구속을 말한다. 사법관계의 내용인 권리·의무를 사권(私權)·사의무(私義務)라고 부르는데 대하여 행정법관계(공법관계)의 내용인 권리·의무를 공권(公權)·공의무(公義務)라고 부른다.

1) 공권의 종류

공권은 크게 행정주체의 공권과 행정객체(사인)의 공권으로 나뉜다. 행정주체의 공권은 그 목적을 기준으로 경찰공권·규제공권·공용부담공권 등으로 나뉜다. 또한 그 내용을 기준으로 하명권(下命權)·강제권(强制權) 등으로 나뉜다. 행정주체의 공권에 대하여 행정객체(사인)는 공의무를 진다.

행정객체(사인)의 공권은 종래 자유권·수익권·참정권으로 분류되는 것이 일반적이었으나, 지금은 평등권, 자유권, 생존권, 청구권, 참정권 등으로 다양하게 분류되고 있다. 행정객체(사인)의 공권에 대하여 행정주체는 공의무를 진다.

행정주체가 행정객체(사인)에 대하여 갖는 공권을 국가적 공권이라고 불렀고, 행정객체(사인)가 행정주체에 대하여 갖는 공권을 개인적 공권이라 불렀다.

2) 개인적 공권의 특색

개인적 공권은 사권에 대하여 다음과 같은 특색을 갖는다.

첫째로, 사권의 경우에는 양도나 포기 등 융통성이 인정되는데 대하여, 개인적 공권의 경우에는 융통성이 제한된다. 즉, 선거권과 같이 포기가 허용되지 아니하는 것이 있다. 또한 재산권적 성질을 갖는 개인적 공권 중에도 생활보장수급권 등과 같이 생활보호를 받을 권리, 공무원의 생계를 유지하기 위한 생활보장적 급부인 보수청구권 및 연금청구권 등은 양도·압류 또는 담보의 제공이 금지되거나 제한된다(「사회보장기본법」 제12조, 「민사집행법」 제246조, 「국세징수법」 제41조, 「국민기초생활보장법」 제35조 및 제36조 등). 이와 같은 개인적 공권의 융통성의 제한은 법령의 규정과 관계없이 일반적·추상적으로 정하여지는 것이 아니다. 개인적 공권의 융통성의 제한은 각 개인적 공권마다 법령의 취지·목적에 비추어 개별적·구체적으로 결정된다.

둘째로, 금전채권의 소멸시효이다. 사권의 경우에는 채권은 10년간, 그 이외의 재산권은 20년간 행사하지 아니하면 소멸시효가 완성된다. 이에 대하여 공권의 경우에는, 금전의 지급을 목적으로 하는 국가나 지방자치단체의 권리이든 지방자치단체에 대한 권리이든 다른 법률에 특별한 규정이 없는 한 5년간 이를 행사하지 아니하면 소멸시효가 완성된다(「국가재정법」 제96조, 「지방재정법」 제82조).

판례에 의하면 위 '다른 법률'속에는 「민법」 등 사법(私法)이 포함된다는 것이다(대법원 2008. 5. 29. 선고 2004다33469 판결 등). 따라서 「민법」 등 사법이 5년보다 짧게 규정한 경우, 그 규정에 의하여 짧은 기간 내에 소멸시효가 완성된다.

그러므로 공권의 소멸시효기간은 하나 하나의 권리내용과 법령의 취지·목적에 비추어 개별적·구체적으로 신중히 결정해야 한다.

3) 개인적 공권과 반사적 이익

개인적 공권과 반사적 이익은 구별된다. 행정법에서 보호하려는 이익이 직접적으로는 공익(공공의 이익)인 경우라면 행정에 의하여 사인이 받는 이익은 그 행정법이 직접 보호하려는 공익의 반사적 이익에 불과하다. 우리나라 1960년대의 대법원의 판결을 예로 들어 보면, 당시의 행정법규가 공중목욕탕 상호간의 거리제한에 관한 규정을 두고 있어서 주민이 나날이 늘어나지만 거리제한 때문에 공중목욕탕을 설치할 수 없어 기존 공중목욕탕업자가 이익을 받은 사건에서, 대법원은 기존 공중목욕탕업자가 받은 이익은 행정법규가 모든 주민에게 목욕의 혜택을 받게 하기 위해서 즉 공익을 위해서 거리제한을 두게 됨으로써 받은 반사적 이익에 불과하다고 판시하였다. 따라서 반사적 이익은 사실상의 이익으로서 법원(法院)의 보호를 받을 만한 가치가 없는 것이라고 하여 행정청이 제3자에게 행한 공중목욕탕 허가를 취소하여 달라는 원고의 청구를 각하(却下)하였다. 그러나 법에 의하여 보호되는 이익과 반사적 이익의 구별이 쉬운 일이 아니다. 주거지역에서 허가를 받아 운영되고 있는 연탄공장으로부터 날아드는 분진·소음 등으로 피해를 보고 있는 인근지역주민들이 그 연탄공장설치허가를 취소하여 달라는 소송을 제기한 일이 있다. 이 사건에서 관할 고등법원은 "원고가 주거지역에서 건축법상 건축물에 대한 제한규정이 있음으로 말미암아 현실적으로 어떤 이익을 받고 있다고 하더라도, 이는 그 지역거주의 개개인에게 보호되는 개인적 이익이 아니고, 다만 공공복리를 위한 건축법상의 제약의 결과로서 생기는 반사적 이익에 불과하다"는 이유로 원고의 청구를 각하하고 있다. 이에 반하여 대법원은 주거지역에서 건축법상 건축물에 대한 제한규정은 공공복리의 증진을 도모하는데 그 목적이 있는 동시에 주거지역에 거주하는 사람의 주거의 안녕과 생활환경을 보호하고자 하는 데도 그 목적이 있다고 해석된다는 이유로 주거지역에 거주하는 사람이 받는 이익이 단순한 반사적 이익이나 사실상의 이익이 아니라 법률에 의하여 보호되는 이익이라고 판시하여 원고의 청구를 인용하고 있다(대법원 1975. 5. 13. 선고 73누96, 97 판결). 최근, 담배 일반소매인 영업소 간의 일정한 거리제한 규정으로 기존 일반소매인이 이익을 받는 사건에서 대법원은 "담배 일반소매인의 지정기준으로 일반소매인의 영업소 간에 일정한 거리제한을 둔 것은 담배유통구조의 확립을 통하여 담배산업 전반의 건전한 발전 도모 및 국민경제에의 이바지라는 공익목적과 함께 일반소매인 간의 과다경쟁으로 인한 불합리한 경영을 방지함으로써 일반소매인의 경영상 이익을 보호하는 데에도 그 목적이 있으므로, 일반소매인으로 지정되어 영업 중인 기존업자의 신규 일반소매인에 대한 이익은 단순한 사실상의 반사적 이익이 아니라 법률상 보호되는 이익이라고 해석함이 상당하다"고 판시하고 있다(대법원 2008. 3. 27. 선고 2007두23811 판결).

우리 「행정소송법」 제12조 전단은 "취소소송은 처분등의 취소를 구할 법률상 이익이 있는 자가 제기할 수 있다"라고 하여 "법률상 이익"이 있는 자가 취소소송의 원고적격을 갖는다고 규정하고 있다. 이처럼 우리 「행정소송법」은 독일의 입법례처럼 '권리침해'에 한정하지 않고 법률에 의하여 보호되는 이익이 침해된 사람도 원고적격이 인정되기 때문에 원고적격이 확대되어 있다. 더욱이 뒤에서 보는 바와 같이 우리 판례는 '법률상 이익'을 법률의 해석을 통하여 확대해가고 있다. 이에 따라 종래에는 반사적 이익으로서 사실상의 이익에 불과하다고 판단되던 것이 법률상 보호되는 이익으로 해석되어, 원고적격을 인정받는 범위가 확대되는 반면, 그만큼 반사적 이익은 줄어들게 된다.

4) 개인적 공권의 확장

행정의 역사는 행정의 증대(增大)의 역사이다. 시민사회의 자율성이 붕괴되면서 행정이 해야 할 일이 증대되고 국민의 행정에 대한 의존이 증대하게 된다. 이 책의 처음에 나오는 자유국가의 행정에서 복리국가의 행정으로의 추이는 이를 말하는 것이다. 국민의 행정에 대한 의존이 증대되면 될수록 국민의 권리를 보호해야 할 필요가 커지게 된다. 이에 따라 행정에 대한 사인의 지위도 또한 강화하게 된다.

사인의 지위가 향상되면서 개인적 공권도 확장되고 있다. 그 대표적인 것이 무하자재량행사청구권(無瑕疵裁量行使請求權)과 행정개입청구권(行政介入請求權)이다. 무하자재량행사청구권이란 행정법규가 행정기관에 대하여 재량을 허용하고 있는 경우에, 사인이 행정기관에 대하여 행정기관이 재량을 행사함에 있어서 재량의 법적 한계를 준수하여 흠 없는 재량을 행사하여 줄 것을 청구할 수 있는 공권이다.

한때는 행정기관의 재량과 국민의 권리가 서로 배제관계에 있는 것으로 생각하였다. 행정기관이 국민에 대하여 일정한 행위를 해야한다고 법률이 의무를 과하고 있으면 국민은 행정기관에 대하여 당해 행위를 해달라고 요구하는 권리가 있지만, 어떤 행위를 할 것인지 하지 아니할 것인지가 행정기관의 재량에 맡겨져 있을 때에는 그 국민은 행정기관에 대하여 당해 행위를 해달라고 요구하는 권리가 없다. 따라서 재량행위에 대하여는 행정소송을 제기할 수 없다고 하였다. 그러나 재량행위를 재판의 통제 아래 두려는 움직임이 강화됨에 따라 보호할 가치있는 이익을 가능한 한 권리영역에 넣으려는 노력을 하게 되었고, 그 성과가 바로 무하자재량행사청구권이라는 개념이다.

대법원은 검사임용을 거부한 처분을 취소해 달라는 사건에서 "임용권자가 임용 여부에 관하여 어떠한 내용의 응답을 할 것인지는 임용권자의 자유재량에 속하므로 일단 임용거부하는 응답을 한 이상 설사 그 응답내용이 부당하다고 하여도 사법심사의 대상으로 삼을 수 없는 것이 원칙이나, 다만 자유재량에 속하는 행위일지라도 재량권의 한계를 넘거나 남용이 있을 때에는 위법한 처분으로서 항고소송의 대상이 되는 것이므로, 적어도 이러한 재량권의 한계일탈이나 남용이 없는 위법하지 않은 응답을 할 의무가 임용권자에게 있고, 이에 대응하여 원고로서도 재량권의 한계일탈이나 남용이 없는 적법한 응답을 요구할 권리가 있다"(대법원 1991. 2. 12. 선고 90누5825 판결)고 판시한 바 있다.

종래의 행정법 이론은 침익행정에 대하여 어떻게 하면 국민의 자유와 재산을 보호할 것인가에 초점이 맞추어져 있었다. 그러나 사인의 지위가 향상되면서 행정에 대하여 적극적으로 행정이 일정한 행위를 할 것을 요구하는 권리·이익을 사인에게 보장하는 것이 긴요하게 되었다. 이것이 행정개입청구권이다. 특히, 환경파괴, 약으로 인한 약해(藥害), 식품공해 등 행정기관이 규제권한을 적절하게 행사하여 국민이 입을 사회적 피해를 미연에 방지해야 할 필요가 큰 영역에서는 행정개입청구권의 요망이 높아진다. 대법원 세칭 1·21 무장간첩침입사태(1968년 청와대 무장간첩 기습사건을 말함) 때에 분산해서 도주하는 간첩을 색출·체포하려는 군인과 경찰공무원들이 그들이 주둔하던 파출소로부터 60여미터 떨어진 곳에서 간첩과 청년이 격투를 하고 있었고, 동 청년의 가족으로부터 세 차례나 신고를 받았음에도 불구하고 출동하지 아니하여 동 청년이 사망한 사건에서 군경공무원이 신고 즉시 출동하였더라면 사고를 미연에 방지할 수 있었음이 예견된다는 이유로 국가배상책임을 인정한 바 있다(대법원 1971. 4. 6. 선고 71다124 판결).

(6) 특별한 행정법관계

지금까지 본 행정법관계는 법치행정원리가 적용되는 법률관계이다. 그런데 행정법관계는 행정법관계인데, 행정법관계의 당사자 간에 밀접한 관련이 있어 그 관계가 특히 강화되어 법치행정원리의 적용이 제한을 받는 행정법관계가 있다는 이론이 있다. 이 이론이 이미 앞에서 본 특별권력관계론이다. 특별권력관계에 속하는 것으로 대표적인 것이 국가 또는 지방자치단체와 공무원 간의 근무관계, 국공립학교와 학생 간의 재학관계이다. 특별권력관계론에 의하면, 공무원과 학생은 법률에 의하지 아니하여도 기본권이 제한될 수 있고, 불이익을 받아도 소송으로 다툴 수 없는 제한을 받을 수 있다는 것이다. 그래서 종래 특별권력관계론은 법치행정원리의 적용이 제한되는 영역으로 다뤄져 왔다.

특별권력관계론은 과거 입헌군주국가헌법 아래서 근무관계·재학관계에 관한 행정법 규정이 없을 때 행정법관계의 당사자 사이의 특별히 강화된 관계를 이론적으로 설명하기 위해서 등장한 이론이다. 그러나 대한민국헌법이 제정되어 국민의 기본권을 최대한으로 보장하고 모든 국민에게 재판청구권을 부여하였을 뿐만 아니라 행정법의 관련 법령이 근무관계·재학관계에 관하여 상세한 규정을 두게 됨에 따라 특별권력관계론의 존립기반이 허물어져 가고 있다. 이것이 이 이론의 지지자가 현저히 줄어들고 있는 이유이다.

2. 종래 행정상 법률관계의 문제점은 무엇인가

(1) 내부관계·외부관계

행정상 법률관계는 행정조직법적 관계와 행정작용법적 관계로 나뉘지만, 행정법의 주된 관심사는 행정작용법적 관계이었다. 행정조직법적 관계를 규율하는 법을 내부법으로, 행정작용법적 관계를 규율하는 법을 외부법으로 엄격하게 구별하는 경향이 있었기 때문이다. 따라서 이 구별에 의하면「정부조직법」등은 내부법이 된다. 행정조직법적 관계도「정부조직법」등 법령에 의하여 규율되고 있으므로, 법률관계를 널리 법에 의하여 규율되는 관계라고 본다면 행정상 법률관계라고 할 수 있다. 그러나 행정조직법적 관계는 원칙적으로 권리주체 간의 관계가 아니므로 권리·의무관계가 아니다. 종래의 통설은 국가와 지방자치단체의 관계를 내부관계로 보고 있었기 때문에, 행정주체 내부의 기관과 기관의 관계, 행정주체를 달리하는 기관과 기관의 관계는 말할 것도 없고, 행정주체 상호 간의 관계도 내부관계에 불과하다고 보았다. 따라서 행정조직법적 관계에 분쟁이 발생하더라도 그것은 내부 간 분쟁으로서 당사자 사이의 구체적인 권리의무관계에 대한 법률적용상의 분쟁이 아니므로, 소송의 제기를 인정하는 개별적인 특별규정이 없는 한, 법원에 소송을 제기할 수 없게 된다.

(2) 누가 행정작용법적 관계의 주체인가

종래 행정상 법률관계에 관한 설명에 의하면 행정작용법적 관계는 행정주체와 행정객체 간의 법률관계이다. 즉 국가·지방자치단체 등이 행정작용법적 관계의 주체이고, 국민·주민은 행정작용법적 관계의 객체이다. 우리 「헌법」 제1조 제2항은 "대한민국의 주권은 국민에게 있고, 모든 권력은 국민으로부터 나온다"라고 규정하고 있다. 그렇다면 국민·주민이 행정작용법적 관계의 주체가 되어야 할 것이다. 그래서 이 책에서는 행정객체라는 개념 대신에 사인이라는 개념을 사용하고 있다.

(3) 이면적 관계(二面的 關係)에서 삼면적 관계(三面的 關係)로

종래 행정상 법률관계는 국가·지방자치단체와 그 상대방인 국민·주민의 관계만을 염두에 두고 있었다. 건축관계를 예로 들어보면 건축물을 건축하려는 사람은 특별자치시장·특별자치도지사 또는 시장·군수·구청장의 허가를 받아야 하고, 건축물이 「건축법」 또는 「건축법」에 따른 명령이나 처분에 위반되면 허가권자는 허가를 취소하거나, 공사의 중지 및 필요한 조치를 명할 수 있으며, 시정명령을 받은 후 시정기간 내에 시정명령을 이행하지 아니하면 허가권자는 이행강제금을 부과할 수 있다. 건축행정상 법률관계는 주로 행정주체와 사인간의 이면적 관계로 생각하였다. 그것은 종래의 전통적 행정법 사고가 행정주체와 사인의 대립을 전제로 하여 사인의 권리를 행정주체에 의한 침해로부터 방어하는 것을 중심으로 하여 형성되어 있었기 때문이다. 그러나 오늘날의 행정법에서는 행정상 법률관계가 행정주체와 그 상대방인 사인과의 관계에 그치는 것이 아니라 상대방 이외의 제3자인 또 다른 사인이 등장하게 된다. 위 건축허가를 예를 들면, 행정주체와 그 상대방인 허가를 받은 건축주 외에 건축주의 건축법상의 높이제한 위반으로 일조권이 침해된 인근주민이 제3자이다. 즉 행정상 법률관계는 이면적 관계에서 삼면적 관계로 변화한 것이다. 삼면적 관계가 현대 행정상 법률관계의 특색을 이룬다.

II. 행정과 사인의 관계는 어떻게 변화하고 있는가

1. 변화의 방향은 어디로 가고 있는가

행정과 사인의 관계는 어떤 방향으로 변하고 있는가. 한 마디로 말한다면, 행정과 사인의 관계는 사인이 주체가 되는 방향으로 서서히 변해가고 있다. 우리나라에서의 이러한 변화는 1980년대부터 시작하고 있다. 그 변화로는 여러가지를 들 수 있다. 그 중에서도 중요한 변화의 주역을 행정이 법제화되는 순서에 따라 본다면, 첫째가 「지방자치법」 등 지방자치에 관련된 법의 변화이고, 둘째가 「공공기관의 정보공개에 관한 법률」 등 정보공개에 관련된 법의 변화이며, 셋째가 「행정절차법」 등 행정절차에 관련된 법의 변화이며, 넷째가 「행정규제기본법」 등 규제완화에 관련된 법의 변화이며, 다섯째가 「전자정부법」 등 행정업무의 전자적 처리에 관련된 법의 변화이며, 여섯째가 「행정조사기본법」 등 행정조사에 관련된 법의 변화이다.

2. 지방자치는 행정과 사인의 관계에 어떤 영향을 주고 있는가

(1) 지방자치란 무엇인가

지방자치란 일정한 지역과 사무를 그 지역 주민의 의사에 의하여, 국가로부터 독립된 법인격을 가진 지역 단체가 자주적으로 처리하는 것을 말한다. 일정한 지역의 사무를 그 지역 주민의 의사에 의하여 자주적으로 처리하는 것을 주민자치라고 하며, 일정한 지역의 사무를 독립된 법인격을 가진 지역 단체가 자주적으로 처리하는 것을 단체자치라 한다. 주민자치와 단체자치는 지방자치의 두 요소를 이룬다. 우리 헌법은 국민의 기본권을 보장하기 위하여 국가권력을 입법권·행정권·사법권으로 나누는 권력분립제도를 채택하고, 동시에 수평적으로 국가와는 별개의 통치기구를 두어 지방자치를 보장하고 있다. 이 「헌법」의 보장에 의하여 1949년 「지방자치법」이 제정되었으나, 지방자치의 실시는 1952년에 지방의회가 구성되면서 이루어졌다. 그러나 5·16 군사쿠데타에 의하여 지방의회가 해산되었고, 지방자치는 사실상 중단되었다. 1987년 헌법개정이 되면서 1988년 「지방자치법」이 전면개정되었다. 이 법률에 의거하여 1991년에 지방의회가 구성되었고, 1995년에 지방자치단체의 장이 직접 주민에 의하여 선출되어, 지방자치가 본격적으로 실시되었다.

(2) 중앙집권과 지방분권

중앙집권이란 권한이 국가에 집중되어 있고 지방자치단체에 대한 국가의 지도·감독(통제)이 강하여 지방자치단체의 자주성이 제약되어 있는 경우를 말한다. 지방분권이란 권한이 지방자치단체에 분산되어 있고 지방자치단체에 대한 국가의 지도·감독(통제)이 약하여 지방자치단체의 자주성이 높은 경우를 말한다. 1988년「지방자치법」의 전문개정 이후, 주민의 권리 측면에서 주민투표참여권, 조례제정·개정·폐지청구권, 감사청구권, 주민소송제기권 등 주민의 행정에 대한 직접참여제도가 법제화되었다. 지방분권의 측면에서는 종래 중앙집권체제 아래에서 제정된 많은 개별 행정법에 의하여 국가(중앙정부)에 집중되어 있던 행정권한을 지방자치단체에 이양하기위해서 꾸준히 노력하고 있다. 1999년에는「중앙행정 권한의 지방이양 촉진 등에 관한 법률」이 제정되었고,「지방분권특별법」이 제정되었으며, 2008년에는「지방분권촉진에 관한 특별법」이 제정되었다.

(3) 지방자치가 주는 행정과 주민의 관계변화

지방자치가 실질적으로 실시되어 제자리를 찾게 되면, 지방자치단체 행정의 스타일(style)이 서서히 변화하게 된다.「지방자치법」에 의하여 보장된 주민투표참여권, 조례제정·개정·폐지청구권, 감사청구권, 주민소송제기권 등은 지역주민의 의향에 맞는 지방자치단체 행정의 확립에 기여할 것이기 때문이다.

지방분권의 추진만 하더라도 그것이 국가(중앙정부)의 권한을 지방자치단체에 이양하는 데 그치는 것이 아니다. 지방분권의 추진은, 행정과 사인의 관계라는 관점에서 본다면, 지방자치의 활성화를 가능하게 하는데 의미가 있다. 달리 말하면, 주민에 대한 근거리 행정을 지역이 자치적으로 행하게 됨으로써 지역주민의 참여, 협동, 창의에 힘입어 보다 인간적이면서 동시에 창의적인 지역자율행정이 전개될 수 있기 때문이다. 따라서 지방분권은 행정과 사인 사이에 근본적인 변화를 가져오게 된다.

3. 정보공개는 행정과 사인의 관계에 어떤 영향을 주고 있는가
(1) 정보공개란 무엇인가

정보공개란 사인의 청구에 의거하여 행정기관이 그가 보유하고 있는 정보를 공개하는 것을 말한다. 정보공개에 관한 일반법으로「공공기관의 정보공개에 관한 법률」

이 있다. 이 법률에 의하면 "정보"란 공공기관이 직무상 작성 또는 취득하여 관리하고 있는 문서(전자문서 포함)·도면·사진·필름·테이프·슬라이드 및 그 밖에 이에 준하는 매체 등에 기록된 사항을 말하고, "공개"란 공공기관이 이 법의 규정에 의하여 정보를 열람하게 하거나 그 사본·복제물을 교부하는 것 또는 「전자정부법」에 의한 정보통신망을 통하여 정보를 제공하는 것을 말한다.

국민이면 누구든지, 정보가 법이 정한 비공개대상이 아닌 한, 정보의 공개를 청구할 권리를 갖고 있다. 외국인 중 국내에 일정한 주소를 두고 거주하거나 학술·연구를 위하여 일시적으로 체류하는 사람, 국내에 사무소를 두고 있는 법인 또는 단체도 정보의 공개를 청구할 수 있다.

정보공개가 갖는 의미는 단적으로 말하면 국민주권의 실질화와 민주주의의 실현이다. 첫째로 국민이 주권자로서 행동할 수 있게 하기 위한 전제 조건으로서 국정에 관한 정보를 충분히 갖게 하지 않고서는 적정한 판단이나 의견의 형성이 이루어질 수 없다. 둘째로 국정을 담당하는 기관이 이와 같은 국민에 의한 계속적인 감시 아래 놓여 있음으로써 직무의 적정한 집행을 기대할 수가 있다.

정보공개의 힘을 보여주는 사례를 들어 보자. 우리나라 출산율은 계속 줄어들고 있으며, 경제협력개발기구(OECD)국가 중 최하위권 수준이다. 국가는 출산율을 높이기 위하여 꾸준히 노력하고 있다. 출산율을 높이기 위해 필요한 것 중 하나가 일과 가정이 양립(兩立)할 수 있는 환경을 갖추는 것이다. 그래서 국가는 2006년 상시(常時) 근로자가 500명을 넘거나 여성근로자가 300명 이상인 사업장은 직장 어린이집을 설치하도록 의무화하는 당시에 있었던 「영유아보호법」을 개정하는 일이 있었다. 그러나 이 법은 처벌 조항이 없기 때문에 본체만체하는 기업이 많았다. 이에 어떤 시민단체가 2011년 6월 기업들의 직장 보육시설 설치 여부를 공개해 줄 것을 보건복지부에 요청했다. 그러나 보건복지부는 기업들의 눈치를 보느라, 보육시설을 설치하지 않은 기업명단 공개를 거부했다. 이에 시민단체가 소송을 제기해 2012년 1월 승소했다. 정보를 공개하자 기업들이 분주하게 움직이기 시작했다. 직장 보육시설 설치 의무 사업장 919곳 중 의무를 이행하지 않은 기업이 1년 9개월만에 60%이상 줄어 들었다. 정보공개는 잘못된 행정을 바로 잡는 방법의 하나이기도 하다.

(2) 정보공개가 주는 행정과 사인간의 관계 변화

정보공개제도가 정비되게 되면 정보를 독점한 소수의 사람에 의하여 행정을 운영해 갈 수 없게 된다. 정보를 공유한 사인을 참가시켜 사인과의 토론을 통하여 합의를 형성해 가는 행정과정에의 전환이 불가피해진다. 이것은 동시에 행정측에서도 정보 수집의 경로를 다양화하게 될 것이며 보다 합리적인 정책형성의 가능성을 높이는 계기가 될 것이다. 더욱이 정책을 공유하고 있는 사인에 대하여 정책 선택을 설명하고 합의를 이끌어내기 위해서도 행정은 정책형성과정을 신중하고 동시에 합리적으로 해야 할 것이 요청된다. 정보공개제도가 정비되면 될수록 권위에 의한 통치는 멀어지고, 행정과 사인간의 보다 대화적인 관계가 추구되게 된다. 요컨대, 정보공개는 합리적인 대화를 통해서 행정과 사인이 공동으로 문제해결을 도모해 가기 위한 첫 걸음이 된다.

4. 행정절차는 행정과 사인간의 관계에 어떤 영향을 주고 있는가

(1) 행정절차란 무엇인가

행정절차는 사전절차와 사후절차로 나누어진다는 것, 적법절차 보장의 문제는 종래 기본적으로는 특정한 행위나 결정에 이르기까지의 프로세스를 의미하는 사전절차의 문제로 다루어져 왔다는 것은 앞에서 보았다.

법치국가원리는 실질적(실체적)으로 뿐만 아니라 절차적으로도 보장되어야 비로소 의미 있는 것이 되지만, 종래 우리나라에서는 위법·부당한 행정이 행하여지지 아니하도록 사전에 절차를 통제한다는 생각은 거의 없었다. 즉 행정이 법률에 의거하여 행하여져야 하는 것은 당연한 것이지만, 그것이 절차면에서도 그러하다는 인식은 거의 없었다. 법원도 성문법에 준거하여 재판하는 이른바 성문법준거주의 경향이 강하여 법률에 사전절차에 관한 규정이 없는 경우에 헌법에서 적법절차원칙을 도출하는 데 적극적이지 못했다. 결국 「행정절차법」이 제정됨으로써 종래의 행정스타일(style)이 근본적인 변혁을 맞게 되었다.

(2) 행정절차가 주는 행정과 사인간의 관계 변화

행정의 결정에는 여러 이해가 대립되는 것이 보통이다. 도로·공항·항만 건설 등 공익사업을 행하는 경우에는 계획에서 구체적인 실시까지는 다양한 단계를 거쳐 여러 수단을 사용하여 행정이 전개된다. 무엇이 공익에 적합한 결정인가를 공정하게 정하는 일은 각각의 관계에서 이해관계인이 참가하여 공정한 절차를 거쳐 행하여져야 한다. 공정한 절차는 공정한 결정을 보장하는 것이다.

「행정절차법」은 법치국가원리의 절차적인 충족을 도모함으로써 법치국가원리가 실제적(실체적)으로도 기능할 전제를 갖추었다는 점에서 큰 의미가 있다.

이에 의하여 행정과 사인의 관계는 공정하고 투명한 규칙(rule) 아래서 보다 대등한 관계에 이르게 된 것이다.

5. 규제완화는 행정과 사인간의 관계에 어떤 영향을 주고 있는가

(1) 규제완화란 무엇인가

흔히 규제개혁 또는 규제합리화의 한 국면으로 규제완화라는 개념을 사용한다. 규제완화란 불합리한 기존의 규제를 폐지하거나 완화하는 것을 말한다. 국가나 지방자치단체는 특정한 행정목적을 실현하기 위하여 사인의 권리를 제한하거나 의무를 부과하게 된다. 구체적으로는 환경, 안전, 건강을 위해서 또는 금융의 붕괴를 막기 위해서 이와 같은 행정규제가 필요하게 된다. 그러나 행정에 따라서는 행정규제의 부작용이 나타나면서 규제제도에 대한 비판이 일어난다. 우리나라에서는 1980년대 이래 규제완화 내지 규제개혁이 중요한 관심사가 되었다. 특히 1997년의 외환위기 이후로는 경제의 자유화·개방화만이 경쟁력을 회복하고 세계화(globalization) 경쟁체제에서 살아남기 위한 유일한 방편으로 널리 인식되었다. 이때에 제정된 것이 「행정규제기본법」이다.

(2) 규제완화는 왜 필요한가

규제완화는 왜 필요하게 되는가. 규제완화의 목적은 한마디로 말하면 규제의 편익(benefit)과 폐해(cost)를 비교하여 편익에서 폐해를 뺀 순편익을 늘리도록 규제를 개혁하는 데에 있다. 규제는 사회적인 폐해를 시정하여 이익을 가져오는 것이지만, 폐해를 시정하는 편익이 있다는 것만으로 정당화될 수 있는 것은 아니다. 규제에는 유용한 활동을 제약함으로써 발생하는 불이익 또는 규제의 실시와 대응을 위한 비용 등 또 다른 폐해가 수반하기 때문이다. 편익이 있다 하더라도, 그 이상의 폐해가 수반되거나, 달리 보다 폐해가 적은 방법이 있는 경우에는 합리적인 규제라고 할 수도 없는 것이다. 여기에 규제완화의 필요성이 있다.

1777년 겨울, 미국 독립군의 총사령관이었던 조지 워싱턴 장군은 펜실베이니아 (pennsylvania)주 밸리 포오즈(valley forge) 전투에서 패배하였다. 패배의 원인은 영국군이 아니라 극심한 식량난과 군수물자의 부족이었다. 장군의 군대는 살을 에는 추위 속에서 거의 아사(餓死)상태에 빠졌었다. 식량과 군수물자의 부족은 펜실베이니아주가 제정하였던 가격규제법 때문이었다. 규제의 취지는 가격을 통제하여 군사비용을 줄이고 충분한 물자를 공급한다는 것이었다. 그러나 주정부의 고시가격에 불만을 품었던 농민들은 물자를 시장에 내놓지 않았고, 그 결과 가격은 폭등하였다. 주 정부의 규제 의도와는 달리 예기치 않았던 결과를 가져왔던 것이다. 이처럼 규제는 예기치 않는 불이익을 가져오는 것이므로 행정이 규제를 행하는 것은 신중하여야 한다.

(3) 규제완화의 영향 및 규제완화에 의한 변화

규제완화의 영향은 규제비용을 줄인다든가 소비자 및 일반국민의 이익을 보호한다든가 하는 점도 있으나, 행정법상의 커다란 의미는 행정규제의 내용과 과정을 개선한다는 점이다.

또한 규제완화는 행정과 사인 간의 관계에도 변화를 가져오게 된다. 특히 경제규제의 분야에서는 행정의 역할이 코치(coach)의 역할에서 엄파이어(umpire)의 역할로 변화하게 될 것이다. 행정이 엄파이어로서의 기능을 적절하게 수행하기 위해서는 그 전제로서 공정하고 투명한 규칙(rule)이 존재할 것이 필요하다.

「행정절차법」이 절차적 측면에서 규제완화에 공헌하게 된다. 「행정절차법」이 규정하고 있는 처리기간의 설정·공표 등이 그러한 역할을 한다. 또한 동법에 규정되어 있는 처분기준의 설정·공표는 행정재량의 남용을 방지하는 역할을 할 뿐만 아니라, 행정기관으로 하여금 규제권한을 가지고 있다는 것의 이점(merit)을 감소시킴으로써 장기적으로 보면 실질적(실체적)인 규제완화에 도움이 된다.

정보공개도 규제완화와 밀접한 관계가 있다. 규제완화는 자립한 기업 등 사인이 자기책임원칙 아래서 행동하는 것을 예정하고 있는 것이므로, 그러하기 위해서는 정보의 공개가 반드시 필요하다.

6. 전자적 처리는 행정과 사인의 관계에 어떤 영향을 주고 있는가

(1) 전자적 처리란 무엇인가

전자적 처리란 행정업무를 전자적 방식으로 처리하는 것을 말한다. 전자적 처리에는 민원처리, 첨단 정보통신기술을 활용하여 국민·기업 등이 언제 어디서나 활용할 수 있도록 하는 치안·교통·의료·복지·환경·재난안전 등 각종 행정서비스, 전자문서 등 전자적 행정관리, 정보통신망을 통한 의견수렴 등을 포함한다. 행정업무의 전자적 처리를 위한 기본원칙 등을 정한 일반법으로「전자정부법」이 있다.

(2) 전자적 처리의 영향 및 전자적 처리에 의한 영향

행정업무의 전자적 처리는 종이에 의하지 아니하고 문서를 기안·결재·유통·보관하고, 행정기관 내부 및 행정기관 상호 간에 정보와 자료를 공동으로 활용할 수 있으며, 행정 내부의 업무는 물론이고 행정 외부인 사인간의 모든 업무를 전자적으로 처리함으로써 능률적이고, 경쟁력 있는 정부를 구현할 수 있다. 특히 행정과 사인 간의 관계에 있어서는 필요한 각종 정보를 신속하게 획득하고, 전자적 방법에 의하여 의견을 제출하는 등 투명한 행정, 효율적 행정을 확보할 수 있게 된다.

7. 행정조사는 행정과 사인의 관계에 어떤 영향을 주고 있는가

(1) 행정조사란 무엇인가

행정조사란 행정기관이 어떠한 행정목적을 달성하기 위하여 필요로 하는 각종의 정보를 수집하는 행정활동을 말한다. 행정조사 중에서 신문에 자주 등장하는 것이 세무조사이다. 그러나 세무조사만이 행정조사인 것은 아니다.

과거의 자유국가·질서국가·야경국가에 있어서는 행정이란 사회에서 필요로 하는 최소한도의 질서유지행정이었기 때문에, 우발적으로 발생한 사회에서 필요로 하는 최저한의 질서가 흩트러진 상태에 대하여 그 때마다 사후적으로 행정이 대응하게 되는 것인데, 그 사회의 구성원이면 자명한 것으로 누구든지 알고 있는 최저한의 질서유지회복이므로, 일부러 특별한 정보를 행정이 수집해 둘 필요가 없었다. 종래 행정조사를 뒤에서 볼 행정상 즉시강제와 유사한 것으로 보았던 것은 자유국가·질서국가에 있어서 위에서 본 생각에 그 뿌리를 두고 있다.

그러나 복리국가·행정국가에 들어오게 되면서 행정은 사후적인 대응뿐만 아니라

오히려 장래를 내다보고 행하는 계속적 형성활동이 필요하게 된다. 사인이 사회활동의 중요한 부분을 담당하게 되는 사회에서는 정보의 수집은 당연히 불가결한 존재가 된다. 여기에 행정에 의한 정보수집 즉 행정조사의 필요성이 등장하게 되는 것이다.

(2) 행정조사에는 어떤 것이 있는가

행정조사에는 질문, 불심검문, 장부·서류 등 제출명령과 같은 대인적 조사, 장부·서류의 열람, 물건의 검사·수거와 같은 대물적 조사, 주거·창고 등에의 출입·검사와 같은 대가택 조사 등이 있다. 또한 임의조사도 있고, 강제조사도 있다. 또한 행정절차의 한 요소인 행정조사도 있고, 행정기관이 조사를 하려고 하면 조사를 받을 자가 조사에 의하여 신용 등이 손상되는 것을 피하기 위해서 스스로 행정상의 의무를 이행하는 말하자면 의무이행확보수단으로 기능하는 행정조사도 있으며, 인구조사와 같이 일반적인 데이터(data) 수집을 위한 행정조사도 있다.

(3) 행정조사는 어떻게 행하여지는가

행정조사에 관한 일반법인 「행정조사기본법」은 조사방법·조사절차를 규정하고 있다. 이에 의하면 출석·진술을 요구하는 때에는 일정한 사항을 기재한 출석요구서를, 보고나 자료를 요구하는 때에는 보고요구서·자료제출요구서를, 현장조사를 실시하는 경우에는 현장출입조사서 등을 발송하여야 한다. 시료채취를 하는 경우에는 최소한도로 행하여야 하며, 자료·서류·물건 등을 영치하는 때에는 조사대상자 또는 그 대리인을 입회시켜야 한다.

행정조사에 관한 일반절차로는 행정조사를 실시하고자 하는 경우에는 출석요구서·보고요구서·자료제출요구서·현장출입조사서 등을 조사개시 7일 전까지 통지하여야 하고, 의견제출의 기회를 부여하여야 할뿐더러 제출한 의견이 상당한 이유가 있다고 인정하는 경우에는 행정조사에 반영하여야 하며, 행정조사의 결과를 확정한 날로부터 7일 이내에 그 결과를 조사대상자에게 통지하여야 한다.

(4) 행정조사가 주는 행정과 사인간의 관계 변화

행정조사는 행정기관의 행정활동을 신중하게 하며, 또한 공정하게 한다. 국민·주민이 행정작용법적 관계의 주체가 되어야 한다는 점에서 보면 지극히 당연한 것이다. 또한 행정조사의 방법과 절차를 법률로 정함으로써 행정조사가 공정하고 투명한 규칙(rule) 아래서 행하여지게 되고, 이에 따라 행정과 사인의 관계가 보다 대등한 관계로 접근하게 된다.

Ⅲ. 사인의 지위와 행위를 어떻게 이해하여야 할 것인가

1. 사인의 법적 지위는 어떻게 변화하고 있는가

(1) 사인은 실정법상 어떻게 불려 일컬어지고 있는가

사인은 실정법상 여러가지 용어로 표현되고 있다. 「국적법」, 「행정조사기본법」, 「행정절차법」, 「행정심판법」, 「행정소송법」 등에서는 사인을 국민이란 용어로 부르고 있다. 국민이라고 부르는 법률이 많다. 「지방자치법」은 사인을 주민이란 용어로 나타내고 있다. 「소득세법」은 사인을 개인이란 용어로 부른다. 「도로교통법」은 사인을 보행자·운전자란 용어로 나타낸다. 「공익사업을 위한 토지 등의 취득 및 보상에 관한 법률」은 사인을 사업시행자·토지소유자·관계인 등의 용어로 부른다. 각각 실정법에 맞추어 사인의 범위를 정하고 있으며, 대체로 각 법률에서 정의(定義)규정을 두고 있다.

(2) 사인 지위의 기초인 주민등록

사인의 지위는 주민등록이 그 기초가 된다. 「주민등록법」 제23조 제1항은 "다른 법률에 특별한 규정이 없으면 이 법에 따른 주민등록지를 공법(公法)관계에서의 주소로 한다"라고 규정하고 있다. 따라서 주민등록은 사인에게 있어서는 중요한 문제이다. 대법원은 "주민들의 거주지 이동에 따른 주민등록전입신고에 대해서 행정청이 이를 심사하여 그 수리를 거부할 수는 있다고 하더라도, 그러한 행위는 자칫 헌법상 보장된 국민의 거주·이전의 자유를 침해하는 결과를 가져올 수도 있으므로, 시장·군수 또는 구청장의 주민등록전입신고 수리 여부에 대한 심사는 주민등록법의 입법목적의 범위 내에서 제한적으로 이루어져야 한다. 한편, 주민등록법의 입법목적에 관한 제1조 및 주민등록 대상자에 관한 제6조의 규정을 고려해 보면, 전입신고를 받은 시장·군수 또는 구청장의 심사대상은 전입신고자가 30일 이상 생활의 근거로 거주할 목적으로 거주지를 옮기는지 여부만으로 제한된다고 보아야 한다. 따라서 전입신고자가 거주의 목적 이외에 다른 이해관계에 관한 의도를 가지고 있는지 여부, 무허가 건축물의 관리, 전입신고를 수리함으로써 당해 지방자치단체에 미치는 영향 등과 같은 사유는 주민등록법이 아닌 다른 법률에 의하여 규율되어야 하고, 주민등록 전입신고의 수리 여부를 심사하는 단계에서는 고려대상이 될 수 없다"(대법원 2009. 6. 18. 선고 2008두10997 전원합의체 판결)고 판시하고 있다.

(3) 행정흐름에서의 사인의 참여

행정은 일정한 목적을 향하여 한 지점에서 다른 지점으로, 또 다른 지점으로 끊임없이 흐르고 있다. 이 행정흐름을 학자에 따라서는 행정과정이라고 부른다.

사인에게 행정흐름에서의 여러 권리가 보장되고, 행정흐름에서의 사인의 참여와 사인의 행정과의 협동제도가 확대됨에 따라 사인의 법적 지위는 종래와 비교할 수 없을 정도로 향상되고 있다. 사인의 행정에서의 참여와 협동의 확대는 인터넷이라는 공간을 통하여 더욱 가속화되고 있다. 사인의 행정에의 참여와 협동의 확대로는 다음과 같은 예들을 들 수 있다. 첫째로, 처분절차에의 참여는 말할 나위도 없고, 「국회법」상의 입법예고제(제82조의2), 「행정절차법」상의 행정상 입법예고(제4장)·행정예고(제5장) 등의 도입으로 국회입법·행정입법 등의 입법과정, 정책·계획의 형성과정 등에 사인의 참여 기회가 확대되고 있다. 둘째로, 「공공기관의 정보공개에 관한 법률」의 제정으로 사인 스스로의 의사형성이 용이하게 되었을 뿐만 아니라 행정의 의사형성흐름에 사인의 참여가 가능하게 되고 나아가 행정을 감시할 수 있게 되었다. 셋째로, 행정의 민간위탁에 의하여 사인의 행정과의 협동이 확대되고 있다. 넷째로, 행정과 사인간의 합의인 행정계약의 수단이 중요시되고 있다. 다섯째로, 사인이 행정의 각종 위원회, 자문·심의 및 의사결정에 참여하거나, 행정활동을 평가하는 기회가 확대되고 있다. 여섯째로, 직접민주제도인 주민조례제정·개폐청구권, 주민투표제, 주민소환제. 주민소송제 등이 도입됨으로써 지방행정흐름에 대한 주민의 참여기회가 확대되고 있다.

2. 사인의 행위는 어떻게 변화하고 있는가
(1) 사인의 공법행위

지금까지의 통설은 사인의 공법행위를 다음과 같이 설명하고 있다. 사인은 행정과정에서 행정주체에 대하여 항상 수동적 지위에만 있는 것이 아니고, 행정 각 분야에서 행정법규가 사인의 주체적인 이니셔티브(initiative)에 의한 행위를 기대 또는 요구하며, 행정법규가 그 행위에 일정한 공법적 효과를 부여하는 예가 많다. 이러한 사인의 행위 속에는 명칭·내용·효과 등을 달리하는 각양 각색의 행위가 포함되고 있기는 하나, 이 행위들은 전체적으로 보면, 행정주체의 우월한 공권력의 발동도 아니고 그렇다고 순전히 평등원리에 의하여 지배되는 사법행위(私法行爲)와도 성질이 다른 특색을 갖고 있다. 이와 같이 행정상 법률관계에서 공법적 효과를 발생하는 사인의 행위를 사인의 공법행위라고 하며, 사인의 공법행위의 예로 선거의 투표행위, 신고, 신청, 동의·승낙·협의 등을 들 수 있다.

(2) 사인의 법적 지위 향상과 공법행위

행정상 법률관계에서 행하여지는 사인의 행위는 사인의 법적 지위가 향상됨에 따라 그 범위가 점차 확대되고 있다. 앞에서 본 사인의 행정에의 참여·협동에만 한정하여 보더라도 사인이 행정절차에서의 의견진술을 행하는 행위, 사인이 입법과정·정책·계획의 형성흐름 등에 참여하여 행하는 행위, 「공공기관의 정보공개에 관한 법률」에 의한 행정 형성흐름에서의 사인의 행위, 행정의 민간위탁에 의한 사인의 행위, 사인이 행정의 각종 위원회 및 자문·심의위원회에서의 사인의 행위 등 행정흐름에서의 사인의 행위는 나날이 늘어가고 있다. 이 사인의 행위 속에는 공법적 효과를 발생하는 법적 행위도 있다. 그러나 공법적 효과를 발생하지 아니하는 행위도 있을 수 있다.

예컨대, 종래 사법관계(私法關係)로 보아온 국가 또는 지방자치단체 일반재산의 대부(貸付)를 받고자 하는 사람은 행정기관에 대부신청을 하여야 하는데, 이 대부신청에 대하여는 허가신청과 마찬가지로 「민원처리에 관한 법률」에 따라 민원처리의 원칙, 민원처리기준표의 고시, 민원 1회 방문처리제의 시행 등의 규정의 적용을 받는다. 또는 국민 또는 주민(사인)의 자발적인 정보의 제공인 신고도 있을 수 있다. 행정과정에서의 사인의 행위를 공법행위로 한정하는 종래의 통설이 오늘날에 와서는 적절하지 않다는 지적이 나오는 까닭이다.

(3) 사인의 행위의 종류

사인의 행위는 여러 행위가 있다. 그 중에서도 특히 중요한 것은 사인이 국가·지방자치단체의 행정기관을 상대로 하여 행하는 행위로서, 운전면허의 신청과 같이 행정기관에 대하여 어떤 행정을 청구하는 것과 출생신고·사망신고와 같이 그 행위 자체가 독립하여 법적인 의의(意義)를 갖는 것의 두 가지이다.

양자 모두 「행정절차법」에서 규정하고 있다. 먼저 신청에 대하여 「행정절차법」은 "행정청은 신청이 있는 때에는 다른 법령 등에 특별한 규정이 있는 경우를 제외하고는 그 접수를 보류 또는 거부하거나 부당하게 되돌려 보내서는 아니되며, 신청을 접수한 경우에는 신청인에게 접수증을 주어야 한다"라고 규정하고 있다(제17조 제4항). 같은 규정은 「민원처리에 관한 법률」(제9조)에도 있다. 이와 같은 규정이 없었던 「행정절차법」, 「민원처리에 관한 법률」제정 이전의 행정실무에서는 신청권은 유명무실(有名無實)하였다. 왜냐하면 신청의 도달과 수리를 구별하여 수리가 행하여지지 아니하는 이상 행정청이 접수하여 심사할 의무가 없다는 전제에 서 있었고, 더욱이 수리할 것인지의 여부에 대하여도 행정청의 재량에 맡겨져 있는 경우가 많았다. 따라서 사인의 적법한 신청에 대하여 행정청의 응답(가부)을 기대할 수 없었다. 이것이 「행정절차법」 제17조 제4항 및 「민원처리에 관한 법률」 제9조에서 위와 같은 규정을 둔 이유이다. 다음에 신고에 대하여 「행정절차법」은 법령 등에서 행정청에 대하여 일정한 사항을 통지함으로써 의무가 끝나는 신고를 규정하고 있는 경우에는, 그 신고가 신고서의 기재사항에 흠이 없고, 필요한 구비서류가 첨부되어 있으며, 그밖에 법령 등에 규정된 형식상의 요건에 적합한 것이면, 신고서가 접수기관에 도달된 때에 신고의 의무가 이행된 것으로 본다(제40조)고 규정하고 있다. 따라서 신고의 내용이 진실한 것인가의 여부는 신고의 요건이 아니다. 또한 행정청은 신고에 대하여 형식상의 요건이 요구되는 경우 미리 게시판(인터넷 등을 통한 게시를 포함) 또는 편람에 그 형식상의 요건을 제시하여야 하며, 행정청은 미리 제시하지 아니한 형식상의 요건을 신고인에게 나중에 요구하여서는 아니 된다.

대법원은 건축신고를 원칙적으로 이와 같은 신고로 보았다(대법원 1999. 4. 27. 선고 97누6780 판결). 대법원 판결에 의하면 신고사항에 해당하는 건축행위를 하고자 하는 사람은 관계 법령에 정해진 적법한 요건을 갖춘 신고만을 하면 건축행위를 할 수 있고, 행정기관의 수리 등 별도의 조치를 기다릴 필요가 없게 된다.

비록 행정기관이 신고의 내용을 이유로 신고를 반려하더라도 신고의 효력에는 아무런 효력을 미치지 못한다.

다만 주의해야 할 점은 「행정절차법」에서 규정하고 있는 신고는 법령 등에서 행정청에 대하여 일정한 사항을 통지함으로써 의무가 끝나는 신고만이라는 점이다. 법령 등에서 사용하고 있는 신고에는 여러가지의 법적 성질을 가지는 것이 있다. 만일 법령에서 신고라는 용어를 사용하고 있더라도 그 법령에서 접수 외에 심사·처리절차를 규정하고 있는 경우에는 「행정절차법」에서 말하는 신고가 아니다. 대법원은 인·허가의제 효과를 수반하는 건축신고는 일반적인 건축신고와는 달리, 특별한 사정이 없는 한 행정청이 그 실체적 요건에 관한 심사를 한 후 수리를 하여야 하는 이른바 수리를 요하는 신고로 보고 있다(대법원 2011. 1. 20. 선고 2010두14954 전원합의체 판결). 반대로 법령에서 신고라는 용어를 쓰고 있지 않더라도 행정청에 대하여 일정한 사항을 통지함으로써 의무가 끝나는 성질의 행위라면 「행정절차법」에서 규정하고 있는 신고에 해당한다.

제3장

행정은 누가 행하는가

제3장 행정은 누가 행하는가

Ⅰ. 보는 관점에 따라 다르다

1. 행정조직·행정기관·공무원의 의미

다시 종합소득세에 관한 행정상 법률관계를 예로 들어보자. 납세자는 세무서장에게 납세신고를 하여야 한다. 소득세 행정의 담당자는 세무서장이기 때문이다. 신고 내용에 오류 등이 있는 때에는 세무서장은 납세자의 수입에 대하여 필요한 조사를 하여 세액을 경정결정할 수 있으며, 납세자가 확정된 세액을 납부하지 아니하는 경우에는 세무서장은 체납처분절차에 의하여 세액을 강제징수 할 수 있다. 이와 같이 국가의 행정은 세무서장에 의하여 실현되지만, 세무서장의 행위에 의하여 발생하는 권리·의무관계는 국가와 납세자 간에 성립한다. 납세자가 지는 조세채무는 세무서장에 대하여 부담하는 것이 아니라 국가에 대하여 부담하는 것이며 조세채권도 세무서장이 아니라 국가가 취득한다. 이때의 국가, 즉 행정상의 권리·의무의 주체인 국가를 행정주체라고 부른다. 그런데 행정주체가 행정을 행하기 위해서는 일정한 조직이 필요하다. 이 조직을 행정조직이라 한다. 세무서장은 국가행정조직 속에서 국가를 위하여 세무행정을 담당하고 있는 기관이다. 이와 같이 행정주체를 위하여 일을 하는 기관을 행정기관이라 한다. 즉 행정주체의 활동은 행정기관에 의하여 행하여지는 것이다.

행정기관을 구성하고 있는 사람은 자연인이다. 이 자연인이 공무원이다. 즉 공무원은 행정기관의 구성자로서 국가 등 행정주체를 위해서 행정활동을 행하는 사람이다.

행정은 누가 행하는 것인가. 이 문제는 보는 관점에 따라 다르게 답이 나온다. 행정상의 권리·의무가 누구에게 귀속되는가의 관점에서 보면, 행정을 행하는 자는 행정주체이다. 행정주체를 위해서 직접 행정활동을 행하는 자가 누구인가의 관점에서 보면, 행정을 행하는 자는 행정기관이다. 행정기관의 구성자인 자연인이 누구인가의 관점에서 보면, 행정을 행하는 자는 공무원이다.

2. 행정조직의 중요성

앞 제1장 "Ⅸ. 행정법은 어떤 내용으로 이루어져 있는가"에서 '행정법은 행정조직법·행정작용법·행정절차법·행정구제법의 네 기둥이 떠받들고 있다'고 하였다. 네 기둥 모두가 중요하다. 그 중에서 첫째가 행정조직법이다. 행정조직법은 앞에서 비유한 바와 같이 행정법의 몸통이기 때문이다. 대한민국 대통령령 제1호가 공포식령(公布式令)이다. 공포식령에 따라 대한민국헌법이 공포되었다. 대한민국헌법에 따라 법률이 제정되었다. 공포된 대한민국 법률 제1호가 「정부조직법」이다. 「정부조직법」 없이 대한민국 정부가 움직일 수 없다.

행정조직법은 행정조직에 관한 법이다. 그렇다면 행정조직이란 무엇인가를 아는 것이 첫 출발이 된다. 행정조직이 중요한 이유는 행정조직은 행정조직법의 기본문제일 뿐만 아니라 행정작용과 행정절차와 기능상 밀접한 관련이 있기 때문이다. 예컨대, 행정조직이 행정기관을 설치하고, 그 행정기관에 소관 사무를 나누어 주며, 행정기관에 공무원을 배치하는 것은 장래의 행정작용이 어떻게 행하여질 것인가에 대하여 미리 기본적 결정을 하는 것과 같다. 또한 행정조직의 설정은 이해 조정의 방법, 공동체 구성원의 참여 가능성을 미리 결정한다는 점에서 행정절차와 기능이 같다.

Ⅱ. 행정조직은 어떻게 되어 있는가

1. 국가의 행정조직은 어떻게 되어 있는가

국가의 행정조직은 국가의 중앙행정조직과 국가의 지방행정조직으로 나뉜다. 국가의 중앙행정조직은 행정수반인 대통령과 감사원을 비롯한 그 직속기관, 국무총리와 그 직속기관, 국무회의, 행정각부 그 밖의 중앙행정기관 등으로 구성되어 있다.

(1) 대통령

대통령은 국가원수(元首)로서의 지위와 정부수반(政府首班)으로서의 지위를 가진다. 대통령은 국가원수로서의 지위에서 국가를 대표하며, 외교권, 국군통수권, 계엄선포권, 긴급명령권, 국민투표부의권, 헌법개정발의권, 영전수여권, 사면권 및 대법원장·대법관·헌법재판소장과 재판관 및 중앙선거관리위원회 위원장과 위원에 대한 임명권 등의 권한을 갖는다. 정부수반으로서의 지위에서 대통령은 최고 행정기관으로서 정당해산제소권, 대통령령발령권, 법령집행권 등 권한을 갖고, 국무총리와 모든 중앙행정기관의 장을 지휘·감독하며, 이들의 위법·부당한 명령이나 처분을 중지·취소할 수 있다. 또한 행정부의 조직권자로서 국무총리·국무위원·행정각부의 장·감사원장과 감사위원 그 밖의 공무원의 임명권을 가지며, 국무회의의 의장으로서 국무회의를 소집하고 주재하며 그 운영을 통할한다.

(2) 대통령 소속의 중앙행정기관

대통령 소속의 중앙행정기관으로 감사원 등이 있다. 감사원은 국가의 세입·세출의 결산, 국가 및 법률이 정한 단체의 회계감사와 행정기관 및 공무원의 직무에 관한 감찰을 하기 위하여 대통령 소속 하에 설치된 헌법상의 기관이다.

감사원은 대통령에 소속하되, 직무에 관하여는 독립의 지위를 가진다. 즉 감사원은 대통령에 소속되어 있으나 그 직무에 관하여는 대통령의 지휘·감독을 받지 아니한다. 감사원은 감사원장을 포함한 7인의 감사위원으로 구성되는 합의제 행정기관이다.

(3) 국무총리

국무총리는 정부의 제2인자로서, 대통령의 보좌기관으로서의 지위와 상급행정기관으로서의 지위를 가진다. 국무총리는 행정각부의 상급기관으로서의 중앙행정기관에 대한 감독권을 가지며, 동시에 행정각부 장관과 마찬가지로 행정사무를 스스로 처리하는 행정기관이기도 하다. 국무총리는 국무위원 및 행정각부의 장의 임명제청권, 국무위원해임건의권, 대통령권한대행권, 총리령제정권 등의 권한을 갖는다.

(4) 국무총리 소속의 중앙행정기관

국무총리 소속의 중앙행정기관으로 부총리·국가보훈처·인사혁신처·법제처·식품의약품안전처가 있다. 부총리는 국무총리가 특별히 위임하는 사무를 수행하며, 국무총리가 사고로 직무를 수행할 수 없는 경우에 그 직무를 대행한다. 부총리는 기획재정부장관과 교육부장관이 겸임하며, 각각 경제정책과 교육사회 및 문화정책에 관하여 국무총리의 명을 받아 관계 중앙행정기관을 총괄·조정한다. 국가보훈처는 국가유공자 및 그 유족에 대한 보훈, 제대군인의 보상·보호 및 보훈 선양에 관한 사무를 관장하며, 인사혁신처는 공무원의 인사·윤리·복무 및 연금에 관한 사무를 관장한다. 법제처는 국무회의에 상정될 법령안·조약안과 총리령안 및 부령안의 심사 등을 관장하며, 식품의약품안전처는 식품 및 의약품의 안전에 관한 사무를 관장한다.

(5) 국무회의

국무회의는 헌법이 정하고 있는 기관으로서 중요한 국가정책을 심의하는 국가최고정책 심의기관이다. 국무회의는 대통령·국무총리 및 15인 이상 30인 이하의 국무위원으로 구성된다. 국무회의의 심의를 반드시 거쳐야 하는 사항으로는 국정의 기본계획과 정부의 일반정책, 선전(宣戰)·강화(講和) 그 밖의 중요한 대외정책, 헌법개정안·국민투표안·조약안·법률안 및 대통령령안, 예산안·결산·국유재산처분의 기본계획·국가의 부담이 될 계약 그 밖에 재정에 관한 주요사항, 대통령의 긴급명령·긴급재정경제처분 및 명령 또는 계엄과 그 해제 등이 있다.

(6) 행정각부

부(部)는 대통령을 수반으로 하는 행정부의 구성단위로서 국무회의의 심의를 거쳐 대통령이 결정한 정책과 그 밖의 행정부의 권한에 속하는 사항을 나누어 집행하는 중앙행정기관이다. 기획재정부, 교육부, 과학기술정보통신부, 외교부, 통일부, 법무부, 국방부, 행정안전부, 문화체육관광부, 농림축산식품부, 산업통상자원부, 보건복지부, 환경부, 고용노동부, 여성가족부, 국토교통부, 해양수산부, 중소벤처기업부 등 18개의 부가 있다. 각부에는 장관 1인을 두며, 장관은 국무위원 중에서 국무총리의 제청으로 대통령이 임명한다. 국무위원이 아닌 자는 장관이 될 수 없다. 장관은 부령 제정권 등의 권한을 가진다.

부 직속 중앙행정기관으로 청(廳)이 있다. 국세청, 관세청, 조달청, 통계청, 검찰청, 병무청, 방위사업청, 경찰청, 소방청, 문화재청, 농촌진흥청, 산림청, 특허청, 질병관리청, 기상청, 해양경찰청 등 16청이 있다.

(7) 그 밖의 중앙행정기관

그 밖의 중앙행정기관으로 중앙선거관리위원회와 합의제 행정기관이 있다.

합의제 행정기관은 복수의 사람을 구성되고 합의에 의하여 의사가 결정되는 행정기관을 말한다. 합의제 행정기관의 예로는 방송통신위원회·국민권익위원회·개인정보보호위원회·금융위원회·원자력안전위원회 등이 있다.

이 외에 특별법에 의한 행정중심복합도시건설청과 새만금개발청이 있다.

(8) 국가의 지방행정조직

국가의 지방행정조직은 보통지방행정기관과 특별지방행정기관으로 구성되어 있다.

1) 보통지방행정기관

보통지방행정기관이란 특정한 중앙행정기관에 소속되지 아니하고 그 관할구역 내에서 집행되는 국가행정사무를 일반적으로 맡아서 처리하는 지방행정기관을 말한다. 우리나라는 지방사무를 지방자치단체가 처리하는 지방자치의 원칙에 따라 국가의 보통지방행정기관을 별도로 설치하지 아니하고, 국가의 행정사무 중 지역에서 집행되어야 할 사무는 지방자치단체의 집행기관인 특별시장·광역시장·특별자치시장·도지사·특별자치도지사·시장·군수·자치구청장 등에게 위임하여 처리하고 있다. 따라서 지방자치단체의 집행기관은 본래의 지위인 지방자치단체의 집행기관으로서의 지위와 함께 국가의 보통지방행정기관으로서 국가사무를 위임받아 처리하는 국가기관의 지위를 동시에 가진다.

2) 특별지방행정기관

특별지방행정기관이란 특정한 중앙행정기관의 업무를 지역적으로 분담처리하기 위하여 설치되는 중앙행정기관의 일선 지방행정기관을 말한다. 국가보훈처 소속 지방보훈청·보훈지청, 국세청 소속 지방국세청, 관세청 소속 세관, 법무부 소속 지방교정청·출입국관리사무소·외국인보호소·보호관찰소 등이 그 예이다.

2. 지방자치단체의 행정조직은 어떻게 되어 있는가

(1) 지방자치의 보장

우리나라의 지방자치는 우리나라 헌법에 의하여 보장되어 있다. 즉 대한민국헌법은 제8장에서 지방자치라는 장을 두어 지방자치의 기본원칙을 정하고 있다. 헌법의 지방자치의 보장에 의거하여 「지방자치법」이 제정되었다는 것은 이미 앞에서 본 바와 같다.

(2) 지방자치단체의 종류

「지방자치법」은 지방자치단체를 보통지방자치단체와 특별지방자치단체로 나누고 있다.

1) 보통지방자치단체

보통지방자치단체란 널리 일반적으로 행정을 행하는 지방자치단체를 말한다. 지방자치단체라고 하면 일반적으로 보통지방자치단체를 말한다.

보통지방자치단체는 특별시·광역시·특별자치시·도·특별자치도와 시·군·구(자치구)의 두 가지 종류로 구분된다. 특별시·광역시·특별자치시·도·특별자치도를 광역지방자치단체라 부르고, 시·군·구(자치구)를 기초지방자치단체라 부른다.

주민의 복리에 관한 사무는 원칙적으로 기초지방자치단체가 처리한다. 광역지방자치단체는 기초지방자치단체가 처리하지 못하거나 처리하기 곤란한 업무를 처리한다.

2) 특별지방자치단체

특별지방자치단체란 특정한 목적을 수행하기 위하여 따로 설치된 지방자치단체를 말한다. 특별지방자치단체의 이해에 관하여는 견해가 나뉜다. 다수의 견해에 의하면 특별지방자치단체의 예로 지방자치단체조합을 든다. 지방자치단체조합은 지방자치단체의 하나 또는 둘 이상의 사무를 여러 지방자치단체가 공동으로 처리하기 위하여 관계 지방자치단체 사이에 합의로써 설립되는 법인격을 가진 공동단체이다. 지방자치단체조합은 처리하는 사무가 하나의 사무인가 복수의 사무인가에 따라 일반사무조합과 복합사무조합으로 구분된다. 쓰레기·분뇨·상하수도·소방·노인복지·방범용 CCTV 설치 등과 같은 복수의 사무를 처리하는 조합이 복합사무조합의 예이다.

(3) 지방자치단체의 사무

지방자치단체의 사무는 자치사무(고유사무), 단체위임사무, 기관위임사무의 셋으로 분류된다.

1) 자치사무

자치사무란 지방자치단체의 존립을 목적으로 하는 사무를 말한다. 고유사무라고도 부른다. 지방자치단체는 원래 그 주민의 복리를 증진하기 위하여 당해 지방의 공공사무를 처리하는 것을 그 존립목적으로 한다. 주민복지에 관한 사업, 사회복지시설의 설치·운영 및 관리, 생활이 곤궁(困窮)한 사람의 보호 및 지원, 노인·아동·심신장애인·청소년 및 여성의 보호와 복지증진, 보건진료기관의 설치·운영, 전염병과 그 밖의 질병의 예방과 방역 등이 주민의 복리증진의 사무의 예이다. 자치사무의 처리에 필요한 비용은 지방자치단체가 전부 부담하는 것이 원칙이다. 자치사무는 지방자치단체의 고유사무이므로 그 사무의 처리에 주민의 대표기관인 지방의회가 당연히 관여하게 된다.

2) 단체위임사무

단체위임사무란 법령에 의하여 국가(또는 다른 지방자치단체)가 지방자치단체에게 그 처리를 위임한 사무를 말한다. 「초·중등교육법」 제12조 제3항이 지방자치단체가 다른 지방자치단체에 의무교육 학령아동의 일부에 대한 교육사무를 위탁할 수 있도록 규정하고 있다. 단체위임사무의 처리에 필요한 비용은 사무를 위임한 국가 또는 다른 지방자치단체가 부담하는 것이 원칙이다. 단체위임사무는 당해 지방자치단체에 위임된 사무이기 때문에 당해 지방자치단체의 의결기관인 지방의회가 사무의 처리에 관여하게 된다.

3) 기관위임사무

기관위임사무란 법령에 의하여 국가(또는 다른 지방자치단체)가 지방자치단체의 집행기관(지방자치단체의 장, 교육감)에게 그 처리를 위임한 사무를 말한다. 지방자치단체에서 시행하는 국가사무는 지방자치단체의 집행기관에게 위임하여 처리하고 있다는 것은 앞에서 본 바와 같다. 「여권법」은 "여권은 외교부장관이 발급한다"고 규정하면서 "외교부장관은 여권 등의 발급, 재발급과 기재사항 변경에 관한 사무의 일부를 대통령령으로 정하는 바에 따라 지방자치단체의 장에게 대행하게 할 수 있다"라고 규정하고 있다. 따라서 시장·군수·구청장 등이 행하고 있는 여권발급사무는 국가기관 위임사무가 된다.

기관위임사무의 처리에 필요한 비용은 사무를 위임한 국가 등이 전부 부담하는 것이 원칙이다. 기관위임사무는 지방자치단체에 위임된 것이 아니라 그 집행기관에게 위임된 것이므로 당해 지방자치단체의 의결기관인 지방의회는 집행기관의 위임사무 처리에 관여하지 못하는 것이 원칙이다. 다만 집행기관이 위임사무의 처리를 위하여 비용을 부담할 때에는 그것은 당해 지방자치단체의 비용부담이 되는 것이므로 그 범위 내에서는 지방의회가 관여할 수 있게 된다.

(4) 지방자치단체의 자치입법권

지방자치단체가 그 사무를 집행하기 위해서는 법령의 집행만으로는 충분하지 않고, 지방의 실정에 맞는 법규범을 재정할 필요가 있다. 그래서 헌법은 지방자치단체가 "법령의 범위 안에서 자치에 관한 규정을 제정할 수 있다"라고 하여 자치입법권을 보장하고 있다. 이에 의거하여 「지방자치법」은 자치입법으로 조례와 규칙의 2형식을 인정하고 있으며, 「지방교육자치에 관한 법률」은 자치입법으로 교육규칙을 인정하고 있다.

1) 조 례

조례란 지방자치단체가 법령의 범위 안에서 그 권한에 속하는 사무에 관하여 지방의회의 의결을 거쳐 제정하는 자치입법을 말한다. 2011년 서울시의회의 절대다수 의석을 갖고 있던 민주당이 의결하였지만 서울시장이 공포하지 않아 의장직권으로 공포한 서울시 친환경 무상급식 등 지원에 관한 조례는 바로 이와 같은 자치입법의 예이다.

「지방자치법」 제22조는 "지방자치단체는 법령의 범위 안에서 그 사무에 관하여 조례를 제정할 수 있다. 다만, 주민의 권리 제한 또는 의무 부과에 관한 사항이나 벌칙을 정할 때에는 법률의 위임이 있어야 한다"라고 규정하고 있다. 위법 제22조 본문이 말하는 '법령의 범위 안에서'라는 것은 '법령에 위반되지 아니하는 범위 안에서'라는 의미이다. 대법원은 "조례가 규율하는 특정사항에 관하여 그것을 규율하는 국가의 법령이 이미 존재하는 경우에도 조례가 법령과 별도의 목적에 기하여 규율함을 의도하는 것으로서 그 적용에 의하여 법령의 규정이 의도하는 목적과 효과를 전혀 저해하는 바가 없는 때 또는 양자가 동일한 목적에서 출발한 것이라고 할지라도 국가의 법령이 반드시 그 규정에 의하여 전국에 걸쳐 일률적으로 동일한 내용을 규율하려는 취지가 아니고 각 지방자치단체가 그 지방의 실정에 맞게 별도로 규율하는 것을 용인하는 취지라고 해석되는 때에는 그 조례가 국가의 법령에 위반되는 것은 아니다"(대법원 2016. 10. 27. 선고 2014추514 판결 등)라고 판시하고 있다.

위 법 제22조 단서가 말하는 '법률의 위임'은 국가의 명령(대통령령·총리령·부령 등)에 있어서의 위임과 달리 개별적·구체적 위임일 필요는 없고, 일반적·포괄적 위임도 가능하다. 대법원은 "법률이 주민의 권리·의무에 관한 사항에 관하여 구체적으로 아무런 범위도 정하지 아니한 채 조례로 정하도록 포괄적으로 위임하였다고 하더라도, 행정관청의 명령과 달리, 조례도 주민의 대표기관인 지방의회의 의결로 제정되는 지방자치단체의 자주법인 만큼, 지방자치단체가 법령에 위반되지 않는 범위 내에서 주민의 권리·의무에 관한 사항을 조례로 제정할 수 있는 것이다"(대법원 1991. 8. 27. 선고 90누6613 판결)라고 판시하고 있다.

2) 규칙 및 교육규칙

규칙이란 지방자치단체의 일반사무의 집행기관인 지방자치단체의 장이 법령 또는 조례가 위임한 범위 안에서 그 권한에 속하는 사무에 관하여 제정하는 자치입법을 말한다. 「지방자치법」 제23조는 "지방자치단체의 장은 법령이나 조례가 위임한 범위에서 그 권한에 속하는 사무에 관하여 규칙을 제정할 수 있다"라고 규정하고 있다. 그러나 설령 조례의 위임이 없더라도 단순히 조례를 집행하기 위하여 필요한 사항에 대하여서도 규칙을 제정할 수 있다는 것이 일반적 견해이다.

교육규칙이란 지방자치단체의 교육·과학·기술·체육 그 밖에 학예에 관한 집행기관인 교육감이 제정하는 규칙을 말한다. 2011년 경기도가 학생인권조례를 제정하였다. 이 조례에 의하여 경기도 교육감은 학생의 처벌을 금지하는 교육규칙을 제정한 바 있다.

(5) 지방자치단체의 기관

지방자치단체의 기관은 의결기관인 지방의회와 지방자치단체의 장 등 집행기관으로 크게 나뉜다.

1) 지방의회

지방의회는 주민이 선출한 지방의회의원으로 구성된다. 지방의회의원의 임기는

4년이다. 지방의회는 주민의 대표기관이고, 지방자치단체의 의사결정기관이며 자치입법기관이다. 또한 지방의회는 집행기관에 대한 감시·통제기관이기도 하다. 구체적으로 지방의회는 조례의 제정, 예산의 심의·확정, 결산의 승인 등 의결권, 서류제출요구·조사 등 감사권, 의장·부의장 등 선거권 등을 갖는다.

또한 지방의회는 법률에서 그 권한으로 되어 있는 사항 외에도 조례로 지방의회에서 의결되어야 할 사항을 따로 정할 수 있다.

2) 집행기관

지방자치단체의 집행기관으로는 지방자치단체의 장인 특별시장·광역시장·특별자치시장·도지사·특별자치도지사·시장·군수·구청장(자치구) 등이 있다. 지방자치단체의 장은 주민에 의하여 직접 선출되고, 임기는 4년이며, 계속 재임(在任)은 3기에 한한다.

지방자치단체의 장은 당해 지방자치단체를 대표하고, 그 사무를 총괄한다. 또한 지방자치단체의 최고집행기관으로서 지방자치단체의 사무를 집행한다. 지방자치단체에서 시행하는 국가사무는 법령에 다른 규정이 없으면 지방자치단체의 장에게 위임하여 행하게 되어 있으므로, 지방자치단체의 장은 국가의 위임사무를 처리하는 범위 내에서 국가의 행정기관이 된다.

3) 지방의회와 지방자치단체의 장의 관계

지방의회를 구성하는 지방의회의원과 지방자치단체의 장은 모두 주민에 의하여 직접 선출된다. 이것을 수장제(首長制)라고 한다. 수장제는 지방의회와 지방자치단체의 장을 분립시켜 상호의 권한 행사를 존중하게 함을 원칙으로 한다.

그러나 지방의회와 지방자치단체의 장 간에 의견이 엇갈리는 경우가 있다. 이 경우 조정하는 방법으로 다음과 같은 것이 있다.

첫째로 지방자치단체장의 재의(再議)요구이다. 지방자치단체의 장은 지방의회의 의결이 월권 또는 법령에 위반되거나 공익을 현저히 해친다고 인정되거나 지방의회의 의결에 예산상 집행할 수 없는 경비가 포함되어 있다고 인정되는 등의 경우에는 그 의결사항을 이송받은 날로부터 20일 이내에 이유를 붙여 재의를 요구할 수 있다. 재의의 결과 재적의원 과반수의 출석과 출석의원 3분의 2 이상의 찬성으로 동일한 의결을 하면, 그 의결사항은 확정된다. 지방자치단체의 장의 재의요구에도 불구하고 조례안이 원안대로 재의결되었을 때에는 지방자치단체의 장은 그 재의결에 법령 위반이 있음을 내세워 대법원에 제소할 수 있다.

둘째로 지방자치단체장의 선결처분권(先決處分權)이다. 지방자치단체의 장은 지방의회가 성립되지 아니한 때와 지방의회의 의결사항 중 주민의 생명과 재산보호를 위하여 긴급하게 필요한 사항으로서 지방의회를 소집할 시간적 여유가 없거나 지방의회에서 의결이 지체되어 의결되지 아니한 때에는 선결처분을 할 수 있다. 이 선결처분권은 지체 없이 지방의회에 보고하여 승인을 얻어야 한다. 지방의회에서 승인을 얻지 못한 때에는 그 선결처분은 그 때부터 효력을 잃게 된다.

(6) 지방자치단체와 주민

지방자치단체의 구역 안에 주소를 가진 사람은 지방자치단체의 주민으로서 법령과 조례가 정하는 바에 따라 일정한 권리를 가지며 일정한 의무를 진다. 주민이 가지는 권리로는 수익권, 선거참여권, 그 밖의 직접청구권 등이 있다.

1) 수익권

주민은 법령이 정하는 바에 따라 소속 지방자치단체의 재산·공공시설(상수도·하수도·공원 등)을 이용할 권리와 그 지방자치단체로부터 균등하게 행정의 혜택을 받을 권리를 갖는다.

2) 선거참여권

국민인 주민은 법령이 정하는 바에 따라 그 지방자치단체에서 실시하는 지방의회의원 및 지방자치단체장의 선거에 참여할 권리를 가진다. 즉 국민인 주민은 선거권과 피선거권을 갖고 있다.

3) 직접청구권

주민은 그 밖에도 주민투표권, 조례제정·개폐청구권, 주민감사청구권, 주민소송제기권, 주민소환권 등 직접청구권을 갖고 있다. 주민투표권이란 주민에게 과도한 부담을 주거나 중대한 영향을 미치는 지방자치단체의 주요결정사항 등을 지방자치단체의 장이 주민투표에 부친 것을 주민이 투표로 확정하는 권리를 말한다. 2011년 서울시의회가 무상급식조례를 의결하자 서울시장이 서울시 주민에게 찬반을 묻는 주민투표를 시행하였으나, 투표율이 개표할 수 있는 33.3%에 미치지 못하는 25.7%에 그쳐 개표조차 못하였고, 서울시장이 사퇴하는 사건이 있었다. 주민투표에 관하여는 따로

「주민투표법」이 제정되어 있다. 조례제정·개폐청구권이란 19세 이상의 주민이 지방자치단체의 장에게 조례를 제정하거나 개정하거나 폐지할 것을 청구할 수 있는 권리를 말한다. 주민감사청구권이란 19세 이상의 주민이 광역지방자치단체에 있어서는 주무부장관에게, 기초지방자치단체에 있어서는 특별시장·광역시장·특별자치시장·도지사·특별자치도지사에게 지방자치단체와 그 장의 권한에 속하는 사무의 처리가 법령에 위반되거나 공익을 현저히 해한다고 인정되는 경우에 감사를 청구할 수 있는 권리를 말한다. 서울시 성북구 구의회의원 18명이 2013년 터키 출장을 다녀오면서 쓴 경비 4216만원 가운데 1400만원은 의정 활동과 관계없이 관광과 술값으로 쓴 일이 있었다. 성북구 주민 206명은 2013년 7월 구의회 의원들의 해외 출장이 적절했는지 감사해줄 것을 서울시에 청구하였다. 감사 실시 결과 서울시는 의원들을 상대로 1400만원을 환수하라고 성북구에 통보하였다. 주민소송제기권이란 주민이 지방자치단체의 위법한 재무회계행위를 시정하여 줄 것을 청구할 수 있는 권리를 말한다. 2009년 서울시 도봉·금천·양천구가 구의회의원의 의정비(봉급)를 과도하게 인상하자, 도봉·금천·양천구 주민 14명이 부당하게 인상된 구의회의원의 의정비를 돌려받으라며 각 구청을 상대로 주민소송을 제기하였다. 서울행정법원은 주민에게 승소판결을 내렸다(2009. 5. 20. 선고 2008구합46149). 이 판결로 도봉구 의원들은 2139만원씩, 금천구 의원들은 2256만원씩, 양천구 의원들은 1915만원씩 의정비를 구청에 반납하였다. 끝으로 주민소환권이란 지방자치단체의 장 및 지방의회의원을 소환할 주민의 권리를 말한다. 2007년 12월 12일 처음으로 경기도 하남시장을 상대로 주민소환 투표가 실시되었다. 그러나 하남시 주민소환 투표권자 106,435명 중 33,040명이 투표함으로써 31% 투표율에 불과하여, 주민소환 투표권자 총수의 3분의 1 이상이 투표에 참가하여야 한다는 요건을 충족하지 못하여 하남시장의 주민소환이 무산된 바 있었다. 2012년 10월 31일 원자력발전소 유치과정에서 주민의사를 반영하지 않았다는 이유로 추진된 강원도 삼척시장에 대한 주민소환투표도 투표율 미달로 무산되었다. 주민소환에 관하여는 따로 「주민소환에 관한 법률」이 제정되어 있다.

(7) 지방자치단체 상호 간의 관계

1) 대등관계

지방자치단체 상호 간의 관계는 기본적으로 대등한 관계에 있다. 문제는 광역지방자치단체와 기초지방자치단체의 관계이다. 광역지방자치단체와 기초지방자치단체는 다 같이 보통지방자치단체이고 단지 분담해서 처리하는 사무만을 달리 하고 있기 때문에 원칙적으로 대등한 관계에 있다. 그러나 양자는 병렬적인 것이 아니다. 광역지방자치단체의 구역은 수많은 기초지방자치단체의 구역을 포함하는 중첩적인 구조로 되어 있다. 그래서 기초지방자치단체에 대한 광역지방자치단체의 관여(關與)(통제라고 하기도 한다)가 「지방자치법」에 의하여 인정되고 있다. 예컨대, 기초지방자치단체의 조례나 규칙은 광역지방자치단체의 조례나 규칙에 위반하여서는 아니된다든가, 조언·권고·지도·시정명령·재의요구 등 광역지방자치단체의 기초지방자치단체에 대한 행정적인 관여 등이 그것이다.

2) 협력관계

지방자치단체는 다른 지방자치단체로부터 사무의 공동처리에 관한 요청이나 사무처리에 관한 협의·조정·승인 또는 지원의 요청이 있는 때에는 법령의 범위 안에서 이에 협력하여야 한다. 구체적인 협력방법으로는 사무위탁, 행정협의회의 설치, 지방자치단체조합의 설립 및 지방자치단체의 장 등의 전국적 협의체구성 등이 있다.

(8) 지방자치단체와 국가의 관계

지방자치단체는 국가와는 별개의 법인격을 가지고 있으며, 자기의 기관에 의하여 각기 자기의 지방적 사무를 자주적인 권한으로 처리한다. 그러나 지금까지의 통설에 의하면, 「헌법」이 직접 지방자치를 보장하고 있지만, 지방자치단체의 자치권은 국가가 부여한 것으로 보고 있다. 즉 지방자치단체의 자치권을 원래 지방자치단체에 고유한 권한이 아니라 국가권한으로부터 내려오는 것으로 보고 있다. 이 통설을 전래권설이라고 부른다. 이 전래권설에 서게 되면 지방자치단체에 대한 국가의 관여는 불가피하다.

1) 자치사무에 대한 국가의 관여

지방자치단체가 그 자치사무를 처리하는 경우에는 국가의 관여는 조언·권고·지도·자료제출요구·보고요구 등 권력적이 아닌 방법을 취한다. 시정명령, 취소·정지 등 권력적 방법을 취하는 경우도 있으나, 법령에 위반하는 것에 한정된다.

2) 기관위임사무에 대한 국가의 관여

지방자치단체의 기관이 국가로부터 위임된 사무를 처리하는 경우에는 국가의 관여는 조언·권고·지도 등 권력적이 아닌 방법을 취할 수 있음은 말할 것도 없고, 시정명령, 취소·정지 등 권력적 방법을 취하는 경우에 법령에 위반하는 것뿐만 아니라 현저히 공익을 해친다고 인정될 경우 등 부당한 때에도 국가가 관여한다.

특히 지방자치단체의 장이 법령의 규정에 의하여 그 의무에 속하는 국가위임사무의 관리 및 집행을 명백히 게을리 하고 있다고 인정되는 때에는 광역지방자치단체에 대하여는 주무부장관이, 기초지방자치단체에 대하여는 특별시장·광역시장·특별자치시장·도지사·특별자치도지사가 기간을 정하여 서면으로 그 이행할 사항을 명할 수 있다. 이 명령을 직무이행명령이라고 한다. 지방자치단체의 장이 정하여진 기간 내에 직무이행명령을 이행하지 아니할 때에는 주무부장관 또는 특별시장·광역시장·특별자치시장·도지사·특별자치도지사는 당해 지방자치단체의 비용부담으로 대체 집행하거나 행정·재정상 필요한 조치를 할 수 있다.

Ⅲ. 행정상 권한의 행사에 종사하는 기관은 누구인가

1. 행정주체란 어떤 것인가

(1) 행정주체란 무엇인가

매일매일 우리 가정에서 나오는 쓰레기는 누가 처리하는가. 시나 군 또는 구청에서 하고 있다. 시나 군 또는 구청이 스스로 쓰레기를 수집·운반·처리하기 어려운 경우에는 폐기물처리업자가 하고 있다. 「폐기물관리법」은 "특별자치시장, 특별자치도지사, 시장·군수·구청장(자치구의 구청장)은 관할 구역에서 배출되는 생활폐기물을 처리하여야 한다"고 규정하고 있다. 쓰레기를 처리하는 것이 행정이다. 이 행정을 행하고 있는 것은 특별자치시·특별자치도·시·군 또는 구(자치구)이다. 즉 특별자치시·특별자치도·시·군 또는 구(자치구)가 행정을 행하는 주체이다. 이를 간략하게 줄여 행정주체라고 한다. 특별자치시·특별자치도·시·군·구(자치구)뿐만 아니라 더 넓히면 지방자치단체가 행정주체이며, 더 넓히면 국가 또는 지방자치단체가 행정주체이다.

행정을 행하기 위해서는 사람을 고용해야 하고 물건을 구입하지 않으면 아니되므로, 이러한 일들을 행정주체로서 하지 않으면 아니 된다. 다른 말로 하면, 행정주체로서 권리나 의무를 가질 수 있어야 한다. 그렇지 않으면 고용계약이나 매매계약을 체결할 수가 없다. 즉 행정주체는 우리들과 마찬가지로 권리·의무를 가질 수 있는 인(人)이라는 자격을 갖고 행정법이라는 무대에 등장하게 된다.

행정법은 무대에 등장하게 된 행정주체와 또 하나의 등장인물인 사인과의 관계에 주된 초점이 맞추어져 있다.

(2) 왜 행정주체를 논하는가

행정법에서 행정주체를 논하는 의미는 어디에 있는가. 행정법이 행정주체를 논하는 이유가 행정법이라는 무대에 등장하게 되는 인물을 확정하기 위한 것만은 아니다. 그 밖에도 행정주체가 등장하게 되면 행정주체가 당사자가 되는 법률관계에 어떠한 룰(rule)이 적용되는가를 결정하는 의미가 있다. 행정주체에게는 사인과는 달리 보다 엄격한 룰(rule)이 적용되도록 되어 있기 때문이다. 예를 법치행정원리를 가지고 보도록 하자. 법치행정원리는 이미 앞에서 본 바와 같이 법률유보의 원칙과 법률우위의 원칙을 그 내용으로 한다. 이 중에서 법률유보의 원칙은 행정주체에게만 적용된다. 사인은 금지되어 있지 않는 일은 무엇이든 할 수 있으며, 법률의 근거가 없으면 활동할 수 없다는 원칙이 적용되지 아니한다.

행정주체만이 법률의 근거가 없으면 활동할 수 없다는 원칙이 적용된다.

앞의 폐기물의 처리를 예를 들어 보면, 특별자치시장, 특별자치도, 시·군·구(자치구)가 쓰레기를 처리하는 일이나 사인이 쓰레기를 처리하는 일이나 일의 내용이라는 점에서 보면 차이가 없다. 그러나 특별자치시장, 특별자치도, 시·군·구(자치구)가 쓰레기를 처리하는 일은 행정활동이 된다. 왜냐하면 특별자치시장, 특별자치도, 시·군·구(자치구)는 행정주체이기 때문이다. 특별자치시장, 특별자치도, 시·군·구(자치구)가 쓰레기를 처리하는 일에는 사인이 쓰레기를 처리하는 일과는 다른 룰(rule)이 적용된다.

(3) 국가·지방자치단체만이 행정주체인가

행정주체에는 어떤 것이 있는가. 원래의 통치단체인 국가와 지방자치단체가 행정주체임은 말할 나위가 없다. 공공단체도 행정주체임은 의문의 여지가 없다. 그 밖에도 행정사무를 위탁받은 사인도 행정주체의 지위에 선다는 것이 지배적 견해이다.

1) 국 가

국가는 통치권을 시원(始原)적으로 가지고 있는 행정주체이다. 국가의 행정작용은 국가의 행정기관에 의하여 행하여진다.

2) 지방자치단체

지방자치단체는 국가의 영토의 일부인 일정한 지역과 그 지역 안에 살고 있는 주민을 구성요소로 하여 그 지역 내에서 일정 범위의 자치권을 행하는 행정주체이다. 지방자치단체의 행정작용은 의결기관(시의회 등)과 집행기관(시장 등)에 의하여 행하여진다.

3) 공공단체

종래의 통설은 공공단체를 "국가 밑에서 행정목적을 수행하는 공법상의 법인"으로 정의하였다. 그리고 공공단체의 특색으로 첫째로 공공단체의 목적이 국가에 의하여 부여되고 주로 법률에 의하여 정하여진다는 점, 둘째로 공공단체에는 목적 수행의 의무가 부과되고 해산의 자유가 없는 것이 원칙이라는 점, 셋째로 공공단체에는 공공단체에의 강제가입, 토지수용권 등 특권이 부여되는 경우가 많다는 점, 넷째로 공공단체는 특정한 행정목적을 수행할 의무를 지기 때문에 회계감사·보고 제출 등 특별한 감독을 받는다는 점을 들었다.

공공단체를 종래의 통설과 같이 정의하게 되면, 공공단체에는 지방자치단체도 포함된다. 행정법 중에는 이와 같은 의미로 공공단체라는 개념을 사용하고 있는 경우가 있다. 예를 들면,「행정소송법」제28조 제3항에는 "원고는 행정청이 속하는 국가 또는 공공단체를 상대로 손해배상, 제해시설의 설치 그 밖에 적당한 구제방법의 청구를 당해 취소소송 등이 계속된 법원에 병합하여 제기할 수 있다"라는 규정이 있다. 이 규정 속에 있는 공공단체 속에는 지방자치단체도 포함된다. 그러나 행정법 중에는 지방자치단체를 제외하여 공공단체라는 개념을 사용하고 있는 경우도 있다. 예를 들면「건설산업기본법」제56조에서는 "국가·지방자치단체 또는 정관으로 정하는 공공단체가 위탁하는 사업"이라고 규정하고 있는데 여기서는 지방자치단체와 공공단체를 구별하고 있다. 최근에는 지방자치단체와 공공단체를 동일한 차원의 행정주체로 볼 수 없다는 의미에서 지방자치단체와 공공단체를 구별하는 경향이 있다. 따라서 이러한 경향에 의하면 공공단체란 특정한 행정목적을 수행하기 위하여 행정권한이 부여된 지방자치단체 이외의 공법인을 말한다.

이와 같은 공공단체의 예로 주택재개발사업조합을 들 수 있다.「도시 및 주거환경정비법」은 주택재개발조합을 주택재개발사업의 시행자 중 하나로 규정하고 설립인가처분을 받은 조합에게 분양공고·관리처분계획·이전고시 등 권한을 부여하며, 법인격을 부여하고 있다. 대법원은 "행정청이「도시 및 주거환경정비법」등 관련 법령에 근거하여 행하는 조합설립인가처분은 단순히 사인들의 조합설립행위에 대한 보충행위로서의 성질을 갖는 것에 그치는 것이 아니라 법령상 요건을 갖출 경우 「도시 및 주거환경정비법」상 주택재건축사업을 시행할 수 있는 권한을 갖는 행정주체(공법인)로서의 지위를 부여하는 일종의 설권적 처분의 성격을 갖는다(대법원 2009. 9. 24. 선고 2008다60568 판결)고 판시하고 있다.

4) 행정사무를 위탁받은 사인

사인도 행정사무를 행할 행정권한을 위탁받은 경우에는 행정주체의 지위에 서게 된다는 것이 지배적 견해이다. 이때의 사인을 공무수탁사인 또는 행정사무수탁사인 이라고 부른다. 행정사무를 위탁받은 사인의 예로 「공익사업을 위한 토지 등의 취득 및 보상에 관한 법률」 제19조에 의한 사업시행자로서 토지 등을 수용·사용할 수 있는 공권력을 행사하는 사인을 든다. 「공익사업을 위한 토지 등의 취득 및 보상에 관한 법률」은 제4조에서 토지 등을 취득 또는 사용할 수 있는 사업인 공익사업을 열거하고, 제20조에서 사업시행자가 법 제19조의 규정에 따라 공익사업의 수행을 위하여 토지 등을 수용 또는 사용하고자 하는 때에는 사업인정을 받도록 하고 있다. 사인도 법이 열거하는 공익사업을 수행하는 경우 사업인정을 받아 사업시행자가 될 수 있다.

오늘날 선진국가에서는 대체로 규제완화와 더불어 행정권한을 국가 또는 지방자치단체가 독점하지 아니하고 사인에게 행정권한을 위탁하는 현상이 늘어나고 있다. 국민 또는 주민의 행정수요의 증가와 더불어 국민 또는 주민에 대한 양질의 행정서비스의 제공이라는 요청과 예산·국민부담의 절감이라는 요청이 이를 더욱 부채질하고 있다. 따라서 행정주체가 행하고 있는 것이 행정이고, 행정주체에게는 사인과는 다른 특별한 룰(rule)이 적용하게 된다는 방정식도 점차 성립하기 어렵게 될 가능성이 커지고 있다.

2. 행정기관이란 어떤 것인가

(1) 행정기관이란 무엇인가

행정법의 무대에 등장하는 인물인 행정주체는 관념적으로 생각해 낸 것이다.

행정주체 그 자체는 머리도 손도 발도 갖고 있지 않다. 행정주체가 행정을 행하기 위해서는 실제로 행정활동을 행하는 기관이 필요하다. 이 기관이 행정주체의 머리· 손·발이 되어 있다. 행정주체의 머리·손·발이 되어 있는 기관을 행정기관이라 한다. 「폐기물관리법」에 의하면 폐기물처리업의 허가는 특별시장·광역시장·도지사·특별자치도지사가 행하도록 되어 있고, 지정폐기물을 대상으로 하는 폐기물처리업의 허가는 환경부장관이 행하도록 되어 있다. 특별시장·광역시장·특별자치시장·도지사·특별자치도지사 또는 환경부장관이 여기서 말하는 행정기관이다. 특별시장·광역시장·특별자치시장·도지사·특별자치도지사는 폐기물처리업의 허가라는 행정활동만을 하고 있는 것이 아니라, 수많은 행정활동을 하고 있다. 뒤에서 보는 바와 같이 이들 행정기관의 활동을 도와주는 또 다른 행정기관이 필요하다.

(2) 행정기관의 행위는 누구의 행위인가

우리들은 누군가를 구타해 놓고 구타는 우리의 팔이 한 것이므로 우리는 모른다고 할 수가 없다. 그것은 우리의 행위이기 때문이다. 마찬가지로 행정기관의 행위는 행정주체의 행위가 된다. 따라서 시장이 시를 대표하여 행정법규에 따라 계약을 체결한 때에는 행정주체인 시가 계약을 체결한 것이 된다. 시장이 행정법규에 위반하여 시장의 일이 아님에도 불구하고 마음대로 계약을 체결한 것이라면 그것은 다른 문제가 된다. 행정기관인 시장의 행위가 행정주체인 시의 행위가 되기 위해서는 즉 시장이 체결한 계약이 시가 체결한 계약이 되기 위해서는 어디까지나 행정기관인 시장의 일의 범위 내에 한정된다. 이 행정기관의 일의 범위를 권한이라 한다.

(3) 행정기관에는 어떤 것이 있는가

사람의 인체가 눈·귀·손·발 등 여러 기관(器官)으로 구성되어 있는 것과 같이 행정주체도 여러 기관(機關)으로 구성되어 있다. 행정기관을 그 권한의 내용의 차이에 따라 분류하면 다음과 같다.

1) 행정청

행정청이란 행정주체를 위하여 행정주체의 의사를 결정하여 이것을 외부에(국민·주민에 대하여) 표시하는 권한을 가진 행정기관을 말한다. 행정청은 가장 중요한 행정기관으로서 인간에 비유하면 인간의 의사를 결정하여 그것을 외부에 표현하는 뇌나 입의 기관에 해당한다. 국가의 의사를 결정·표시하는 권한을 가진 행정기관을 행정관청, 지방자치단체의 의사를 결정·표시하는 권한을 가진 행정기관을 행정청(좁은 의미의 행정청)이라고 하고, 양자를 합하여 널리 국가 또는 지방자치단체의 의사를 결정·표시하는 권한을 가진 행정기관을 통틀어 행정청(넓은 의미의 행정청)이라 한다.

행정청은 구성원의 수에 따라 한 사람으로 구성되는 단독제(독임제) 행정청과 복수의 사람으로 구성되는 합의제 행정청으로 나뉜다. 대부분의 행정청은 단독제(독임제) 행정청이지만, 방송통신위원회·공정거래위원회·토지수용위원회와 같은 합의제 행정청도 있다.

2) 보조기관

보조기관이란 행정청에 소속되어 행정청의 의사의 결정·표시에 관하여 보조함을 임무로 하는 행정기관을 말한다. 차관·차장·국장·과장 등이 이에 속한다.

3) 보좌기관

보좌기관은 행정청 또는 보조기관을 보좌하는 행정기관을 말한다. 참모기관 또는 막료기관이라고 한다. 차관보 등이 이에 속한다.

4) 의결기관

의결기관이란 행정주체의 의사를 의결이라는 형식으로 결정하는 권한을 가진 합의제행정기관을 말한다. 의결기관은 외부에 대하여 표시하는 권한이 없다는 점에서 행정청과 구별된다. 감사원의 감사위원회와 공무원의 징계위원회 등이 이에 속한다.

5) 자문기관

자문기관이란 행정청의 자문에 응하여 또는 자발적으로 행정청의 의사결정에 참고될 의사를 제공함을 임무로 하는 행정기관을 말한다. 자문기관의 의사는 행정청을 구속하는 힘이 없다는 점에서 의결기관과 다르다. 각종 자문위원회, 심의회 등이 이에 속한다.

6) 집행기관

집행기관이란 행정청의 의사를 구체적으로 집행할 권한을 가진 행정기관을 말한다. 경찰기동대 등이 이에 속한다.

7) 감사기관

감사기관이란 다른 행정기관의 사무 또는 회계를 검사하는 권한을 가진 행정기관을 말한다. 감사원 등이 이에 속한다.

(4) 권한의 위임과 대리

행정청의 권한은 당해 행정청이 스스로 행사하여야 한다. 그러나 행정청의 권한이 다른 행정기관에 의하여 행사되는 경우가 있다. 그것은 국가나 지방자치단체의 의사를 결정하여 외부에 표시하는 권한이 상위(top)의 행정청에 법률상 집중되어 있는데 이 권한을 상위의 행정청이 모두 행사하는 것이 어렵고, 또한 나날이 늘어나는 행정사무를 신속하게 처리하기 위해서도 행정청은 그 권한을 다른 행정기관으로 하여금 행사시킬 수 밖에 없다는 사정 때문이다. 행정청의 권한이 다른 행정기관에 의하여 행사되는 경우로서 권한의 위임과 권한의 대리가 있다.

1) 권한의 위임

권한의 위임이란 행정청이 자기의 권한 일부를 다른 행정기관에게 이전하여 이전을 받은 행정기관으로 하여금 그 권한을 행사하게 하는 것을 말한다. 식품 또는 식품 첨가물의 제조업 영업을 하려는 사람은 식품의약품안전처장 등의 허가를 받아야 하는데, 식품의약품안전처장이 이 권한을 지방식품의약품안전청장에게 위임하는 것이 그 예이다. 권한의 위임이 있은 때에는 당해 행정청(위임기관)은 그 권한을 잃게 되고, 다른 행정기관(수임기관)이 그 권한을 자기의 권한으로 하여 자기의 이름과 책임으로 행사하게 된다. 권한의 위임은 법이 정한 권한의 분배를 실질적으로 변경하는 것이므로 법의 명시적인 근거가 필요하다. 예컨대,「식품위생법」제91조는 식품의약품안전처장의 권한을 대통령령으로 정하는 바에 따라 지방식품의약품안전청장에게 위임할 수 있는 근거규정을 두고 있다.

따라서 어떠한 경우에 어떠한 사항에 관하여 누구에게 위임해야 하는가는 법이 정하는 바에 의한다.

2) 권한의 대리

권한의 대리는 권한의 위임과는 달리, 법이 정한 권한의 분배에 변경이 발생하지 아니한다. 권한의 대리란 A행정청의 권한을 다른 행정기관인 B가 A행정청(피대리기관)을 위한 것임을 표시하여 자기(B)의 이름으로 행사하고 그 행위가 피대리기관(A)의 행위로서 효력을 발생하는 것을 말한다. 예컨대, 법무부장관이 병으로 입원 중 법무부 차관이 법무부장관의 권한행사를 대리하는 것을 말한다.

권한의 대리에는 법정대리와 임의대리(수권대리)가 있다. 법정대리란 법이 정한 사실의 발생으로 대리관계가 발생하는 것을 말한다. 법정대리에는 협의의 법정대리와 지정대리가 있다. 협의의 법정대리란 예컨대 장관이 사고로 직무를 수행할 수 없는 경우 차관이 그 직무를 대행하는 경우처럼 대리기관이 법령의 규정에 의하여 미리 정하여져 있어서 법이 정한 사실의 발생으로 직접 대리관계가 발생하는 것을 말한다. 「정부조직법」 제7조 제2항은 "차관 또는 차장은 그 기관의 장을 보좌하여 소관사무를 처리하고 소속공무원을 지휘·감독하며, 그 기관의 장이 사고로 직무를 수행할 수 없으면 그 직무를 대행한다"라고 규정하고 있다. 지정대리란 예컨대 국무총리가 사고로 직무를 수행할 수 없는 경우 대통령이 그 직무대행을 지정하는 것처럼 법이 정한 사실이 발생한 때 일정한 자가 대리기관을 지정함으로써 대리관계가 발생하는 것을 말한다. 「정부조직법」 제22조는 "국무총리가 사고로 직무를 수행할 수 없는 경우에는 기획재정부장관이 겸임하는 부총리, 교육부장관이 겸임하는 부총리의 순으로 직무를 대행하고 국무총리와 부총리가 모두 사고로 직무를 수행할 수 없는 경우에는 대통령의 지명이 있으면 그 지명을 받은 국무위원이, 지명이 없는 경우에는 제26조 제1항에 규정된 순서에 따른 국무위원이 그 직무를 대행한다"라고 규정하고 있다.

임의대리(수권대리)는 본래의 권한 행정청이 다른 행정기관에게 관한 행사를 맡김으로써 대리관계가 발생하는 것을 말한다.

3. 공무원이란 어떤 것인가

(1) 공무원이란 무엇인가

행정주체가 행하는 행정활동은 행정기관에 의하여 행하여진다. 행정기관은 공무원에 의하여 구성된다. 즉 공무원이란 행정기관을 구성하고 있는 사람이다.

어려운 말로 하면, 공무원이라는 관념은 행정기관의 지위에 있는 자를 그 지위에서 떼어내서 정립한 것이다. 달리 표현하면 공무원은 행정기관과는 달리 행정주체에 대하여 독립된 인격을 가지고 있는 사람이다. 따라서 공무원은 행정주체에 대하여 일정한 권리를 가지며 의무를 지는 관계에 서 있다. 이와 같은 공무원에 대하여 헌법은 제7조 제1항에서 "공무원은 국민전체에 대한 봉사자이며, 국민에 대하여 책임을 진다"라고 규정하고, 동조 제2항에서 "공무원의 신분과 정치적 중립성은 법률이 정하는 바에 의하여 보장된다"라고 규정하여 공무원이 어떤 존재인지를 명백히 하고 있다.

(2) 공무원에는 어떠한 종류가 있는가

공무원은 행정주체의 구별에 따라 국가의 공무원인 국가공무원과 지방자치단체의 공무원인 지방공무원으로 나뉜다. 국가공무원을 규율하는 법률로서「국가공무원법」이, 지방공무원을 규율하는 법률로서「지방공무원법」이 각각 별도로 제정되어 있다.

「국가공무원법」과 「지방공무원법」은 공무원을 일생동안 직업공무원의 지위를 부여할 필요가 있는가에 따라 경력직공무원과 특수경력직공무원으로 나눈다. 다시 담당하는 직무내용의 특성에 따라, 경력직공무원을 일반직공무원, 특정직공무원으로, 특수경력직공무원을 정무직공무원, 별정직공무원으로 나누고 있다.

(3) 공무원은 어떻게 임용되는가

임용에는 좁의 의미의 임용과 넓은 의미의 임용이 있다. 좁은 의미의 임용은 임명을 말한다. 임명이란 특정한 사람에게 공무원의 신분을 취득하게 하는 것을 말한다. 공무원으로 임명되기 위해서는 「국가공무원법」·「지방공무원법」이 정하고 있는 결격사유에 해당하지 아니하여야 하고, 일정한 자격을 갖추어야 하며, 임용시험에 합격하여야 하는 것이 원칙이다. 넓은 의미의 임용은 처음 공무원의 신분을 취득하게 하는 임명뿐만 아니라 취득한 공무원의 신분을 유지하면서 승진·전직·전보·파견·휴직 등으로 변동시키는 행위 및 면직 등 공무원의 신분을 소멸시키는 행위를 모두 포함한다.

(4) 공무원에게는 어떠한 권리와 의무가 있는가

공무원은 행정주체에 대하여 일정한 권리를 갖고 의무를 지는 관계에 서 있다. 공무원의 권리로서 신분보장을 받을 권리, 처분사유설명서의 교부를 청구할 권리, 소청심사청구권, 보수청구권, 연금청구권 등이 있다. 그러나 공무원관계의 특색이 가장 두드러지게 나타나는 것은 그 의무에 관한 것이다.

헌법이 명시하고 있는 바와 같이 "공무원은 국민 전체에 대한 봉사자"이다. 그러나 이 규정이 공무원은 국민 전체를 위해서 희생만 하라는 의미는 아니다.

공무원관계도 일정한 노무의 제공을 내용으로 하고 있다는 점에서 사기업(私企業)에 있어서의 노동관계와 기본적으로 다르지 않다. 다만, 공무원의 지위 및 그가 담당하는 직무의 공공성 때문에 공무원에 대하여는 사기업의 근로자에게서는 볼 수 없는 특별한 의무나 권리·자유의 제한이 과하여지고 있다. 예컨대, 공무원의 정치적 중립성을 보장하기 위하여 「국가공무원법」·「지방공무원법」 등은 공무원의 정치운동을 금지하고 있으며, 또한 공무원에게 단결권·단체교섭권·단체행동권을 보장하면서도 공무 이외의 일을 위한 집단행위를 금지하고 있다. 그러나 이들 의무나 제한은 공무원의 지위·직무의 공공성에 대응한 필요최소한에 그쳐야 한다. 필요최소한도를 넘어 공무원의 국민으로서의 권리·자유를 부당하게 침해 하는 것은 헌법상 허용되지 아니한다.

「국가공무원법」·「지방공무원법」에는 공무원의 의무로서 품위유지의무, 영리를 목적으로 하는 업무에 종사하지 못하는 의무, 법령준수의무, 성실의무, 상관의 직무상 명령에 복종할 의무, 친절공정의무, 비밀엄수의무, 청렴의무 등이 규정되어 있다. 이들 의무 중에서 때때로 문제가 되는 의무는 정치운동금지의무와 집단행위금지의무이다.

제4장

행정은 어떻게 행하여지는가

제4장 행정은 어떻게 행하여지는가

I. 행정작용의 형태에는 어떤 것이 있는가

1. 행정작용의 형태는 다양하다

행정은 국가사회의 질서를 유지하고 국민의 복리를 증진시켜야 한다. 이를 위해서 행정기관은 여러가지 행정활동(행정작용)을 하게 된다. 이와 같은 행정작용은 낱낱이 들어 말할 수 없을 정도로 많다. 이들 행정작용은 여러가지로 분류할 수 있지만, 가장 중요한 것은 행정이 사인에 대하여 어떠한 형태로 행정작용을 행하는가 하는 것이다. 예컨대, 행정이 사인의 권리나 의무를 결정한 것인가, 아니면 단순히 권고(advise)한 것에 불과한 것인가, 일방적으로 명령한 것인가, 사인과의 합의에 의해 계약을 한 것인가 등이다. 이와 같이 행정은 사인에 대하여 다양한 형태로 행정작용을 행하고 있다. 이와 같이 다양한 형태의 행정작용 중에서 일정하게 공통적인 법적 성질이나 특징[요소]을 지표(指標)로 묶어 분류하여 놓은 것을 "행정의 행위형식"이라고 부른다. "행정의 행위형식"은 혹은 "일방적으로" 혹은 "개별적으로", 혹은 "구체적으로" 사인의 권리나 의무에 영향을 미치게 된다.

행정의 행위형식 중 중요한 것은 행정입법, 행정행위, 행정계약, 행정지도, 행정계획 등이다.

뿐만 아니라, 법률적으로는 위 행정의 행위형식에 의하여 부과된 의무를 상대방이 이행하지 아니하는 경우의 실현 수단 및 그 밖에 행정목적을 강제적으로 실현할 수단을 강구해 두지 않으면 아니 된다. 이와 같은 행정작용을 실현하는 수단으로 행정상 강제집행, 간접적 강제제도, 의무를 부과할 틈이 없는 경우의 행정상 즉시강제 등이 있다.

2. 몇 가지 분류가 가능하다

(1) 권력적 행위와 비권력적 행위

행정기관이 행정목적을 달성하기 위하여 행하는 행정작용 중에는 사인에 대하여 공권력 행사의 주체로서 사인의 자유나 재산을 제한하거나 상대방의 동의 없이 일방적으로 명령·강제하거나 규제·침해를 행하는 것과 공권력 행사의 주체가 아니라 원칙적으로 상대방 사인과 대등한 지위에서 보호·급부·조성·장려·조정·관리 등 목적으로 행하는 것이 있다. 전자를 권력적 행위라고 하고, 후자를 비권력적 행위라고 한다. 행정입법, 행정행위, 구속적 행정계획, 행정강제 등은 권력적 행위의 예이고, 행정계약, 비구속적 행정계획, 행정지도 등은 비권력적 행위의 예이다.

우리나라 실정법은 권력적 행위를 "공권력의 행사"라는 문언으로 표시하여(「행정절차법」 제2조 제2호, 「행정심판법」 제2조 제1호, 「행정소송법」 제2조 제1항 제1호) 비권력적 행위와 다른 특별한 취급을 하고 있다.

(2) 법적 행위와 사실행위

행정의 행위형식 중 법률상 중요한 의미를 가지는 것은 행정청의 의사나 판단 또는 인식의 표시를 내용으로 하고 상대방과의 관계에 있어서 권리·의무를 변동시키거나 법적인 영향을 미치게 되는 법적 행위이다. 행정행위, 행정계약, 구속적 행정계획 등은 이와 같은 의미의 법적 행위의 성질을 갖는다. 그러나 행정의 행위형식 중에는 그 자체 직접적으로 권리·의무의 변동이나 법적인 영향을 미치지 아니하는 한 무리의 사실행위가 있다. 권고·조언 등의 형식을 행하여지는 행정지도, 비구속적 행정계획 등이 이에 해당한다.

사실행위에는 여러 가지 성질의 것이 있다. 행정상 즉시강제처럼 공권력행사로서 사람의 신체 또는 재산에 실력을 가하는 권력적 사실행위도 있고, 도로·하천 등을 축조하거나 보수하거나 유지하는 일, 정보를 제공하는 것 등 전혀 강제력이 수반하지 아니하는 비권력적 사실행위도 있다. 이들 사실행위 중 "공권력의 행사"에 해당하는 것은 나중에 보는 바와 같이 행정쟁송의 대상이 된다.

Ⅱ. 행정입법이란 어떤 것인가

1. 행정입법이란 무엇인가

행정입법이란 행정기관이 정립(제정)하는 법규범을 말한다. 법률 등 실정법에 등장하는 말은 아니고 이론(학문)상 사용하고 있는 용어이다. 이론상 행정기관이 정립하는 법규범을 명령이라고 하여 국회가 제정하는 법규범인 법률과 구별하기도 한다.

행정은 법치행정원리에 바탕하여 법률을 집행하는 것을 임무로 한다. 그런데 행정기관의 행정작용이란 것이 법률의 집행에 한정될 정도로 단순한 것만이 아니다.

법률집행의 형태도 기계적인 법률의 집행으로 그치는 것, 법률의 내용을 실질적으로 보충해 가면서 정책형성을 행하는 것 등 여러 변종(variation)이 있을 수 있다.

행정입법은 다루어지는 사항이 넓고 더욱이 그 내용이 구체적이어서, 국민의 생활에 미치는 영향이라는 관점에서 보면 실제상의 중요성은 국회가 제정하는 법률에 못지 않다.

2. 행정입법은 왜 필요한가

법률 이외에 행정입법은 왜 필요한가. 행정입법의 필요성은 국회가 모든 장래의 상황을 예상하여 법률을 제정한다는 것이 어렵다는 점, 또한 전문화되고 복잡해진 행정에 대응할 수 있을 만한 충분한 전문적·기술적인 판단능력을 국회가 갖고 있지 못하다는 점에서 출발한다. 즉 행정입법의 필요성은 행정이 상황에 따라 유연하게 대응하지 아니하면 아니 되는 사항이나 세부적이고 기술적인 사항을 행정의 판단에 맡기는 것이 타당하다는 데에 있다. 환경행정법에서 행정입법이 중요한 것은 바로 여기에 있다.

3. 법규명령과 행정규칙으로 나눈다

지금가지의 통설은 행정입법을 법규명령과 행정규칙(행정명령)으로 나눈다. 법규명령과 행정규칙을 구별하는 기준은 법규(法規)인가 아닌가에 있다. 법규란 권리를 제한하거나 의무를 구하는 과하는 등 국민의 권리·의무에 관계하는 법규범을 말한다. 따라서 법규명령이란 국민의 권리·의무에 관계하는 법규범을 말하고, 행정규칙이란 국민의 권리·의무와 관계없는 행정의 내부사항을 정한 법규범을 말한다. 법규명령은 행정의 외부에 있는 국민에 관계한다는 의미에서 외부법, 행정규칙은 행정내부에서만 타당하다는 의미에서 내부법이라고도 부르는 경우가 있다.

이와 같은 지금까지의 통설에 대하여는 행정규칙이 사실상 국민의 권리·의무에 영향을 주고 있다는 현상 때문에, 지나치게 형식적이어서 현실에 맞지 않다는 주장도 있다.

4. 법규명령이란 어떤 것인가

(1) 법규명령에는 어떤 것이 있는가

행정기관이 정하는 법규인 법규명령에는 위임명령과 집행명령 등이 있다. 위임명령이란 법률의 개별적인 위임에 의하여 국민의 권리·의무에 관한 사항을 정한 행정입법을 말한다. 「건축법」은 건축물을 건축하려는 사람은 건축허가를 받도록 규정하고, 허가 대상이 되는 건축물이라 하더라도 일정한 경우에는 건축신고만으로 건축물을 건축할 수 있도록 규정하고 있다. 그래서 「건축법」 제14조 제1항에서는 건축신고만으로 건축물을 건축할 수 있는 경우를 열거하면서 제5호에서 "그 밖에 소규모 건축물로서 대통령령으로 정하는 건축물의 건축"이라고 규정하여 그 밖의 건축신고 대상 건축물을 대통령령에 위임하고 있다. 이를 받아 대통령령인 「건축법 시행령」 제11조 제3항은 "법 제14조 제1항 제5호에서 '대통령령으로 정하는 건축물'이란 다음 각 호의 어느 하나에 해당하는 건축물을 말한다"라고 하여 「건축법」 제14조 제1항 제5호의 건축신고 대상 건축물을 구체화하고 있다.

집행명령이란 법률을 구체적으로 시행하기 위해서 필요한 사항을 정한 행정입법을 말한다. 법률에서 허가요건을 정하고 있는 경우에 이를 받아 허가신청의 신청서의 방식을 구체적으로 시행령이나 시행규칙에서 정하는 것 등이 그 예이다. 집행명령은 국민의 권리·의무에 관한 새로운 사항을 정하는 것이 아니므로 법률의 개별적인 위임이 필요하지 아니한다.

헌법은 제75조에서 "대통령은 법률에서 구체적으로 범위를 정하여 위임받은 사항과 법률을 집행하기 위하여 필요한 사항에 관하여 대통령령을 발할 수 있다"라고 규정하고, 제95조에서 "국무총리 또는 행정각부의 장은 소관사무에 관하여 법률이나 대통령령의 위임 또는 직권으로 총리령 또는 부령을 발할 수 있다"라고 규정하고 있다. '구체적으로 범위를 정하여 위임받은'사항에 관하여 발한 대통령령과 '소관사무에 관하여 법률이나 대통령령의 위임'을 받아 발한 총리령·부령이 위임명령에 해당하며, '법률을 집행하기 위하여 필요한 사항'에 관하여 발한 대통령령과 '직권으로' 발한 총리령·부령이 집행명령에 해당한다.

(2) 법규명령에 위반한 행위는 어떻게 되는가

법규명령은 국민의 권리·의무에 관한 사항을 정한 법규이므로 법률과 마찬가지로 일반적 구속력을 가진다. 법규명령이 법규인 이상 공표되어 모든 국민이 알 수 있도록 하여야 한다. 조약·대통령령·총리령·부령의 공표는 「법령 등 공포에 관한 법률」이 그 절차를 규정하고 있다. 법규명령은 사법(司法)기관이 적법·위법을 판단하는 기준이 된다. 그 결과 법규명령에 위반한 행위는 위법한 행위가 된다.

(3) 포괄적 위임은 금지된다

「헌법」제75조는 "대통령은 법률에서 구체적으로 범위를 정하여 위임받은 사항에 관하여 대통령령을 발할 수 있다"라고 규정하여 위임하는 국회가 행정부에 입법권을 위임하는 법률을 제정할 때에 지켜야 할 한계를 제시하고 있다. 위 규정에서 말하는 "구체적"이라는 것은 규율 대상을 한정하는 의미로서 추상적·일반적이어서는 아니된다는 뜻이며, "범위를 정하여"라는 것은 양적(量的) 한정을 의미하는 것으로서 일괄적 또는 포괄적이어서는 아니 되며 위임의 기준은 명확하여야 한다는 뜻이다. 지방세법이 사치성 재산인 고급오락장용 건축물에 대하여 중과세를 하면서 재산세 중과세 요건의 핵심적 내용의 기준과 범위를 구체적으로 확정하지 않고 단순히 "고급오락장용 건축물의 구분과 한계는 대통령령으로 정한다"라고만 규정한 것은 지방세법의 다른 규정 또는 기타 관련 법률을 살펴보더라도 고급오락장용 건축물의 기준과 범위를 예측해 내기가 어려운 일괄적·포괄적 위임이다(헌법재판소 1999. 3. 25. 98헌가11·14·15·18(병합)결정 참조). 여기서 문제되는 것은 추상적·일반적·포괄적 위임과 구체적·부분적·개별적 위임을 구별하는 기준이다. 헌법재판소가 제시하고 있는 기준은 대체로 다음 두 가지로 요약할 수 있다.

첫째는 법률에서 위임될 내용 및 범위의 기본사항이 가능한 한 구체적이고도 명확하게 규정되어 있어서 누구라도 해당 법률 그 자체로부터 위임될 내용을 구체적으로 예측할 수 있는 가능성, 즉 예측가능성이 있느냐의 여부이다. 헌법재판소는 위임하는 법률의 구체성과 명확성의 요구 정도를 규율대상의 종류와 성격에 따라 달리 보고 있다. 즉 국민의 기본권이 직접적으로 제한되거나 침해될 소지가 있는 영역에서는 급부행정의 영역보다 위임의 요건과 범위가 보다 엄격히 제한적으로 규정되어야 한다고 보는 반면(헌법재판소 2005. 6. 30. 2005헌가1 결정), 다양한 사실관계를 규율하거나 사실관계가 수시로 변화될 것이 예상되는 영역에서는 위임의 구체성·명확성의 요건이 완화된다고 보고 있다(헌법재판소 1995. 11. 30. 93헌바32 결정 등).

　둘째는 법률유보원칙이 지켜지고 있느냐의 여부이다. 구체적으로 말하면, 위임을 하는 법률 자체가 본질적 사항을 규율하고 있느냐의 여부, 국회가 그 의무로서 규율의 책무를 다했다고 할 정도의 내용 충실성 즉 규율밀도를 갖고 있느냐의 여부이다. 헌법재판소는 이 기준에 의하여 방송 수신료를 이사회의 심의·결정 및 당시의 공보처장관의 승인을 얻어 방송공사가 부과·징수하도록 규정하고 있던 구 한국방송공사법 제36조 제1항을 국민의 재산권보장의 측면에서 기본권 실현에 관련된 영역에 속하는 수신료에 있어서 그 금액의 결정은 수신료에 관한 본질적이고도 중요한 사항인데도 국회의 결정 내지 관여를 배제한 채 방송공사로 하여금 수신료의 금액을 결정하도록 맡기고 있어서 법률유보원칙에 어긋난다고 판단하여 헌법불합치결정을 하였다(헌법재판소 1999. 5. 27. 98헌바70 결정).

(4) 위임명령의 제정에 한계가 있다

　추상적·일반적·포괄적 위임의 금지가 입법자에게 과하여진 헌법상의 한계임에 반하여, 위임명령을 제정하는 행정기관이 지켜야 할 한계에 관하여는 「헌법」에는 직접적인 규정이 없다. 그러나 「헌법」 제75조의 규정상 위임명령을 제정하는 행정기관에게는 다음과 같은 지켜야 할 한계가 있다. 첫째로, 위임하는 법률 자체가 없거나, 위임하는 법률이 있지만 위임명령이 위임한 법률에서 정한 위임대상 이외의 사항을 규정한 경우는 위임의 한계를 넘은 것이다. 사립학교교원연금법시행령이 한 때 급여수급권자가 형사재판이나 수사를 받고 있는 중에는 급여의 일부를 지급받을 수 없도록 하는 규정을 두고 있었다. 대법원은 문제가 된 시행령의 모법인 「사립학교연금법」이나 동 모법에 의하여 일부 규정이 준용되는 「공무원연금법」이나 그 밖에 다른 법률에 의하여 사립학교 교직원 또는 교직원이었던 사람이 재직 중의 사고로 수사를 진행 중이거나 형사재판이 계속 중인 때에 퇴직급여액의 일부 지급을 유보할 수 있다거나 대통령령에 위임한다는 아무런 근거규정을 찾을 수 없다는 이유로 동시행령의 위 규정은 법률의 위임이 없는 무효의 규정이라고 하였다(대법원 1995. 1. 24. 선고 93다37342 판결). 둘째로, 위임명령이 위임한 법률이 규정한 위임의 취지와 내용에 위반되거나, 위임의 범위를 넘거나 벗어난 경우는 위임의 한계를 넘은 것이다. 셋째로, 위임명령이 위임한 법률에서 이미 전제로 하고 있는 사항에 대하여 어떤 한정이나 제한을 가하는 경우 등은 위임의 한계를 넘은 것이다. 대법원은 "특정 사안과 관련하여 법률에서 하위 법령에 위임한 경우 법령이 위임의 한계를 준수하고 있는지 여부를 판단할 때는 당해 법률규정의 입법 목적과 규정 내용, 규정의 체계, 다른 규정과의 관계 등을 종합적으로 살펴야 하는바, 위임규정 자체에서 그 의미내용을 정확하게 알 수 있는 용어를 사용하여 위임의 한계를 분명히 하고 있는데도 그 문언적 의미의 한계를 벗어났는지 여부나, 수권(授權)규정에서 사용하고 있는 용어의 의미를 넘어 그 범위를 확장하거나 축소하여서 위임 내용을 구체화 하는 단계를 벗어나 새로운 입법을 하였는지 여부 등도 고려되어야 한다"(대법원 2010. 4. 29. 선고 2009두17797 판결)고 판시하고 있다.

5. 행정규칙이란 어떤 것인가

(1) 행정규칙의 특색은 무엇인가

행정규칙은 행정기관이 정립한 일반적인 법규범이지만, 국민의 권리·의무에 관계하는 법규의 성질을 갖지 아니하는 것을 말한다. 이것이 지금까지의 통설의 설명이다. 이 통설에 의하면 첫째로, 행정규칙은 법률의 근거를 필요로 하지 아니한다. 따라서 행정기관은 법률의 근거없이 자유로이 행정규칙을 정립할 수 있다. 둘째로, 행정규칙은 법규가 아니므로 행정규칙에 위반한 행위는 위법이 되지 아니한다. 따라서 행정기관의 행위가 행정규칙에 위반하였음을 이유로 사법(司法)기관에 그 위법함을 다툴 수 없다. 셋째로, 행정규칙은 국민의 권리·의무에 관계하는 법규가 아니므로 국민에게 알릴 공표가 불필요하다. 넷째로, 행정규칙은 행정 내부의 상대방에게 구속력을 갖지만, 행정규칙을 발한 행정기관을 구속하지 아니한다.

이처럼 통설에 의하면 같은 행정입법이지만 법규명령으로 분류되느냐 행정규칙으로 분류되느냐에 따라 법치행정원리가 적용되기도 하고, 적용되지 않기도 하는 엄격한 차이를 가져오게 된다.

(2) 행정규칙의 외부법화 현상이란 무엇인가

법규명령은 외부법이고 행정규칙은 내부법이란 것이 통설이다. 그러나 최근에는 행정규칙이라는 것이 국민의 권리·의무와 아무런 관계가 없는 것이 아닐뿐더러, 법규명령과 행정규칙의 차이도 상대적이 되어 가는 현상이 있다는 것이다. 이 현상을 행정규칙의 외부법화 현상이라고 부른다.

이러한 현상은 행정조직에 관한 행정규칙에도 나타나고, 행정작용에 관한 행정규칙에도 나타난다. 여기서는 행정에 구체적으로 적용되는 기준(예컨대, 허가기준)에 관하여 보기로 하자. 종래의 통설은 기준을 국민의 권리·의무와 관계없는 사항으로 보고 있었다.

법률에서 행정의 기준을 정한 법률이 없지 않으나, 시행령과 시행규칙에서 기준을 정하고 있는 경우가 많다. 그러나 이들만으로는 행정의 통일적인 운용이 온전하지 아니하기 때문에 구체적인 기준을 행정규칙으로 정하게 된다. 예를 들어보면, 구 독점규제 및 공정거래에 관한 법률 제15조는 "시정조치"라는 제목으로 "공정거래위원회는 제3조의2(시장지배적 지위의 남용금지)의 규정에 위반하는 행위가 있을 때에는 당해 시장지배적 사업자에 대하여 가격의 인하, 당해 행위의 중지, 시정명령을 받은 사실의 공표 기타 시정을 위한 필요한 조치를 명할 수 있다"라는 규정을 두고 있었다. 이 규정만으로는 행정의 통일적인 운용이 어렵기 때문에 공정거래위원회는 공정거래위원회의 시정조치 운영지침(지금은 폐지)을 제정하여 시정조치의 자세한 내용을 규정하고 있었다. 이 지침은 행정규칙이다. 그럼에도 불구하고 이 지침은 시정조치의 상대방의 권리·의무에 결정적인 영향을 주고 있었다.

「행정절차법」제20조 제1항은 "처분기준의 설정·공표"라는 제목으로 "행정청은 필요한 처분기준을 당해 처분의 성질에 비추어 될 수 있는 한 구체적으로 정하여 공표하여야 한다. 처분기준을 변경하는 경우에도 또한 같다"라고 규정하고 있다. 처분기준에는 법령집행을 통일하기 위하여 법령해석의 기준을 정한 해석기준, 재량행사의 기준을 정한 재량기준 등을 포함한다. 우선 첫째로 주목해야 할 것은 위 법률의 조문이 행정규칙인 처분기준을 공표할 것을 행정청에게 명하고 있다는 점이다. 공표하도록 한 것은 처분기준이 국민의 권리·의무 및 이해관계에 영향을 미친다는 점을 전제로 하고 있다. 둘째로 주목해야 할 것은 처분기준을 설정·공표한 행정청도 처분기준에 원칙적으로 구속된다는 점이다. 행정청이 스스로 처분기준을 구체적으로 정하여 공표하여 놓고서는 합리적인 이유없이 처분기준과 달리 행정을 한다면 앞에서 본 행정의 자기구속원칙을 위반한 것으로 위법하게 된다. 따라서 행정청이 위법한 행정을 행하지 않으려면 처분기준에 구속될 수 밖에 없다. 판례도 "행정청은 미리 설정·공표되어 있는 재량기준에 따라 처분하여야 하는 것이 원칙이다"(대법원 2009. 11. 12. 선고 2009두10291 판결)라고 판시하고 있다. 셋째로 주목해야 할 것은 행정청이 합리적인 이유 없이 처분기준과 달리 행정을 한다면 사인은 행정청의 행위가 처분기준에 위반하였음을 이유로 사법(司法)기관에 그 위법한 행위를 취소해 달라고 청구할 수 있다. 왜냐하면 합리적인 이유 없이 처분기준과 달리 행정을 한 행정청의 행위가 평등원칙과 평등원칙에서 파생하는 행정의 자기구속원칙에 위반하여 취소될 수 있기 때문이다. 대법원은 중국전담여행사 지정취소처분 취소 사건에서 "행정청이 「행정절차법」 제20조 제1항의 처분기준 사전공표 의무를 위반하여 미리 공표하지 아니한 기준을 적용하여 처분을 하였다고 하더라도, 그러한 사정만으로 곧바로 해당 처분에 취소 사유에 이를 정도의 흠이 존재한다고 볼 수는 없다. 다만, 해당 처분에 적용한 기준이 상위법령의 규정이나 신뢰보호의 원칙 등과 같은 법의 일반원칙을 위반하였거나 객관적으로 합리성이 없다고 볼 수 있는 구체적인 사정이 있다면 해당 처분은 위법하다고 평가할 수 있다"고 전제하면서 원심판결(서울고등법원 2018. 4. 25. 선고 2017누84954 판결)이 이 사건 처분에 제20조 제1항을 위반하지 아니하였다고 판단한 것을 「행정절차법」상 처분기준 사전공표 의무 등에 관한 법리를 오해하여 판결 결과에 영향을 미친 잘못이 있다고 하여 원심판결을 파기하여 환송하였다(2020. 12. 24. 선고 2018두45633 판결).

III. 행정행위란 어떤 것인가

1. 행정행위란 무엇인가

(1) 행정행위는 행정의 행위인가

행정행위란 무엇인가. 행정의 행위라는 의미인가, 행정행위란 것이 행정의 행위를 의미한다면 행정주체가 행하는 모든 행위가 행정행위가 아닌가 하는 의문이 든다. 그러나 행정행위는 행정의 행위라는 뜻이 아니라 행정주체의 행정작용 중에서 공통되는 특색을 가진 행위를 행정행위라는 개념을 묶어 행정법이론을 체계적으로 설명하기 위한 도구로 생각해 낸 순전히 이론(학문)상의 개념이다. 실정법상으로는 행정행위란 용어는 잘 사용되지 아니하고, 자동차운전면허, 건축허가, 사용승인, 인가, 허가취소, 과세처분 등의 용어를 사용한다.

행정의 행위형식을 중요한 역할을 하는 것과 덜 중요한 역할을 하는 것으로 나눈다면 행정행위는 중요한 역할을 하는 것에 속한다. 이 행정행위란 용어는 19세기 말 독일의 행정법학자인 오토 마이어(O.Mayer)가 사용한 이후 독일은 말할 나위가 없고 우리나라 행정법이론에 매우 중요한 역할을 하여 왔다.

행정행위가 이론(학문)상의 개념이기 때문에 여러 뜻으로 쓰인다. 일반적으로 행정행위란 행정청이 직접 구체적으로 외부에 대하여 법적 효과를 발생시키는 권력적 행위를 말한다.

(2) 행정행위의 특색은 무엇인가

1) 행정행위는 행정청이 행하는 행위이다.

행정행위는 행정청이 행하는 행위에 한정된다. 따라서 국회가 행하는 입법에 관한 활동이나 헌법재판소가 행하는 결정과 법원이 행하는 판결 등은 행정행위가 아니다. 행정청이 무엇인가는 앞에서 보았다.

2) 행정행위는 직접 구체적 행위이다.

행정행위는 직접 구체적 행위에 한정된다. 따라서 원칙적으로 특정한 개인이나 법인 등 사인을 대상을 구체적인 법적 효과를 발생시키는 행위가 아니면 행정행위가 아니다. 이 점에서 행정행위는 앞에서 본 행정입법과 구별된다. 행정입법도 어느 정도의 법적 효과를 발생시키기는 한다. 그러나 그 대상은 사인 일반이지 구체적인 개별 사인이 아니다. 「도로교통법」 제93조 제1항 본문은 "시·도지방경찰청장은 운전면허(연습운전면허를 제외한다)를 받은 사람이 다음 각 호의 어느 하나에 해당하면 행정안전부령이 정하는 기준에 따라 운전면허를 취소하거나 1년 이내의 범위에서 운전면허의 효력을 정지시킬 수 있다"라고 규정한다. 「도로교통법 시행규칙」 제91조는 위 법 규정을 받아 운전면허의 취소·정지처분의 기준을 정하고 있다. 「도로교통법 시행규칙」(행정입법) 제91조의 대상은 운전면허를 받은 모든 사람 즉 사인이다. 특정한 사인을 대상으로 하는 규율이 아니다. 그러나 특정한 운전면허를 받은 사람이 「도로교통법 시행규칙」 제91조가 정한 기준에 위반하여 교통법규를 위반하거나 교통사고를 일으켜 시·도지방경찰청장으로부터 운전면허의 취소·정지가 행하여진 때에는, 그 취소·정지행위는 특정한 사인에게 자동차운전을 하면 아니 되는 직접 구체적인 의무를 과하는 것이므로 행정행위가 된다.

3) 행정행위는 외부에 대하여 행하는 행위이다.

행정행위는 행정의 외부에 있는 사인에 대하여 행하는 행위에 한정된다. 행정의 내부에서 상급행정기관이 하급행정기관에 대하여 행하는 지휘·감독의 방법으로 하급행정기관의 일정한 권한행사에 상급행정기관의 동의 또는 승인을 받도록 하기도 하고, 명령을 발하기도 한다. 이 경우 하급행정기관은 상급행정기관의 동의 또는 승인을 받아야 하며, 상급행정기관의 명령에 따라야 한다.

상급행정기관이 하급행정기관에 대하여 행하는 지휘·감독은 강제력을 가지나, 그 것은 어디까지나 하급행정기관에 대해서만이다. 외부에 있는 사인에게는 원칙적으로 관계가 없다. 따라서 상급행정기관이 하급행정기관에 대하여 행하는 지휘·감독 권의 행사는 원칙적으로 행정행위가 아니다.

그러나 행정청이 공무원에 대하여 행하는 조치 중 징계면직, 직권면직과 같은 결 정은 행정의 외부에 대하여 행하는 행위로서 행정행위가 된다.

4) 행정행위는 법적 효과를 발생시키는 행위이다.

행정행위는 법적 효과를 발생시키는 행위에 한정된다. 법적 효과가 있다는 것은 권리나 의무를 발생시키거나, 변동시키거나, 소멸시키는 것을 의미한다. 계약의 체 결·변경·해지가 법적 효과가 있는 행위의 대표적인 예로 들 수 있다.

행정행위의 법적 효과는 계약과는 달리, 일방적으로 사인의 권리를 제한하거나, 의무를 과하며, 때로는 일방적으로 권리를 부여하거나 의무를 면제시키기도 한다. 지방경찰청장이 행하는 운전면허의 법적 효과는 운전금지의무의 해제이며, 운전면 허정지처분은 운전을 일정한 기간 정지하는 의무를 과하는 것이다.

행정이 행하는 행위에는 법적 효과를 발생시키지 아니하는 행위도 있다. 이들 행 위를 사실행위라고 부른다. 도로·교량의 건설과 같은 공공시설의 공사, 이미 앞에서 본 행정조사, 뒤에서 볼 행정지도 등이 사실행위의 예이다. 행정조사의 경우, 시의 보건담당 공무원이 주민의 주택에서 수질 조사를 하여도 그것만으로는 어느 누구의 권리나 의무를 발생시키는 것이 아니다. 행정지도란 것도 단순히 조언(advice)이며, 그 조언에 따르는가의 여부는 상대방의 선택에 맡겨져 있는 것이므로 그것만으로는 누구의 의무도 발생하지 아니한다.

5) 행정행위는 권력적 행위이다.

행정행위는 권력적 행위에 한정된다. 여기서 말하는 권력은 무엇을 말하는가. 여 기서 말하는 권력이란 상대방의 동의가 없어도 일방적으로 명령하거나 강제할 수 있 는 힘, 다른 말로 하면 법률관계를 일방적으로 규율하는 힘을 의미한다. 이와 같은 권 력을 사인이 사인에 대하여 행사한다는 것은 원칙적으로 인정되지 아니한다. 사인 A 가 사인 B로부터 50만 원의 돈을 빌려 1개월 후에 반환할 것을 약속하였다면 A는 1 개월 후에 B에게 빌린 50만 원을 반환할 의무를 진다. 그 의무는 A가 B에게 반환하겠다는 계약(동의)에 의하여 발생한 것이다. 그러나 행정은 사인의 동의 없이 권력을 행사하여 의무를 과할 수 있다. 세무서장이 상속인에게 상속세 50만 원을 1개월 후까지 납부할 것을 고지하였다면 상속인은 1개월 후에 세무서에 상속세 50만 원을 납부할 의무를 진다. 이 의무는 상속인의 동의와는 관계없이 법률에 의한 일방적인 결정으로 발생하는 것이다. 따라서 양자간에는 의무발생의 원인에 질적인 차이가 있다.

　행정이 행하는 행위에는 권력적이 아닌 즉 비권력적 행위도 있다. 행정계약이나 행정지도 등이 비권력적 행위의 예이다. 행정계약의 경우, 계약인 것이므로 사인과 사인 간에 체결되는 계약과 마찬가지로, 양 당사자 간의 합의에 의하여 성립하는 것이지 일방적으로 행하여지는 것이 아니다. 행정지도는 행정과 사인의 권리의무관계를 일방적으로 규율하는 것이 아니라 상대방의 임의적 협력을 바탕으로 하는 행정작용이다.

　지방경찰청장이 행하는 운전면허처럼 상대방에게 이익을 주는 것도 행정행위이다. 운전면허의 신청자가 운전면허를 교부하는데 동의하지 않을 이유가 없음에도 불구하고 왜 운전면허가 권력적 행위가 되는가. 그것은 다음과 같은 이유에서 그렇다. 누구든지 자동차를 자유로이 운전을 하게 하면 대량의 교통사고가 발생할 것이 예상되기 때문에 「도로교통법」은 운전면허제도를 채택하고 있다. 그 결과 사인은 본래 자유로이 할 수 있는 운전을 「도로교통법」이 일방적으로 즉 권력적으로 금지시켜 놓고 그 금지를 해제시켜 주는 것이 운전면허의 교부(정확하게는 운전면허증의 교부)이다. 이와 같이 운전면허제도의 구조전체가 권력적이므로 운전면허의 교부도 권력행사의 한 측면으로 설명이 되고 있다.

(3) 행정행위와 처분은 어떻게 다른가

　행정행위는 이론(학문)상 개념으로서 행정청이 직접 구체적으로 외부에 대하여 법적 효과를 발생시키는 권력적 행위이다. 행정행위 개념은 행정법이론상 중요한 역할을 하는 것이지만, 개별 행정법령이 사용하고 있는 용어는 아니다. 행정법령이 실제로 사용하고 있는 용어는 여러가지이지만, 대표적인 용어는 처분이다. 이 처분을 흔히 행정처분이라고 부른다. 「행정절차법」 제2조 제2호는 "처분이라 함은 행정청이 행하는 구체적 사실에 관한 법집행으로서의 공권력의 행사 또는 그 거부와 그 밖에 이에 준하는 행정작용을 말한다"라고 규정하고, 「행정심판법」 제2조 제1호도 처분을 「행정절차법」 제2조 제2호와 꼭 같이 정의하고 있다. 또한 「행정소송법」도 제2조

제1항 제1호에서 "처분 등이라 함은 행정청이 행하는 구체적 사실에 관한 법집행으로서 공권력의 행사 또는 그 거부와 그 밖에 이에 준하는 행정작용(이하 처분이라 한다) 및 행정심판에 대한 재결을 말한다"라고 하여 같은 정의를 내리고 있다.

따라서 행정행위와 처분의 다른 점은 '법적 효과를 발생시키는' 권력적 행위이냐 '법집행으로서의' 공권력의 행사이냐에 있다. 처분은 반드시 법적 효과를 발생시키는 행위일 필요는 없고 '법집행'으로서의 공권력의 행사이기만 하면 족하므로 행정행위에 해당하지 아니하는 행정의 행위도 처분의 개념에 해당할 수 있다.

2. 행정행위는 어떻게 분류되는가

행정행위에는 각기 특색을 가진 여러가지 유형의 행정행위가 있다. 행정행위를 유형에 따라 여러가지로 나누는 것은 보다 행정행위를 구체적으로 파악하여 법해석에 도움이 되게 하기 위한 것이다.

행정행위의 유형에 관하여는 주의해야 할 점이 있다. 첫째로, 행정행위의 유형을 나누면서 사용하고 있는 용어는 모두 이론(학문)상의 개념이어서 실제로 법령에서 사용하고 있는 용어와는 다르다는 점이다. 예컨대, 행정행위의 한 유형으로 특허라는 개념을 사용하고 있다. 이 특허라는 개념은 우리가 일상적으로 사용하고 있는 「특허법」상의 특허와 전혀 별개의 것이다. 둘째로, 행정행위의 유형은 어디까지나 하나의 전형적인 예를 설명하기 위한 것에 불과하다는 점이다. 따라서 실제의 법령에서 규정하고 있는 행정행위가 반드시 한 개의 유형에 해당한다고 할 수 없고 여러 유형에 해당될 수도 있다. 설사 실제 법령에 규정하고 있는 특정 행정행위가 어느 하나의 유형에 해당한다고 하더라도, 그 유형의 설명이 그 행정행위에 딱 들어맞지 않을 수도 있다.

행정행위의 유형은 어떤 기준에 의하여 행정행위를 분류하는가에 따라 몇 가지가 있을 수 있다. 여기서는 법률행위적 행위와 준법률행위적 행위, 기속행위와 재량행위, 이익행위·불이익행위·복효적 행위, 대인적 행위·대물적 행위·혼합적 행위, 잠정행위·부분행위·예비행위·종국행위를 차례로 보기로 한다.

(1) 법률행위적 행위와 준법률행위적 행위

법률행위적 행위란 행정청이 법률에 의거하여 일정한 법 효과를 발생시키려는 의사를 표시하고 그것에 바탕하여 볍률효과가 발생하는 행정행위를 말한다. 영업허가를 예를들면 특정한 자에 대하여 행정청이 일반적 금지를 해제하려는 의사표시를 행하고 그에 따라 법률효과가 발생하는 것이다. 준법률행위적 행위는 법률효과의 발생이 행정청의 의사에 의거하는 것이 아니라 일정한 사실 인식이나 판단 등을 행정청이 나타내고 그것에 대하여 법률이 일정한 법률효과를 결부시키고 있는 행정행위를 말한다. 법률행위적 행위는 명령적 행위와 형성적 행위로 나뉜다.

1) 명령적 행위

명령적 행위란 사인이 사실로서 어떤 행위를 하거나 또는 하지 아니하는 것 그 자체를 규제의 대상으로 하는 행정행위를 말한다. 「식품위생법」에 의하면 사인이 식품영업을 하려고 하면 행정청의 허가를 받아야 한다(제37조). 이와 같이 행정청의 허가를 받지 아니하면 식품영업을 할 수 없지만, 만일 행정청의 허가를 받지 아니하고 식품영업을 하면 어떻게 되는가. 법에 따라 폐쇄조치 등 제재를 받게 될 것이다. 그러나 무허가 식품영업자가 행한 식품 판매라는 거래행위 자체는 법적으로 유효하다. 그것은 「식품위생법」이 허가를 받지 아니하고 식품영업을 경영하는 행위 사실 자체를 못하게 규제하려는 데에 그 취지가 있기 때문이다. 이 예가 명령적 행위의 대표적인 사례이다.

명령적 행위에는 여러가지가 있다. 「건축법」 제79조는 위반 건축물에 대한 조치로 건축허가권자가 건축주 등에 대하여 공사의 중지, 건축물의 철거·개축 등을 명할 수 있도록 규정하고 있다. 이와 같이 행정청이 규제를 위해서 무엇인가 명하는 방법으로 행하여지는 행정행위를 하명(下命)이라고 한다. 이와 같은 하명 중에서도 「도로교통법」 제6조의 도로 통행을 금지하거나 제한하는 행위와 같이 어떠한 행위를 하지 아니할 것(이를 부작위라 한다)을 명하는 행정행위를 금지라고 한다. 또한 행정청이 하명에 의하여 무엇인가 명하였더라도 그 하명을 해제하는 경우가 있다. 예컨대, 세금을 납부할 의무가 확정된 경우라 하더라도 납세의무자가 재해·도난으로 재산에 심한 손실을 받는 등 세금을 납부하기 어려운 사정이 있는 때에 납부를 유예해 주는 것 등이다. 이러한 행정행위를 통틀어 면제라고 부른다. 이에 대하여 어떠한 행위를 하지 아니할 부작위를 명하는 금지의 경우에는 그 금지를 해제하는 행정행위를 허가라고 부른다. 그 전형적인 예는 식품영업허가, 운전면허 등이다. 누구든지 식품영업을 할 수 있게 한다면 또는 누구든지 자동차를 자유로이 운전을 하게 한다면, 비위생적인 시설로 사람의 건강에 피해를 줄 수 있고 또는 대량의 교통사고가 발생할 수 있다. 그래서 법률은 일반적으로 식품영업 또는 자동차 운전을 금지해 놓고 신청을 받아 심사를 해서 식품영업을 하게 해도 또는 자동차 운전을 하게 해도 건강에 피해를 주지 아니하거나 위험하지 아니하다고 판단하여 일반적 금지를 해제하여 식품영업을 행할 또는 자동차 운전을 행할 자유를 회복시켜 주는 것이다.

따라서 가령 같은 장소에서 같은 허가 영업을 하겠다고 여러 사람이 신청을 한 경우에도 그들 신청이 법률이 정한 요건을 충족하고 있는 때에는 행정청은 모두에게 허가를 해 주어야 한다. 왜냐하면 영업허가 그 자체의 효과는 위험의 가능성이 있어서 일반적으로 금지해 놓은 것을 심사의 결과 영업을 하게 해도 위험성이 없다고 판단해서 영업의 자유를 회복시켜주는 데에 그치는 것이지, 그 장소에서 영업을 행할 권리를 부여하는 것이 아니기 때문이다.

2) 형성적 행위

형성적 행위란 사인이 행하는 행위의 법적 효과를 규제의 대상으로 하는 행정행위를 말한다. 「부동산 거래신고 등에 관한 법률」은 제10조에서 토지거래 허가구역의 지정에 관한 규정을 두고, 그 제11조 제1항 본문에서 "허가구역에 있는 토지에 관한 소유권·지상권(소유권·지상권의 취득을 목적으로 하는 권리를 포함한다)을 이전하거나 설정(대가를 받고 이전하거나 설정하는 경우만 해당한다)하는 계약(예약을 포함한다. 이하 토지거래계약이라 한다)을 체결하려는 당사자는 공동으로 대통령령으로 정하는 바에 따라 시장·군수 또는 구청장의 허가를 받아야 한다"라고 하면서 동조 제6항에서 "제1항에 따른 허가를 받지 아니하고 체결한 토지거래계약은 그 효력을 발생하지 아니한다"라고 규정하고 있다. 대법원은 "토지의 소유권 등 권리를 이전 또는 설정하는 내용의 거래계약은 관할 관청의 허가를 받아야만 그 효력이 발생하고 허가를 받기 전에는 물권적 효력은 물론 채권적 효력도 발생하지 아니하며 무효라고 보아야 할 것이다"(대법원 1991. 12. 24. 선고 90다12243 전원합의체 판결)라고 판시하고 있다. 이 경우 시장·군수·구청장의 허가는 사인의 토지매매라는 행위에 법적 효과를 부여할 것인가의 여부를 결정하는 방법으로 사인의 권리·의무에 영향을 미치고 있는 것이므로 형성적 행위의 예가 된다.

형성적 행위에도 여러가지가 있다. 「광업법」은 광업허가를 규정하고 있다.

「광업법」이 광업허가를 규정하고 있는 이유는 금·은·백금·동·연·석탄·흑연·금강석·석유 등 광물은 대단히 귀중한 것인데 매장량이 한정되어 있기 때문에 누구든지 이들을 채굴(採掘)하게 한다면 국민 전체의 입장에서 보면 공익을 해칠 위험이 있기 때문이다. 그래서 「광업법」 제2조는 "국가는 채굴되지 아니한 광물에 대하여 채굴하고 취득할 권리를 부여할 권능을 갖는다"라고 규정하고, 사인의 광업권 설정의 출원이 있는 경우에 개별적으로 심사를 해서 출원자에게 광물을 채굴케 하여도 자원이 헛되이 낭비되지 않겠다는 판단이 서는 경우에만 광물을 채굴하고 취득하는 권리인 광업권을 설정해 주도록 하고 있다.

이처럼 특정인을 위해서 권리 등 법률상의 힘을 설정해 주는 행정행위를 특허라고 한다. 「헌법」 제120조는 "광물 기타 중요한 지하자원·수산자원·수력과 경제상 이용할 수 있는 자연력은 법률이 정하는 바에 의하여 일정한 기간 그 채취·개발 또는 이용을 특허할 수 있다"라고 규정하여 특허라는 개념을 사용하고 있다. 또한 형성적 행위에는 사인 상호 간에 법률행위가 행하여지고 있음을 전제로 하여 이 법률행위를 보충하여 그 법률행위의 효과를 완성시켜 주는 행정행위가 있다. 이 행정행위를 인가라고 부른다. 인가는 허가와 달리 사인의 행위의 법적 효과를 직접 통제하려는 것이므로 인가를 받아야 할 법률행위를 인가를 받지 아니하고 행한 사인간의 계약은 무효가 된다. 위에서 본 토지거래허가가 바로 인가의 예이다.

3) 준법률행위적 행위

준법률행위적 행위에는 확인, 공증, 통지, 수리의 넷이 있다. 확인이란 행정청이 일정한 법률관계나 사실인식을 대외적으로 나타내고 그것에 대하여 일정한 법률효과가 결부되어 있는 것을 말한다. 발명권 특허가 그 예이다. 공증이란 특정한 법률관계나 사실의 존재를 공적으로 증명하는 행정행위를 말한다. 부동산등기부에의 등기가 그 예이다. 통지란 특정한 행정청의 판단이나 사실을 국민이나 주민에게 알려주는 행위로서 그것에 대하여 법률에 의한 일정한 법률효과가 결부되어 있는 것을 말한다. 수리란 사인이 제출한 신고를 유효한 것으로 행정청이 받아들이는 행정행위를 말한다. 주민등록 전입신고 수리가 그 예이다.

(2) 기속행위와 재량행위

1) 기속행위와 재량행위의 구별

기속행위와 재량행위는 재량이 있느냐 없느냐를 기준으로 한 행정행위의 분류이다. 「의료법」 제65조 제1항은 "보건복지부장관은 의료인이 다음 각 호의 어느 하나에 해당할 경우에는 그 면허를 취소할 수 있다. 다만, 제1호의 경우에는 면허를 취소하여야 한다"라고 규정하고 있다. 제1호에는 결격사유로서 의료인이 피한정후견인 등에 해당하게 된 경우가 규정되어 있다. 피한정후견인은 질병, 장애, 노령, 그 밖의 사유로 인한 정신적 제약으로 사무를 처리할 능력이 부족한 사람으로「민법」제12조에 의하여 가정법원으로부터 한정후견개시의 심판을 받은 사람이다. 보건복지부장관은 의료인이 피한정후견인에 해당할 경우에는 자신의 판단을 개재시킴이 없이 객관적 사실에서 기계적으로 면허취소라는 행정행위를 행하게 된다. 이와 같은 행정행위를 기속(羈束)행위라고 한다. 이에 대하여 위「의료법」제65조 제1항 제3호에는 면허를 내줄 때 특정지역이나 특정업무에 종사할 것을 면허의 조건으로 하였는데 의료인이 그 조건을 이행하지 아니한 경우를 역시 취소사유로 규정하고 있다. 이 경우에는 의료인이 그 조건을 이행하지 못한 여러 사정이 있을 것이므로「의료법」은 "면허를 취소할 수 있다"라고 하여 보건복지부장관에게 판단의 여지를 인정하고 있다.

이와 같이 행정청에게 판단의 여지를 인정하고 있는 행정행위를 재량행위라고 한다.

2) 요건재량과 효과재량

법률이 행정청에게 재량을 부여하는 경우에 '어떠한 때에는' '어떠한 행위를 할 수 있다'고 규정한다. '어떠한 때에는'이라는 것이 요건의 문제라고 하고, "어떠한 행위를 할 수 있다"라는 것을 효과의 문제라고 본다.「경찰관직무집행법」제10조의4 제1항 본문은 "경찰관은 범인의 체포·도주의 방지, 자신이나 다른 사람의 생명·신체의 방어 및 보호, 공무집행에 대한 항거의 제지를 위하여 필요하다고 인정되는 상당한 이유가 있을 때에는 그 사태를 합리적을 판단하여 필요한 한도 내에서 무기를 사용할 수 있다"라고 규정하고 있다. '필요하다고 인정되는 상당한 이유가 있을 때'라는 표현은 막연하여 정확하지 못하므로 결국 경찰관은 구체적인 사정 아래서 자기의 판단으로 무기를 사용할 수 있을 때인가 아닌가, 사용한다고 할 때 어떤 방법으로 사용할 것인가를 판단하여 행동할 수 밖에 없다. 이러한 경우의 재량을 요건재량이라고 부른다. "그 사태를 합리적으로 판단하여 필요한 한도 내에서 무기를 사용할 수 있다"는 표현도 정확하지 못하여 무기를 사용할 것인가의 여부, 사용할 경우 어떤 방법으로 할 것인지에 관하여 판단의 여지 내지 선택의 여지가 남겨져 있다. 이러한 경우의 재량을 효과재량이라고 부른다.

3) 재량행위의 흠

재량행위가 적절하게 행사되지 아니한 경우에 적절하지 아니한 재량행위로 권리·이익의 침해를 받은 사인은 어떤 방법으로 다툴 수 있을 것인가. 재량행위가 적절하게 행사되지 아니한 경우에는 재량권이 부당하게 행사된 경우와 재량권이 부적법하게 행사된 경우가 포함된다. 재량행위의 부당·위법을 다투는 가장 실효성 있는 방법은 행정심판과 행정소송이다.

행정심판은 심판절차를 통하여 행정청의 위법·부당한 처분 등으로 침해된 사인의 권익구제를 제1차적인 목적으로 하는 제도이다. 그러므로 행정청의 위법·부당한 재량행위로 권익을 침해당한 사인은 행정심판을 청구하여 다툴 수 있다. 특히 부당한 재량행위는 행정소송으로 다툴 수 없으므로 행정심판이 부당한 재량행위에 대한 가장 효과적인 권익구제수단이다.

행정청의 위법한 재량행위에 대하여 행정소송으로도 다툴 수 있다. 과거에는 재량행위는 행정에 고유한 자기 권한의 행사이고, 재량을 그르쳐도 부당행위가 될 뿐이며, 법원의 심사대상이 되지 아니한다고 하였다. 이것을 재량불심리의 원칙이라고 불렀다. 그러나 「행정소송법」 제27조는 "행정청의 재량에 속하는 처분이라도 재량권의 한계를 넘거나 그 남용이 있는 때에는 법원은 이를 취소할 수 있다"라고 규정하여 재량권의 한계를 넘거나 그 남용이 있는 때는 재량행위가 위법하게 되어 취소소송의 대상이 됨을 명시하고 있다. 재량권의 한계를 넘은 경우를 재량권일탈(裁量權逸脫)이라고 부르고 그 남용이 있는 경우를 재량권남용이라고 부른다. 재량권일탈이란 법률이 행정청에게 부여한 권한의 범위를 넘어서 재량이 행사된 것을 말하며, 재량권남용이란 형식적으로는 부여된 권한의 범위내에서 행사된 것이지만 그 재량이 법률의 취지나 법률이 요구하는 요청에 적합하지 않게 행사된 경우를 말한다. 판례는 재량권일탈과 재량권남용을 엄격하게 구별하지 않는다. 학설·판례가 재량권 일탈·남용이 있다고 한 대표적인 경우로는 첫째 사실오인이다. 보건복지부장관이 의료인이 면허의 조건을 이행하지 아니하였음을 이유로 면허를 취소하였는데 사실은 면허의 조건을 이행한 경우이다. 둘째가 평등원칙위반이다. 공무원의 징계처분을 예로 들어보면, 합리적인 이유 없이 같은 정도의 비행에 대하여 일반적으로 적용하여 온 기준과 어긋나게 공평을 잃은 징계처분을 행한 경우이다. 셋째가 비례원칙위반이다. 역시 공무원의 징계처분을 예로 들어 보면, 일반적으로 징계사유로 삼은 비행의 정도에 비하여 균형을 잃은 과중한 징계처분을 징계권자가 선택한 경우이다. 판례 중에는 "아무런 변제대책도 없이 과다한 채무를 부담하였고, 대출금의 상당부분을 자녀의 해외연수비 등 교육비와 생활비 등에 무절제하게 소비하였으며, 동료 경찰관에게 위와 같은 채무부담사실을 알리지도 않고 대출보증을 하도록 하거나 대출을 받아 자신에게 대출금을 빌려주도록 하여 그들의 월급이 압류되게 하는 등 피해를 입히고 있고, 원고가 위 채무에 대한 변제능력이 없으며, 기타 경찰관의 공익적 지위와 위와 같은 과대채무를 부담한 상태에서는 정상적인 복무를 기대하기 어려운 점 등 제반 사정을 종합하여 볼 때, 원고가 22년간 경찰관으로 근무하면서 수회 표창을 받았고, 형사처벌이나 징계처분을 받은 사실이 없이 근무하여 온 점과 채무의 일부를 변제한 사정 등 원고 주장의 여러가지 사정으로 참작하더라도, 이 사건 해임처분이 사회통념상 현저하게 타당성을 잃어 징계 처분권의 범위를 일탈하거나 남용한 것이라 할 수 없다"(대법원 1999. 4. 27. 선고 99두1458 판결)는 것이 있다. 넷째가 불공정한 목적·동기로 재량권이 행사된 경우이다. 면허를 취소한 진정한 이유가 사적인 원한에 의한 경우가 이에 해당한다.

(3) 이익행위·불이익행위·복효적 행위

이익행위·불이익행위·복효적 행위는 당사자의 법적 이익 여부를 기준으로 한 행정행위의 분류이다.

이익행위란 상대방에게 법적 이익을 주는 행정행위를 말한다. 수익적 행정행위라고도 한다. 이익행위는 상대방에게 법적 이익을 주는 행정행위이므로 상대방의 신청이라는 행위에 의하여 일련의 절차가 시작된다. 불이익행위란 상대방에게 법적 불이익을 주는 행정행위를 말한다. 부담적 행정행위라고도 한다. 때로는 침익적 행정행위라고도 부른다. 이익행위를 거부하거나 이익행위를 취소·철회하는 행위가 흔히 있는 예이다. 이와 같은 불이익행위는 행정이 주체적으로 조사를 행하여 법에 적합하지 아니하는 행위가 있다든가 혹은 사회적으로 부적절한 행위가 있다고 인정하는 경우에 절차가 시작된다. 제3자의 고충민원에 의하여 절차가 개시되는 경우도 있다.

복효적 행위란 한쪽 당사자에게 법적 이익을, 다른 쪽 당사자에게 법적 불이익을 주는 행정행위를 말한다. 전통적으로는 행정법관계는 위에서 본 2개의 유형 즉 이익행위와 불이익행위와 같이 행정과 행정행위의 상대방인 사인과의 관계만을 염두에 두고 사인의 법적 이익을 행정의 위법·부당한 침해로부터 방어하는데 중점을 두었다. 질서유지를 위한 자유권의 규제나 급부(서비스)제공의 결정 등에 이 구조가 꼭 들어맞는다. 그러나 오늘날에 와서는 법적 이익이 다양해지면서 행정행위의 상대방만을 보호할 수 없게 되었다. 행정행위의 상대방에게 이익이 되는 행정행위가 제3자에게는 불이익이 되는 경우가 있다. 예컨대, 행정이 특정한 사인에게 연탄공장을 허가함으로써 연탄공장 이웃에 거주하는 주민에게 불이익을 주게 된다. 반대로 행정행위의 상대방에게 불이익한 행정행위가 제3자에게는 이익이 되는 경우가 있다. 침해된 제3자의 이익이 법적으로 보호받아야 할 이익인 경우에는 상대방의 이익 침해만을 생각할 것이 아니라 제3자의 이익을 위법·부당하게 침해되지 아니하도록 하는 것이 필요하다. 그래서 법률을 제정할 때에는 제3자의 이익을 배려하는 규정을 둘 필요가 있다. 현행법에도 이와 같은 규정을 두고 있는 경우가 있다.

예컨대 「건축법」은 전용주거지역과 일반주거지역 안에서 건축물의 높이는 일조(日照) 등의 확보를 위하여 정북방향의 인접대지 경계선으로부터의 거리에 따라 대통령령이 정하는 높이 이하로 하도록 규정하고 있다(제61조 제1항).「행정절차법」은 의견청취에 이해관계인이 참가하여 의견서를 제출하거나 진술할 수 있도록 하고, 공청회를 개최하려는 경우에는 이해관계인에게도 통지하도록 하고 있으며, 전자공청회의 경우에는 누구든지 정보통신망을 이용하여 의견을 제출하거나 토론에 참가할 수 있도록 하여 제3자의 이익을 배려하고 있다.

제3자도 행정심판에서 심판청구인이 될 수 있고 심판에 참가할 수 있으며, 행정소송에서 원고가 될 수 있고 소송에 참가할 수 있다.

(4) 대인적 행위·대물적 행위·혼합적 행위

대인적 행위·대물적 행위·혼합적 행위는 대상을 기준으로 한 행정행위의 분류이다. 대인적 행위란 상대방의 지식·능력 등 인적 사정을 고려하여 행하는 행정행위를 말한다. 자동차운전면허·의사면허·이용사면허 등이 그 예이다. 대물적 행위란 성능 등 물적 사정을 고려하여 행하는 행정행위를 말한다. 건축허가·채석허가·차량검사합격처분 등이 그 예이다. 혼합적 행위란 인적 사정과 물적 사정의 양쪽 모두를 고려하여 행하는 행정행위를 말한다. 법정 결격사유가 없어야 하는 인적 자격과 법정 제조시설 등 물적 시설을 갖출 것을 고려하여 행하는 총포·화학류제조업허가 등이 그 예이다.

행정행위가 대인적 행위인가 대물적 행위인가에 따라 여러가지 차이가 발생한다. 그 중 두 가지 차이점을 들면 다음과 같다.

첫째로, 이전(移轉)이 되느냐의 여부이다. 자동차운전면허·의사면허 등 대인적 행위는 면허의 효과가 자동차운전면허를 받은 사람·의사면허를 받은 사람에게 전속(專屬)되는 것이므로 다른 사람에게 이전하거나 상속을 할 수가 없다. 이에 반하여 건축허가·채석허가 등 대물적 행위의 효과는 건축허가를 받은 사람·채석허가를 받은 사람뿐만 아니라 그것을 넘겨받은 사람(양수인) 또는 상속을 받은 사람(상속인)에게도 미친다는 것이 통설이고 판례이다.

둘째로, 제재(制裁)가 승계(承繼)되느냐의 여부이다. 자동차운전면허는 다른 사람에게 이전되거나 상속될 수 없으므로, 자동차운전면허를 받은 사람이 「도로교통법」을 위반하여 받을 운전면허취소 또는 운전면허정지라는 제재가 다른 사람에게 승계되느냐의 문제가 있을 수 없다. 그러나 대물적 행위에서는 제재가 승계되느냐의 여부가 문제된다. 대법원은 "「공중위생관리법」 제11조에서 정한 법위반행위에 대하여 행한 영업소에 대한 영업정지 또는 영업장 폐쇄명령은 대물적 처분이므로 양도인에게 영업을 정지할 위법사유가 있으면 관할 행정청은 그 업소의 양수인에 대하여 영업정지처분을 할 수 있다"(대법원 2001. 6. 29. 선고 2001두1611 판결)라고 판시하였다. 이 판결에 따르면 대물적 행위는 제재가 승계되는 것이므로 대인적 행위와 차이가 있게 된다.

(5) 잠정행위·부분행위·예비행위·종국행위

잠정(暫定)행위·부분행위·예비행위·종국행위는 단계를 기준으로 한 행정행위의 분류이다. 잠정행위란 행정청이 종국행위를 행하기 전에 잠정적으로 행하는 행정행위를 말한다. 가(假)행정행위라고도 한다. 환경부장관이 샘물개발의 허가를 함에 당하여 환경영향조사를 실시하여 조사서를 환경부령이 정하는 기간 내에 제출할 것을 조건으로 샘물허가의 가(假)허가를 행하는 것이 그 예이다.

부분행위란 어떤 결정이 여러 단계의 절차(이를 다단계절차라고 한다)를 거쳐 행하여지는 경우에 그 각 단계마다 행하여지는 부분결정을 말한다. 발전용 원자로의 건설을 위한 결정에는 여러 절차를 거치게 되는데, 발전용 원자로를 건설하고자 하는 자의 신청에 대하여 원자력안전위원회가 부지사전승인을 행하는 것이 그 예이다.

예비행위란 종국행위의 전제요건에 대한 사전결정을 말한다. 「건축법」 제10조 제1항은 "건축허가 대상 건축물을 건축하려는 자는 건축허가를 신청하기 전에 허가권자에게 그 건축물을 해당 대지에 건축하는 것이 이 법이나 다른 법령에서 허용되는지 여부 등에 대한 사전결정을 신청할 수 있다"고 규정하고 있다. 이 신청에 대하여 허가권자가 행하는 사전결정이 여기서 말하는 예비행위이다. 앞에서 본 부분행위가 신청인에게 어떤 행위를 할 수 있도록 허용하고 있음에 대하여 예비행위는 신청인에게 어떤 행위를 할 수 있도록 허용하고 있지 않다. 종국행위란 여러 단계의 절차를 거쳐 종국적으로 행하여지는 행정행위를 말한다. 위의 예에서 보면 원자력안전위원회의 발전용 원자로 건설허가 등이 종국행위의 예가 된다.

3. 행정행위는 어떤 효력을 갖는가

(1) 행정행위는 공정력(公定力)이라는 효력을 갖는다

1) 공정력이란 무엇인가

어떤 건축물이 「건축법」에 위반하여 건축물의 구조 안전상 심각한 문제가 있어 붕괴의 위험이 예상되어 허가권가로부터 철거명령을 받게 되면 상대방인 소유자는 철거의무를 지게 된다. 이와 같은 의무가 발생하는 것은 「건축법」에 규정되어 있기 때문이다. 따라서 철거명령이 「건축법」이 정하고 있는 요건을 충족하고 있지 않는 등 위법한 경우에는 철거의무도 발생하지 않는다고 하여야 마땅한 일이다. 그러나 실제로는 이와 같은 철거명령의 위법성 여부에 관하여 행정청과 상대방 간에 견해가 나뉠 수 있다. 어느 견해가 옳은가는 나중에 행정쟁송이 제기되어 그 결과가 나올 때 밝혀지게 된다. 이 경우에 상대방에게 독자적으로 위법이라고 판단하여 철거명령을 무시하여 건축물을 그대로 방치하는 것을 허용하게 한다면, 상대방 본인이나 그 주위에 위험이 미치게 된다. 그래서 철거명령의 적법·위법의 판단은 당분간 접어두고 우선 철거명령을 잠정적으로 통용시켜 상대방은 건축물의 철거의무를 지고, 행정청도 철거명령을 전제로 하여 철거의 대집행 등의 절차를 진행시키도록 하고 있다. 이러한 의미에서 행정행위에 대하여는 그 행정행위에 의하여 발생하게 되는 행정법관계를 잠정적이긴 하지만 사회에 인정시키는 힘이 부여되어 있는 셈이다. 이와 같은 행정행위의 효력을 공정력이라고 한다.

2) 공정력이 인정되는 근거는 무엇인가

철거명령이 위법하다고 생각하고 그것으로 인하여 발생된 철거의무를 면하려고 하는 건축물소유자는 철거의무가 발생하는 원인이 되는 것이 철거명령에 있으므로 철거의무를 면하기 위해서는 철거명령 그 자체를 소멸시킬 필요가 있다. 일반적으로 행정행위의 효력을 소멸시키는 것을 취소라고 한다. 따라서 철거명령 그 자체를 소멸시키려고 한다면 철거명령의 취소를 청구하지 않으면 아니 된다. 현행법상 행정행위의 취소를 청구하기 위한 방법으로 두 가지가 마련되어 있다. 그 하나가 「행정심판법」이 규정하고 있는 취소심판이고, 다른 하나가 「행정소송법」이 규정하고 있는 취소소송이다. 종국적으로는 소송의 결과 문제로 된 행정행위(철거명령)가 위법하다고 판단되면 판결에 의하여 행정행위는 취소되어 그 행정행위로 인하여 발생된 의무(철거의무)도 소멸하게 된다.

이와 같은 특별한 방법이 마련되어 있으므로 현행법상 행정행위의 효력 또는 그로 인하여 발생한 법률관계를 부정하려는 사람은 위 두 가지 방법에 의하여 취소를 청구하여야 하고 다른 방법으로 다투는 것은 허용되지 않는다고 보아야 한다. 특히 소송에 있어서는 행정행위의 효력을 다투는 사람은 오로지 취소소송에 의하여야 하고 다른 소송형태로 다투는 것은 원칙적으로 허용되지 아니한다고 보아야 한다. 다른 말로 하면 행정행위의 효력을 부정할 수 있는 법관은 취소소송의 법관만이 가능하다고 본다. 이것을 취소소송의 배타적 관할이라고 부른다. 위와 같은 다툼의 방법을 정하고 있기 때문에, 어려운 말로 하면 「행정소송법」이 취소소송의 배타적 관할이라는 구조를 취하고 있기 때문에 그 결과로서 당사자 간에 행정행위의 적법·위법이 다투어지는 경우에 행정행위에 비록 잠정적이긴 하지만 통용되는 힘인 공정력이, 법률에 명문의 규정이 없음에도 불구하고, 마련되어 있는 것이라고 보는 것이다.

(2) 행정행위는 불가쟁력(不可爭力)이라는 효력을 갖는다

행정행위의 효력을 소멸시키려고 한다면 「행정심판법」이 정하고 있는 취소심판을 청구하거나 「행정소송법」이 정하고 있는 취소소송을 제기하여 행정행위를 취소시켜야 한다. 여기서 주의해야 하는 것은 「행정심판법」이나 「행정소송법」이 취소심판의 청구나 취소소송의 제기에 기간을 정해 놓고 있다는 사실이다. 즉 「행정심판법」 제27조는 제1항에서 "행정심판은 처분이 있음을 알게 된 날부터 90일 이내에 청구하여야 한다"라고 규정하고, 제3항 본문에서 "행정심판은 처분이 있었던 날부터 180일이 지나면 청구하지 못한다"라고 규정하고 있다. 또한 「행정소송법」 제20조도 제1항과 제2항에서 각각 「행정심판법」 제27조 제1항과 제3항과 동일한 내용을 규정하고 있다. 그 결과 이들 심판청구의 기간, 제소기간이 경과하게 되면, 설사 행정행위가 부당 또는 위법하다고 하더라도, 행정행위의 상대방 등은 행정행위의 효력을 다툴 수 없게 된다. 위기간이 경과한 후에 취소심판이나 취소소송을 제기하여도 문 앞에서 쫓아내는 각하재결, 각하판결을 받게 된다. 취소심판이나 취소소송으로 다툴 수 없다는 의미에서 심판청구의 기간·제소기간의 경과로 행정행위에 불가쟁력이 발생하였다고 표현한다.

이와 같은 제도를 두게 된 이유는 행정행위의 효력을 빠른 시간 내에 안정시키려는 데에 있다. 언제까지나 행정행위의 효력을 소멸시킬 수 있다고 한다면 그 행정행위를 신뢰하여 온 제3자에게 예기치 아니한 불이익을 줄 수도 있고, 취소심판·취소소송에 대응해야 하는 행정기관에게도 과도한 부담을 주게 되기 때문이다.

행정행위에 불가쟁력이 발생하였다 하더라도 그 행정행위가 적법하였다고 확정되는 것은 아니다. 따라서 행정행위에 불가쟁력이 발생하였다 하더라도 권한 있는 행정기관이 직권으로 그 행정행위를 취소하는 것은 가능하다. 또한 행정행위의 상대방 등은 행정행위의 위법을 이유로 손해배상을 청구하는 것도 가능하다.

(3) 행정행위 중에는 불가변력이라는 효력을 갖는 것이 있다

행정행위가 행정심판의 청구기간 또는 행정소송의 제기기간이 경과하여 불가쟁력이 발생하였다 하더라도, 권한 있는 행정기관은 부당·위법한 행정행위를 직권으로 취소할 수 있다. 그러나 예컨대 「행정심판법」에 의거하여 행정심판이 청구되고, 행정심판위원회가 이를 심리하여 재결을 행한 경우에 나중에 재결에 흠이 있음을 발견한 때에도 행정심판위원회는 재결을 직권으로 취소하거나 변경할 수 없다. 재결도 행정행위이므로 위의 설명대로 한다면 직권으로 취소할 수 있어야 한다. 통설과 판례에 의하면, 법률에 의하여 엄격한 절차를 거쳐 행하여진 준사법(準司法)적 행위는 권한있는 행정기관이라 하더라도 나중에 취소하거나 철회하거나 변경할 수 없는 효력이 발생한다. 이 효력을 불가변력이라 한다.

4. 무효인 행정행위란 어떤 것인가

(1) 무효인 행정행위란 무엇인가

행정행위에는 공정력이 있어 잠정적이긴 하지만 통용되고 행정행위의 효력을 다투는 사람은 일정한 기간 내에 행정행위의 취소를 청구하여 권한 있는 기관에 의하여 취소됨으로써 행정행위는 그 효력을 상실하게 되며 일정한 기간 내에 다투지 아니하면 불가쟁력이 발생한다는 것이 현행 행정법의 기본적 구조이다. 그러나 이러한 구조는, 비록 행정법관계를 빠른 시간 내에 안정시키려는 의도라는 것이 이해될 수 있다 하더라도, 행정에게는 너무 유리하고 사인에게는 너무 불리하다. 아무런 부동산을 소유하고 있지 아니한 사인에게 종합부동산세부과처분이 행하여진 경우, 토지를 특정하지 아니하고 행한 토지수용재결 등 터무니없는 행정행위의 경우에는 위의 기본적 구조인 취소의 단계를 거치지 아니하여도 그 행정행위는 처음부터 아무런 효력이 발생하지 아니한다. 이와 같은 행정행위를 취소될 때까지 그 효력이 통용되는 일반 행정행위와 구별하여 무효인 행정행위라고 한다.

(2) 어떤 경우가 무효인 행정행위인가

행정행위가 무효인 경우에는 행정행위가 아무런 효력이 없고 누구든지 행정행위의 존재를 무시할 수 있으므로 무효라고 할 수 있기 위해서는 '터무니' 없음의 정도가 상당한 것이 아니면 아니 된다. 즉 무효인 행정행위와 취소될 때까지 그 효력이 통용되는 일반 행정행위의 구별 기준을 어디에 두어야 하는가의 문제가 발생한다. 통설과 판례는 중대명백설이 양 행정행위를 구별하는 기분이라고 본다. 통설과 판례에 의하면 행정행위에 중대한 위법이 있고 동시에 그 중대한 위법이 있음을 누가 보아도 명백한 경우는 무효인 행정행위가 되고, 그 밖의 경우는 취소될 때까지 그 효력이 통용되는 일반 행정행위가 된다.

(3) 무효인 행정행위도 다툴 필요가 있다

행정행위가 무효인 경우에는 행정행위는 아무런 효력이 발생하지 아니한다. 그러나 행정행위를 행한 처분청이 스스로 그 행정행위가 무효라고 자인하는 경우는 문제가 없지만, 그렇지 아니한 경우 예컨대 조세부과처분의 상대방이 그 조세부과처분을 무효라고 생각하더라도 세무서장이 그 조세부과처분이 적법·유효하다고 생각하는 경우에는 문제가 된다.

후자의 경우에는 조세부과처분의 상대방은 취소될 때까지 그 효력이 통용되는 일반 행정행위와 마찬가지로 행정심판·행정소송의 수단으로 구제를 청구하지 아니하면 아니 된다. 조세부과처분의 상대방이 무효라고 생각하고 방치하여 두게 되면 세무서장에 의하여 체납처분이 행하여질 가능성이 있기 때문이다. 이 경우 조세부과처분의 상대방은 특별행정심판인 이의신청, 심사청구 또는 심판청구로 다툴 수 있고, 취소소송(조세법상의 불이익처분의 취소소송은 행정심판의 재결을 거친 후가 아니면 제기할 수 없다)으로도 다툴 수 있다. 「행정소송법」은 제4조 제2호에서 "무효등확인소송"

을 마련해 놓고 있다. 취소소송과 무효등확인소송 어느 방법이든 조세부과처분의 상대방은 선택할 수 있다. 취소소송에는 앞에서 본 바와 같이 엄격한 제소기간의 제한이 있어 법이 정한 기간 내에 다투어야 하지만 무효등확인소송에는 그와 같은 제소기간이 없으므로 그 점에서는 무효등확인소송이 유리하다. 그러나 무효등확인소송은 승소하기가 어렵다. 왜냐하면 취소소송을 제기한 경우에는 조세부과처분이 위법하기만 하면 원고가 승소할 수 있지만, 무효등확인소송을 제기하는 경우에는 조세부과처분의 위법이 중대한 위법이고 동시에 중대한 위법이 있음을 누가 보아도 명백한 것이 아니어서는 원고가 승소할 수 없기 때문이다.

5. 행정행위의 취소란 어떠한 것인가

(1) 행정행위의 취소란 무엇인가

행정청이 행정행위를 행하였지만, 그 행정행위가 행하여진 애초부터 위법 또는 부당한 경우가 있다. 이 경우, 이미 앞에서 본 바와 같이 행정행위에는 공정력이 있어서 잠정적이긴 하지만 통용된다. 그러나 그러한 공정력은 잠정적인 것이며 행정행위는 그대로 유지되어서는 아니 된다. 이와 같이 행정행위가 애초부터 위법 또는 부당한 경우에 그 위법·부당을 이유로 그 행정행위의 효력을 상실시켜, 행정행위에 의하여 발생한 법률관계를 소멸시키는 것을 행정행위의 취소라고 한다.

(2) 취소에는 쟁송취소와 직권취소가 있다

쟁송취소란 행정행위가 위법 또는 부당한 경우에 행정행위의 상대방 등 사인이 취소심판이나 취소소송을 제기하여 심판기관이 위법·부당한 행정행위를 취소하거나 법원이 위법한 행정행위를 취소하는 것을 말한다. 취소심판과 취소소송에 대하여는 제6장에서 구체적으로 보기로 한다.

직권취소란 행정행위의 상대방 등 사인이 위법·부당한 행정행위의 취소를 요구해서가 아니라 처분청 스스로가 행정행위에 위법·부당이 있었음을 이유로 행정행위를 취소하는 것을 말한다. 행정행위가 불이익 행정행위인 경우에는 직권취소는 상대방에게 이익행정행위가 되고, 행정행위가 이익행정행위인 경우에는 직권취소는 상대방에게 불이익행정행위가 된다. 예컨대, 조세부과처분을 과세관청이 직권취소하면 납세자에게는 이익처분이 되고, 허가처분을 처분청이 직권취소하면 허가영업을 하던 사람에게는 불이익처분이 된다.

(3) 취소에는 일정한 제한이 있다

행정행위가 위법 또는 부당하기만 하면 행정행위는 취소되어야 하는가. 이에 관하여는 쟁송취소와 직권취소에는 차이가 있을 수 있다. 왜냐 하면 쟁송취소의 경우에는 행정행위의 상대방 등 사인이 심판기관에 대하여는 위법 또는 부당한 행정행위의 취소를, 법원에 대하여는 위법한 행정행위의 취소를 청구한 것이므로, 심판기관 또는 법원은 행정행위에 취소사유가 있는 한 원칙적으로 취소하여야 하기 때문이다. 또한 같은 직권취소라 하더라도 불이익행위를 직권취소하는 경우와 이익행위를 직권취소하는 경우에도 차이가 있을 수 있다. 여기서는 이익행위의 직권취소에 대하여 보기로 한다.

이익행위를 직권취소하는 경우, 이미 앞에서 본 바와 같이 이익행위가 준사법적 행위처럼 성질상 직권취소할 수 없는 때에는 행정행위가 위법 또는 부당하여도 취소할 수 없다. 그와 같은 행정행위가 아니라 하더라도 행정청이 직권취소하게 되면 직권취소되는 행정행위의 상대방의 신뢰나 이익을 크게 해치는 경우가 있을 수 있다. 예를 들면, 사인이 대규모 건축물의 건축허가를 받아 자기의 전 재산을 투자하여 건축물을 건축하고 있는데, 사인에게 아무런 귀책사유가 없는 위법으로 건축허가를 직권취소하게 되면, 사인의 이익을 크게 해칠 뿐만 아니라, 경우에 따라서는 사인에게 재기가 불가능한 사태에 이르게 할 수 있다. 따라서 경우에 따라서는 직권취소의 원인이 있다 하더라도 그 발동을 제한해야 할 경우가 있을 수 있다. 대법원은 직권취소에 관하여 "행정처분에 하자가 있음을 이유로 처분청이 이를 취소하는 경우에도 그 처분이 국민에게 권리나 이익을 부여하는 이른바 수익적 행정행위인 때에는 그 처분을 취소하여야 할 공익상 필요와 그 취소로 인하여 당사자가 입게 될 기득권과 신뢰보호 및 법률생활의 안정의 침해 등 불이익을 비교교량한 후 공익상 필요가 당사자가 입을 불이익을 정당화 할 만큼 강한 경우에 한하여 취소할 수 있는 것이다"(대법원 2015. 1. 29. 선고 2012두6889 판결 등)라고 판시하고 있다.

(4) 행정행위가 취소되면 어떻게 되는가

행정행위가 취소되면 행정행위는 행정행위가 행하여진 처음으로 소급하여 당초부터 그 효력이 없었던 것으로 됨이 원칙이다. 따라서 예컨대 보조금의 지급결정이 취소되면 이미 지급된 보조금은 부당이득이 되어 반환되어야 한다. 그러나 행정행위가 취소되면 소급하여 효력이 상실된다는 원칙을 모든 경우에 관철하게 되면 너무나 가

혹한 경우가 있을 수 있다. 예컨대 영업허가를 받아 오랫동안 영업을 잘 하여 왔는데 난데없이 자기의 잘못이 아닌 행정청의 잘못으로 행정행위가 위법하게 되어 취소된 경우도 있을 수 있다. 이와 같이 행정행위의 취소가 상대방의 신뢰를 배반하는 경우 등에는 행정행위가 취소되어도 소급해서 그 효력을 상실되는 것이 아니라 장래에 향하여 그 효력을 상실하게 되는 경우도 있을 수 있다.

6. 행정행위의 철회란 어떤 것인가

(1) 행정행위의 철회란 무엇인가

「도로교통법」제93조를 보면 교통단속 임무를 수행하는 경찰공무원 등을 폭행하거나, 등록되지 아니하거나 임시운행허가를 받지 아니한 자동차를 운전한 경우에는 시·도지방경찰청장은 반드시 운전면허를 취소하여야 한다고 규정하고 있다.「식품위생법」제80조에도 조리사가 업무정지결정을 받았음에도 불구하고 그 취소된 날부터 1년이 지나지 아니한 기간 중에 조리사의 업무를 하는 경우에는 식품의약품안전처장 등 행정청은 반드시 면허를 취소하여야 한다고 규정하고 있다.「도로교통법」제93조와「식품위생법」제80조가 각각 취소라는 용어를 사용하고 있으나, 행정행위에 애초부터 위법 또는 부당성(이것을 행정행위의 흠 또는 어려운 한자로 하자(瑕疵)라고 부른다)이 있어 그 행정행위의 효력을 상실시키는 직권취소와 달리 행정행위가 그 성립 당시에 흠이 없었으나 성립 후에 어떤 사정이 발생하여 그 행정행위의 효력을 상실시키는 성질의 행위임을 알 수 있다. 이와 같이 행정행위가 성립할 당시에는 적법한 것이었으나 나중에 그 효력을 존속시킬 수 없는 새로운 사정의 발생을 이유로 행정행위의 효력을 상실시키는 행위를 직권취소와 구별하여 철회라고 한다.

(2) 직권취소와 철회의 차이와 유사점

직권취소는 행정행위가 성립 당시부터 가지고 있었던 흠을 원인으로 하여 그 행정행위의 효력을 상실시키는 것이고, 철회는 애초부터 가지고 있었던 흠이 아니라 성립 후 그 행정행위의 효력을 존속시킬 수 없는 새로운 사정의 발생을 원인으로 하여 그 행정행위의 효력을 상실시키는 것이라는 점에서 양자 간에는 차이가 있다. 그러나 직권취소와 철회는 그 대상이 이익행정행위의 경우 모두 불이익행정행위라는 점, 행정목적을 실현하기 위한 하나의 수단으로 행하여지는 면이 있다는 점에서 동시에 유사성을 갖고 있다.

(3) 철회에도 일정한 제한이 있다

행정청이 행정행위의 철회를 하게 되면 직권취소에서와 같이 철회되는 행정행위의 상대방의 신뢰나 이익을 크게 해치는 경우가 있을 수 있다. 경우에 따라서는 철회의 원인이 있다고 하더라도 그 발동을 제한해야 할 경우도 있을 수 있다. 대법원은 철회에 관하여 "개인택시운송사업자인 원고가 2차례에 걸쳐 대리운전으로 운행정지처분을 받았고 다시 대리운전을 하게 한 사실이 적발되었다 하더라도, 원고의 개인택시운송사업은 가족의 유일한 생계수단으로서 원고가 그의 신병 때문에 부득이 대리운전을 하게 하였고, 두 번째 운행정지처분의 대상인 대리운전 이후에는 대리운전을 한 사실이 없는데 그 이전의 대리운전을 대상으로 하여 원고의 개인택시운송사업 면허를 취소한 것이라면, 이 사건 면허취소처분은 공익상의 필요보다 그 취소로 인하여 권고가 입게 될 불이익이 너무 커서 재량권의 한계를 일탈하였다고 한 원심판결은 정당하다"(대법원 1990. 11. 23. 선고 90누5416 판결)라고 판시하고 있다.

(4) 행정행위가 철회되면 어떻게 되는가

행정행위가 철회되면, 법령에서 다른 규정이 없으면, 장래에 향하여 행정행위의 효력을 상실하게 된다. 이 점은 직권취소가 원칙적으로 행정행위가 행하여진 처음으로 소급하여 당초부터 그 효력이 없었던 것으로 되는 것과 다르다.

7. 행정행위의 부관이란 어떤 것인가

(1) 행정행위의 부관이란 무엇인가

사법(私法)상의 법률행위에 조건(민법 제147조)이나 기한(민법 제152조)이 있는 것처럼 행정행위에도 조건이나 기한 등이 있다. 예컨대, 「도로교통법」 제80조 제3항은 "시·도지방경찰청장은 운전면허를 받을 사람의 신체상태 또는 운전능력에 따라 행정안전부령이 정하는 바에 따라 운전할 수 있는 자동차 등의 구조를 한정하는 등 운전면허에 필요한 조건을 붙일 수 있다"고 규정하고, 동법 제153조는 제80조 제3항에 따른 조건을 위반하여 운전한 사람에게 일정한 징역이나 벌금 또는 구류에 처할 수 있는 벌칙을 규정하고 있다. 이 법률의 규정에 바탕하여 「도로교통법 시행규칙」 제54조는 운전면허의 조건으로 '자동변속기장치 자동차만을 운전하도록 하는 조건' 등을 규정하고 있다. 이와 같이 본체의 행정행위(운전면허)에 부가된 종된 규율(자동변속기장치 자동차만을 운전하도록 하는 조건)을 행정행위의 부관이라고 한다.

(2) 행정행위의 부관으로는 어떤 것이 있는가

행정행위의 부관에는 조건, 기한, 부담, 철회권의 유보 등이 있다.

조건이란 행정행위의 효력의 발생 또는 소멸을 불확실한 사실에 의존케 하는 부관을 말한다. 이에는 「민법」의 조건과 마찬가지로 정지조건과 해제조건이 있다. 정지조건이란 조건이 충족한 때에 행정행위의 효력이 발생하는 것을 말한다. 회사의 성립을 조건으로 도로점용허가를 행하는 것이 그 예이다. 해제조건이란 조건이 충족한 때에 행정행위의 효력이 소멸하는 것을 말한다. 도로가 완성할 때까지 통행을 금지하는 것이 그 예이다.

기한이란 행정행위의 효력의 발생 또는 소멸을 년월일이라는 확실한 사실에 의존케하는 부관을 말한다. 기한에는 시기(始期)와 종기(終期)가 있다. 도로의 점용허가를 2022년 5월 1일부터 허가한다는 것이 시기이고, 도로의 점용허가를 2022년 5월 1일까지 허가한다는 것은 종기이다.

부담이란 행정행위에 부가하여 그 효력을 받는 상대방에 대하여 특정한 의무를 명하는 부관을 말한다. 영업허가를 하면서 위생복의 착용을 명하는 것이 그 예이다.

철회권의 유보란 행정행위에 부가하여 특정한 경우에 행정행위를 철회할 수 있는 권리를 유보하는 부관을 말한다. 운동장을 만들기 위하여 하천점용허가를 하면서 운동장 이외의 목적(예컨대 골프장)으로 사용할 경우에는 점용허가를 철회할 수 있도록 한 것이 그 예이다.

(3) 부관에는 일정한 한계가 있다

부관은 행정행위에 부과되어 있는 종된 규율이고, 행정행위는 법령을 집행하고 법령을 구체화하기 위하여 행하여지는 것이므로, 행정청이 법령을 떠나서 자유롭게 그리고 제한없이 부관을 부가할 수 없음은 말할 나위가 없다. 행정청이 주된 행정행위에 부관을 부가함에 당하여 일반적으로 다음과 같은 제한이 있다.

첫째로, 부관은 헌법·법령에 저촉되어서는 아니 된다. 예컨대, 부관의 내용이 헌법에 보장된 기본권을 함부로 침해하는 것 및 대통령령 등 특정한 법형식에 의하도록 규율되어 있는 사항을 부관으로 규율하는 것은 헌법·법률에 저촉된다.

둘째로, 부관은 본체인 행정행위를 규율하는 법령 및 본체인 행정행위가 추구하는 목적의 범위를 넘어서는 아니 된다. 예컨대, 경찰허가에 붙일 수 있는 부관은 경찰법령 및 경찰목적에 비추어 필요한 범위 내에 한정된다.

셋째로, 부관의 내용은 평등원칙·비례원칙 등 행정상 법의 일반원칙에 위반하여서는 아니 된다.

Ⅳ. 행정계약이란 어떤 것인가

1. 행정계약이란 무엇인가

행정주체는 권력적 행위인 행정행위라는 행위형식에 의하여서만 행정목적을 달성하는 것이 아니라 계약이라는 행위형식에 의하여도 행정목적을 달성한다.

국가가 도로 등을 건설하기 위하여 필요한 토지(용지)는 매매계약에 의하여 취득하는 것이 보통이고, 지방자치단체가 주민에게 수돗물을 공급하는 경우에는 급수계약에 의하여 행하게 된다. 이와 같이 행정목적을 달성하기 위한 수단으로서 행정법관계의 당사자 간에 체결되는 계약을 행정계약이라 한다.

종래 행정법에서는 계약을 공법에 속하는 공법상 계약과 사법(私法)에 속하는 사법상 계약으로 나누어, 공법상 계약만을 다루어 왔다. 그 이유는 행정법을 공법에 한정하였던 때문일 것이다. 따라서 종래 행정법에서는 공법상 계약을 공법적 효과를 발생하는 계약이라고 정의하고, 어떤 계약이 공법상 계약에 해당하며, 어떤 공법적 효과가 발생하는가에 초점을 맞추고 있었다. 지금도 어떤 계약이 공법상 계약에 해당하는가 하는 문제가 의미 없는 것은 아니다.

한편으로 행정기능이 확대되면서 합의에 의한 행정상 법률관계의 형성이 중요해지고, 동시에 사법상 계약에도 법적 규제가 과하여짐에 따라 행정주체가 체결하는 공법상 계약과 사법상 계약을 하나로 묶어 행정계약이라고 부르고, 이를 고찰하려는 경향이 나타났다. 최근에는 행정의 새로운 패러다임(paradigm)으로 협력이 중요성을 띠게 됨에 따라 행정계약의 비중이 더욱 커지고 있다.

2. 공법상 계약에는 어떤 것이 있는가

공법상 계약에는 행정주체 상호 간의 공법상 계약과 행정주체와 사인간의 공법상 계약이 있다.

행정주체 상호 간의 공법상 계약의 예로는 국가와 지방자치단체 간의 사무위탁, 지방자치단체 상호 간의 사무위탁 등을 들 수 있다. 사무위탁은 법률에 의하여 부여된 행정상 사무처리권한을 변동시키게 된다.

행정주체와 사인간의 공법상 계약의 예로는 서울특별시 시립무용단 단원의 위촉 등을 들 수 있다. 대법원은 "서울특별시 시립무용단원의 공연 등 활동은 서울특별시의 공공적 임무수행의 일환으로 이루어진다고 해석될 뿐 아니라, 단원으로 위촉되기 위하여는 일정한 능력요건과 자격요건을 요하고 계속적인 재위촉이 사실상 보장되며, 「공무원연금법」에 따른 연금을 지급받고, 단원의 복무규율이 정하여져 있으며, 정년제가 인정되고, 일정한 해촉사유가 있는 경우에만 해촉되는 등 서울특별시립무용단원이 가지는 지위가 공무원과 유사한 것이라면, 서울특별시립무용단원의 위촉은 공법상의 계약이라고 할 것"(대법원 1995. 12. 22. 선고 95누4636 판결)이라고 판시하고 있다.

3. 행정계약에 대한 법적 규제에는 어떤 것이 있는가

행정계약도 계약이므로 행정주체와 사인이 대등한 지위에서 교섭하고 동의를 얻어 체결된다. 원칙적으로 법률의 근거가 없어도 행정계약을 체결할 수 있고, 행정계약에는 원칙적으로 사법(私法)규정이 적용된다.

그러나 행정계약은 행정주체가 그 당사자로 되어 있으므로 사인과 사인간의 사법계약과 동일한 것은 아니다. 행정계약의 당사자인 행정주체가 행하는 행위에는 헌법상 기본권 보장 특히 자유권·평등권 보장과 같은 제약을 받거나 비례원칙 등 행정상법의 일반원칙 등에 의한 제약을 받는다. 그 밖에 법률이 법적 규제를 과하는 경우가 있다. 예컨대, 「국가를 당사자로 하는 계약에 관한 법률」에는 국가를 당사자로 하는 계약에 계약의 방법, 입찰공고, 부정당업자의 입찰참가자격 제한 등을 규정하여 규제를 과하고 있고, 「지방자치단체를 당사자로 하는 계약에 관한 법률」에도 동일한 규정을 두어 규제를 과하고 있다.

4. 행정계약에 관한 다툼은 어떻게 해결하는가

행정계약에 관한 다툼은 행정계약이 공법상 계약인가 사법상 계약인가에 따라 그 해결 방법이 다르다. 공법상 계약에 관한 다툼은 「행정소송법」에 규정된 공법상 당사자소송에 의하여 해결하여야 한다. 대법원은 지방전문직 공무원 채용계약 해지의 의사표시에 대하여 대등한 당사자 간의 소송형식인 공법상 당사자소송으로 그 의사표시의 무효확인을 청구할 수 있다(대법원 1993. 9. 14. 선고 92누4611 판결)고 하였고, 앞에서 본 서울특별시 시립무용단 단원의 해촉에 대하여 공법상의 당사자소송으로 그 무효확인을 청구할 수 있다(대법원 1995. 12. 22. 선고 95누4636 판결)고 하였다.

사법상 계약에 관한 다툼은 민사소송에 의하여 해결하여야 한다.

V. 행정지도란 어떤 것인가

1. 행정지도란 무엇인가

1970년대 초의 일로 통일벼 사건이라는 것이 있다. 대통령이 수원에 있는 농촌진흥청 작물실험실을 시찰하였고, 책임자로부터 이삭수가 많고 병해충에 강한 통일벼를 개발하였다는 보고를 받고 당시 새마을 사업을 전개하고 있던 대통령은 농민들이 통일벼를 심도록 권고하게 할 것을 행정기관에게 지시하였다. 이듬해 행정기관은 농민들에게 적극 권고하여 농민들이 통일벼를 심도록 하였다. 그러나 통일벼를 개발하였지만 충분히 실험되지 못한 상태였고 그해 냉해가 심하여, 행정기관의 권고에 따라 통일벼를 심은 농민들은 낭패를 당하였다. 근래의 사례로는 160여개 대구 지역 사립유치원들의 모임인 대구유치원연합회는 '유치원 입학금의 인상률을 물가상승률 이내로 유지하도록 협조해 달라'는 관할 교육청의 지도에 따라 2001년부터 2004년까지 협회차원에서 매년 인상률을 통일해 제시하고 사립유치원들은 이에 따랐다. 공정거래위원회는 이것이 담합이라고 해서 4300여만원의 과징금을 부과하였다. 연합회측은 교육청의 지도에 따른 것이라고 항변했지만 공정거래위원회는 교육청이 지도를 할 법적 근거가 없다면서 받아들이지 아니 하였다. 위의 예에서 행정기관이 행한 권고, 교육청이 행한 지도가 행정지도이다. 「행정절차법」은 행정지도라는 용어를 사용하면서 제2조 제3호에서 "행정지도라 함은 행정기관이 그 소관사무의 범위 안에서 일정한 행정목적을 실현하기 위하여 특정인에게 일정한 행위를 하거나 하지 아니하도록 지도·권고·조언 등을 하는 행정작용을 말한다"라고 정의하고 있다.

2. 행정지도에는 어떤 것이 있는가

행정지도는 여러 기준에 따라 여러가지로 나눌 수 있다. 행정의 현장에서 가장 널리 이용되고 있는 것은 행정지도의 기능을 기준으로 한 분류이다. 행정지도는 그 기능에 따라 조성적 행정지도·규제적 행정지도·조정적 행정지도로 나뉜다.

(1) 조성적 행정지도

조성적 행적지도란 사인의 활동을 도와주는 것 즉 조성(助成)할 목적으로 행하여지는 행정지도를 말한다. 예컨대, 세무서가 행하는 신고 상담, 중소기업에 대하여 행하는 경영지도 등이다.

(2) 규제적 행정지도

규제적 행정지도란 사인의 활동을 규제할 목적으로 행하여지는 행정지도를 말한다. 예컨대, 요금인상을 억제하기 위한 행정지도, 위법 건축물에 대한 개선지도 등이다.

(3) 조정적 행정지도

조정적 행정지도란 사인 간의 분쟁을 예방하거나 해결하기 위하여 행하는 행정지도를 말한다. 예컨대, 건축물 소유자와 인근 주민 간의 건축분쟁을 해결하기 위한 행정지도, 기업의 계열화를 추진하기 위한 행정지도 등이다.

이들 중 법적 문제가 발생할 가능성이 큰 것은 규제적 행정지도와 조정적 행정지도이다.

3. 행정지도는 어떤 장점과 단점을 갖고 있는가

(1) 행정지도의 장점은 무엇인가

행정지도는 법률의 근거가 없어도 행할 수 있는 행정작용이다. 2010년 5월 3일 신문에 "사료 차량 단속 급한데 방역당국 '법규타령'만"이라는 기사가 있었다. 그 내용은 "소·돼지 전염병인 구제역(口蹄疫)이 사료와 가축 등을 운송하는 축산업체의 차량에 의해 확산되고 있을 가능성이 크다는 분석이 나왔는데도 방역당국은 축산업체 차량의 이동을 통제할 관련 법규정이 미비하다는 이유를 들고 있다. 하지만 1종 가축 전염병이 전국으로 퍼지는 비상 상황에서 방역당국이 행정지도를 통해 차량을 통제할 수 있는데도 법규 타령만 하는 것은 이해할 수 없다는 지적이 나오고 있다"는 것이었다. 따라서 행정지도는 그때 그때 그 시기에 임하여 적당히 일을 처리할 수 있으므로 유연한 행정의 실현에 공헌한다.

즉 행정지도는 부드러운(soft) 행정의 수단이라는 것이 장점이다. 예컨대, 위법한 건축물이 있는 경우에 행정청이 그 위법건축물에 대하여 느닷없이 철거명령 절차를 밟는 것이 좋을까. 그렇게 하지 않고, 사전에 위법성을 경고하여 가능한 한 스스로 철거하도록 조언을 하고, 그렇게 하여서도 철거하지 아니할 때에 철거명령절차를 밟는 것이 좋을까. 상대방으로서도 아무런 사전 접촉 없이 돌연 철거명령을 받게 되는 것보다 사전에 지도가 있는 것을 바라는 것이 아닐까.

(2) 행정지도의 단점은 무엇인가

행정지도는 법률의 근거 없이 행하여지는 것이므로 사인으로서는 그 행정지도에 따르지 아니하여도 법률상으로 아무런 문제가 없다. 그러나 이것은 법이론상 그렇다는 것이지 실제로는 사인이 행정기관의 행정지도에 따르지 아니하고 저항하기 어렵다. 앞의 예에서 행정기관이 통일벼를 심도록 적극 권고하는데 나중에 어떤 불이익이 따를지 모르는 농민들이 거부할 수 있을까. 또한 교육청이 유치원연합회에 대하여 협조해 달라고 지도하는데 교육청의 협조 없이 업무처리가 어려운 유치원연합회측이 거부하기 어려울 것이다. 더욱이 행정지도를 거부하는 경우에 명령·강제수단의 발동이 예정되어 있는 경우, 그렇지 않다 하더라도 행정지도를 거부하는 경우에 간접적인 강제수단이 마련되어 있는 경우에는 사실상의 강제력을 수반하는 행정지도가 된다.

4. 행정지도는 어떻게 통제되고 있는가

「행정절차법」은 행정지도에 법률의 근거를 요구하고 있지 않다. 그러나 다음과 같은 방법으로 행정지도를 실체적 그리고 절차적으로 통제하고 있다(행정절차법 제6장).

(1) 행정지도의 원칙

행정지도는 그 목적 달성에 필요한 최소한도에 그쳐야 하며, 행정지도의 상대방의 의사에 반하여 부당하게 강요하여서는 아니 된다. 행정기관은 행정지도의 상대방이 행정지도에 따르지 아니하였다는 것을 이유로 불이익한 조치를 하여서는 아니 된다.

(2) 행정지도의 방식

첫째로, 행정지도를 행하는 자는 그 상대방에게 당해 행정지도의 취지·내용 및 신분을 밝혀야 한다.

둘째로, 행정지도가 구술로 이루어지는 경우에 상대방이 행정지도의 취지·내용 및 신분을 기재한 서면의 교부를 요구하는 때에는 당해 행정지도를 행하는 자는 직무수행에 특별한 지장이 없는 한 이를 교부하여야 한다.

셋째로, 행정기관이 같은 행정목적을 실현하기 위하여 많은 상대방에게 행정지도를 하고자 하는 때에는 특별한 사정이 없는 한 행정지도에 공통적인 내용이 되는 사항을 공표하여야 한다.

(3) 행정지도의 절차

행정지도의 상대방은 당해 행정지도의 방식·내용 등에 관하여 행정기관에 의견제출을 할 수 있다. 의견제출은 서면이든 구술이든 어떠한 방법으로든 가능하다.

5. 행정지도에 관한 다툼은 어떻게 해결하는가

(1) 취소심판·취소소송으로 다투는 것이 가능한가

위법한 행정지도에 대한 다툼으로 우선 취소심판·취소소송을 생각할 수 있다. 그러나 판례는 행정지도는 권력적 행위가 아니므로 취소심판·취소소송의 대상이 되지 아니한다는 입장이다. 그러나 학설로서는 행정지도 중 규제적·구속적 성격을 강하게 갖는 것은 공권력의 행사에 준하는 행정작용으로 취소심판·취소소송의 대상이 될 수 있다는 견해도 있다.

(2) 헌법소원으로 다투는 것이 가능한가

헌법재판소는 교육부장관의 국립대학총장에 대한 학칙시정요구의 법적 성질을 대학총장의 임의적인 협력을 통하여 사실상의 효과를 발생시키는 사실행위로서 일종의 행정지도로 보면서도 이 사건 학칙시정요구는 대학총장들이 그에 따르지 않을 경우 행정상 불이익이 따를 것이라고 경고하고 있고 이러한 시정요구는 임의적 협력을 기대하여 행하는 비권력적·유도적인 권고·조언 등의 단순한 행정지도로서의 한계를 넘어 규제적·구속적 성격을 상당히 강하게 갖는 것으로서 헌법소원의 대상이 되는 공권력의 행사에 해당한다고(헌법재판소 2003. 6. 26. 2002헌마337, 2003헌마7. 8(병합)결정)하였다.

(3) 국가배상청구소송으로 다투는 것이 가능한가

위법한 행정지도로 손해를 받은 피해자는 국가배상청구소송으로 다투는 것이 가능한가. 위법한 행정지도도「국가배상법」제2조의 요건을 충족하고 있는 경우에는 피해자는 국가 또는 지방자치단체에게 손해배상을 청구할 수 있다. 요건 중 가장 문제가 되는 것은 행정지도와 손해발생 간에 과연 상당인과관계가 있느냐이다. 행정지도의 성질상 상대방은 행정지도에 따를 의무가 없기 때문이다. 대법원은 "행정지도가 강제성을 띠지 않는 비권력적 작용으로서 행정지도의 한계를 일탈하지 아니하였다면, 그로 인해 원고(피해자)에게 어떤 손해가 발생하였다고 하더라도 피고는 그에 대한 손해배상책임이 없다"(대법원 2008. 9. 25. 선고 2006다18228 판결)고 판시한 바 있다.

VI. 행정계획이란 어떤 것인가

1. 행정계획이란 무엇인가

현행 행정법령에는 계획을 규정하고 있는 법률이 많다. 예컨대,「국토기본법」은 국토계획을 규정하고 있고,「국토의 계획 및 이용에 관한 법률」은 광역도시계획·도시기본계획·도시관리계획 등을 규정하고 있다.「국토기본법」은 국토계획에 대하여 미래의 경제·사회 변동에 대응한 국토의 이용·개발·보전의 발전 방향이라는 목표를 제시하고, 이를 위해 행정기관에게 국토종합계획·도종합계획 등의 수립, 계획 간의 조정, 국토계획에 관한 처분의 조정 등에 관한 권능을 부여하고 있다. 또한「국토의 계획 및 이용에 관한 법률」은 특별시·광역시·특별자치시·특별자치도·시·군(광역시의 관할 구역에 있는 군은 제외)의 관할 구역에 대한 공간 구조와 발전 방향이라는 목표를 제시하고, 이를 위해 행정기관에게 지역·지구·구역의 지정 및 그 안에서의 행위제한, 도시계획시설의 설치·관리, 개발행위의 허가 등의 권능을 부여하고 있다. 이에 의하여 행정기관은 장래 달성하고자 하는 행정목표를 미리 설정하고 그 목표를 달성하기 위한 여러 수단들을 조정·종합함으로써 구체적 활동기준을 제시할 수 있게 된다. 이와 같이 행정기관이 장래의 목표를 설정하고 그 목표를 실현하기 위한 여러 수단들을 조정·종합하는 행정작용을 행정계획이라고 한다.

2. 행정계획에는 어떤 것이 있는가

행정계획의 종류는 너무 다양하다. 이들 다양한 행정계획의 종류를 시간(장기계획·중기계획·연도계획), 지역(전국계획·도계획·군계획), 단계(기본계획·시행계획), 분야(국토계획·교육계획·경제계획·환경계획)등 여러 기준에 의하여 분류할 수 있다. 그러나 행정법상 특히 중요한 것은 법률의 근거가 있느냐의 여부, 법적 구속력이 있느냐의 여부에 의한 분류이다.

행정계획에 법률의 근거가 있는 것을 법정계획이라고 하고, 법률의 근거가 없는 것을 사실상의 계획이라고 한다. 또한 법적 구속력이 있는 것을 구속적 계획이라고 하고, 법적 구속력이 없는 것을 비구속적 계획이라고 한다. 법적 구속력은 사인에 대한 법적 구속력과 다른 행정기관에 대한 법적 구속력으로 나뉜다. 사인에 대한 법적 구속력 있는 행정계획을 좁은 의미의 구속적 계획이라고 한다.

3. 행정계획에 대한 법적 규제는 어떤 것이 있는가

(1) 행정계획에 대한 법적 규제는 왜 필요한가

행정계획에 대한 법적 규제가 특히 필요한 이유는 행정계획의 다음과 같은 특성에 있다.

1) 행정계획의 구조

행정계획은 전통적 행정작용에서는 볼 수 없는 특성을 가지고 있다. 전통적 행정작용은 보통 일정한 요건이 충족되면 일정한 효과가 발생한다는 구조를 취하고 있다. 예컨대,「국가공무원법」제13조는 제1항에서 소청심사위원회가 소청사건을 심사할 때에는 소청인에게 진술기회를 주어야 한다고 규정하고, 제2항에서 "제1항에 따른 진술기회를 주지 아니한 결정은 무효로 한다"라고 규정하고 있다. 이 제2항에서 규정하고 있는 '진술기회를 주지 아니한'이라는 것이 요건이고, '무효로 한다'라는 것이 효과이다. 이에 대하여 행정계획은 일정한 시점 아래 일정한 목표를 설정하고 이 목표를 달성하기 위하여 모든 수단을 동원하는 구조를 취하고 있다. 따라서 이 행정계획에는 넓은 재량이 인정된다.

2) 행정계획의 상황 적합성

행정계획의 또 다른 특성은 그 상황 적합성에 있다. 예컨대, 법률의 경우 한번 제정되면 그 개정이 쉽지 않다. 이에 대하여 행정계획은 상화에 변화가 발생하면 그 변화된 상황에 적합하게 변화할 것이 미리 예정되어 있다. 이처럼 법률과 행정계획은 상황의 변화에 대한 기본적인 자세에 차이가 있다. 다시 말하면 행정계획은 그 자체가 변화해 가는 존재이다.

(2) 법정계획의 경우

행정계획에 법률의 근거가 있는 법정계획의 경우에는 그 이념, 행정계획에 포함시켜야 할 내용 등의 규정이 행정계획에 대한 법적 규제가 된다.

(3) 절차에 의한 법적 규제

행정계획의 특성에서 보면 행정계획의 내용을 법률로써 상세히 규정하는 데에는 한계가 있다. 따라서 행정계획의 내용을 적정한 것으로 하기 위해서는 절차에 의한 통제가 필요하다.

1) 개별법이 정하고 있는 절차

개별법에서 다양한 이해관계를 조정하기 위하여 행정계획절차에 관계 행정기관과 협의를 하게 하거나, 상급행정기관 또는 관할 행정기관의 승인을 받도록 하거나 심의회 등 심의를 거치게 하거나, 지방의회의 의견을 듣도록 하거나, 주민의 의견청취를 하게 하는 등을 규정하고 있는 경우가 있다. 예를 들면「국토의 계획 및 이용에 관한 법률」은 도지사 등이 광역도시계획을 수립하거나 변경하려면 미리 기초조사를 하여야 하고, 미리 공청회를 열어 주민과 관계 전문가 등으로부터 의견을 들어야 하며, 미리 관계 시·도, 시 또는 군의 의회와 관계 시장 또는 군수의 의견을 들어야 하며, 국토교통부장관의 승인을 받도록 규정하고 있다.

2) 처분에 해당하는 경우

행정계획이「행정절차법」상의 처분에 해당하는 경우에는 뒤에서 설명하는 처분절차에 관한 규정의 적용을 받게 되며, 행정청은 의견제출·청문·공청회등을 거쳐 행정계획을 책정하여야 하고, 그 근거와 이유를 제시하여야 한다.

3) 행정예고절차

행정계획 중 국민생활에 매우 큰 영행을 주거나, 많은 국민의 이해가 상충되거나, 많은 국민에게 불편이나 부담을 주거나, 그 밖에 널리 국민의 의견수렴이 필요한 행정계획은 원칙적으로 「행정절차법」 제5장에 규정된 행정예고절차를 거쳐 수립·시행 및 변경하여야 한다.

4. 행정계획에 관한 다툼은 어떻게 해결하는가

(1) 취소심판·취소소송으로 다투는 것이 가능한가

행정계획 중에는 사인에 대하여 심한 권리 제한을 가져오는 경우가 있다. 이 경우에 사인이 불만을 갖게 됨은 당연하다. 이 경우 사인이 행정계획을 취소해 달라는 취소심판·취소소송으로 다툴 수 있는가. 대법원은 "「도시계획법」 제12조 소정의 도시계획결정이 고시되면 도시계획구역 안의 토지나 건물소유자의 토지형질변경, 건축물의 신축, 개축 또는 증축 등 권리 행사가 일정한 제한을 받게 되는바, 이런 점에서볼 때 고시된 도시계획결정은 특정 개인의 권리 내지 법률상 이익을 개별적이고 구체적으로 규제하는 효과를 가져오게 하는 행정청의 처분이라 할 것이고 이는 행정소송의 대상이 되는 것이라 할 것이다"(대법원 1982. 3. 9. 선고 80누105 판결)라고 하여긍정하였다.

(2) 헌법소원으로 다투는 것이 가능한가

행정계획 중 사인에 대한 구속적 계획은 헌법소원의 대상이 된다. 문제는 행정기관에 대한 구속적 계획과 비구속적 계획도 헌법소원의 대상이 되는가 하는 것이다. 헌법재판소는 개발제한구역제도 개선방안 확정발표 위헌확인 사건에서 비구속적 행정계획안도 국민의 기본권에 직접적으로 영향을 끼치고 앞으로 법령의 뒷받침에 의하여 그대로 실시될 것이 틀림없을 것으로 예상될 수 있는 때에는 공권력의 행사로서 예외적으로 헌법소원의 대상이 될 수 있다는 입장이다(헌법재판소 2000. 6. 1. 99헌마538·543·544·545·546·549·(병합)결정).

Ⅶ. 행정상 강제집행이란 어떤 것인가

1. 행정상 강제집행이란 무엇인가

사인과 사인 간에도 돈을 빌려가서 갚을 의무가 있음에도 의무를 이행하지 아니하는 경우가 있다. 행정상의 법률관계에도 마찬가지이다. 법률이 "하여야 한다" 또는

"하여서는 아니된다"고 하여 의무를 과하거나, 법률에 의거하여 행정청이 사인에게 의무를 과하였음에도 불구하고 의무를 이행하지 아니하는 사인이 있다. 물론 그 중에는 함부로 쓰레기를 버리는 사람처럼 애당초 의무의 이행에는 안중에도 없는 사람도 있겠지만, 의무를 이행할 의사가 있음에도 어떤 원인으로 이행하지 못했던 사람도 있다. 어느 경우이든 의무의 불이행을 방치해 둔다는 것은 법률에서 정해 놓은 행정목적이 달성되지 못하게 되고, 또한 위법이 그대로 통용되는 결과가 된다.

이와 같이 사인이 스스로 의무를 이행하지 아니하는 경우, 행정으로서는 어떻게든 강제적으로 의무를 이행시켜서 법률로 정해 놓은 원래의 행정목적을 달성하려고하게 된다. 이것은 사인 간에도 마찬가지이다. 그러나 사법(私法)상의 법률관계와 행정상의 법률관계에 차이가 있다. 사법상의 법률관계에 있어서는 자력(自力)강제금지의 원칙이 적용된다. 즉 권리를 가지고 있는 사람이 직접 강제적으로 상대방에게 압력을 가하여 의무를 이행시키는 것이 금지되어 있다. 채권자는 법원에 소송을 제기하여 채무명의(債務名義)를 받아 그것에 의거하여 법원에 강제집행을 청구하여 법원의 집행관에 의하여 강제 집행된다. 이에 반하여 행정상 의무를 이행시키려고 할 경우에는 의무를 이행하지 아니하는 사인에 대하여 행정이 스스로 실력을 행사하여 의무를 이행시킨다. 즉 행정상의 의무에 대하여는 민사상 적용되는 원칙에 대한 예외로서 자력집행이 인정된다. 이와 같이 행정법상의 의무자가 그 의무를 이행하지 아니하는 경우에 행정이 스스로의 힘으로 그 의무를 이행시키거나 또는 이행된 것과 같은 상태를 실현시키는 행정작용을 강제집행이라 한다.

2. 행정상 강제집행에는 법률의 근거가 필요하다

행정상 의무를 이행시키려는 경우에는 왜 이와 같은 자력강제가 인정되는 것일까. 사인과 사인간의 경우와 같이 법원에 민사소송을 제기하여 의무를 확정하고 강제집행을 청구하여 강제집행을 시켜서는 많은 시간이 소요된다. 그 많은 시간 동안 의무위반을 계속하게 하여서는 행정목적을 달성하기 어렵다. 행정목적의 신속한 달성을 위해서 법원을 거치지 않고 행정의 판단으로 절차를 거쳐 강제집행을 하게 한 것이다.

이와 같은 행정에 의한 자력강제가 필요하다고 하더라도 강제집행은 전형적인 공권력의 행사이다. 과연 공권력의 행사인 강제집행이 행정 스스로의 판단으로 법률의 근거없이 가능한 것인가의 문제가 있다. 앞에서 법치행정원리의 내용 중 법률유보의 원칙에서 국민의 권리와 자유를 침해하거나 제한하는 공권력 행사인 행정에는 반드시 근거규범(수권규범)이 필요하다는 것을 보았다. 따라서 강제집행에는 근거규범인 법률이 필요하다. 근거규범인 법률이 없으면 아무리 행정목적의 신속한 달성을 위해서 강제집행이 필요하다 하더라도 강제집행을 할 수가 없다.

이에 대하여는 법률에 근거하여 직접적으로, 또한 법률에 근거하여 행정이 사인에게 행정상 의무를 부과하는 것이고, 행정상 강제집행은 이미 법률에 근거하여 결정된 것을 그대로 실현하는 것이므로, 행정상 강제집행을 위한 별도의 근거법률이 없어도 가능한 것이 아닌가 하는 의문이 있을 수 있다. 그러나 행정상 강제집행은 하나의 새로운 국민의 권리와 자유를 침해하는 공권력의 행사로 보는 것이 일반적이다. 따라서 행정이 의무를 부과하는 것과 부과된 의무를 강제로 이행시키는 것은 별개이므로 전자의 법률의 근거가 후자의 법률의 근거가 될 수 없는 것이다.

3. 행정상 의무에는 여러가지가 있다

행정상 의무는 크게 어떤 행위를 적극적으로 행할 의무와 어떤 행위를 하지 아니할 의무로 나눌 수 있다. 적극적으로 행할 의무를 작위의무라고 하고, 어떤 행위를 하지 아니할 의무를 부작위의무라고 한다. 이들 의무는 다시 의무자 본인 이외의 다른 사람이라도 행할 수 있는 의무와 다른 사람이 대신할 수 없는 의무로 나눌수 있다. 다른 사람이라도 행할 수 있는 의무를 대체(代替)적 의무라고 하고, 다른 사람이 대신할 수 없는 의무를 비대체적 의무라고 한다. 이렇게 나눈다면, 부작위의무는 비대체적의무이다. 예컨대, 지방경찰청장이 일정기간 운전면허의 효력을 정지시켜 자동차를 운전하지 아니할 것을 명한 경우 다른 사람이 의무자 대신으로 자동차 운전을 하지 아니하는 것은 아무런 의미가 없다. 건축 허가권자가 「건축법」에 의거하여 공사의 중지를 명한 경우 다른 사람이 대신하여 이행할 수가 없다. 이와 같이 부작위의무는 본질적으로 비대체적의무이다. 그러나 작위의무는 의무에 따라 대체적 의무이기도 하고 비대체적 의무이기도 하다. 예컨대, 국회에서 증언을 하여야 하는 의무는 비대체적 작위의무이고, 건축물을 철거하는 의무는 대체적 작위의무이다.

4. 행정상 강제집행에는 어떤 수단이 있는가

행정상 강제집행의 수단에는 행정대집행·이행강제금(집행벌)·직접강제·행정상 강제징수가 있다.

(1) 행정대집행이란 어떤 것인가

1) 행정대집행이란 무엇인가

행정대집행은 건축물 철거의 의무와 같이 다른 사람이 대신하여 행할 수 있는 의무인 대체적 작위의무를 실현하기 위해서 마련된 수단이다. 즉 행정대집행이란 의무자가 대체적 작위의무를 이행하지 아니한 경우에 행정청이 스스로 의무자가 행하여야 할 행위를 하거나 제3자로 하여금 대신 이행하게 하고 행정대집행에 소요된 비용을 의무자로부터 징수하는 행정상 강제집행의 수단을 말한다.

「행정대집행법」이라는 법률이 행정대집행을 위해서 제정되어 있다. 이 법률 제1조는 "행정의무의 이행확보에 관하여서는 따로 법률로써 정하는 것을 제외하고는 본법의 정하는 바에 의한다"라고 규정하고 있다. 제1조는 「행정대집행법」이 행정대집행에 관한 일반법임을 밝히고 있다. 일반법은 특별법에 대한 것이다. 특정한 사람·사물·행위·지역에 국한해서 적용되는 법을 특별법이라 하고, 그러한 제한이 없이 일반적으로 적용되는 법을 일반법이라고 한다. 「건축법」에도 행정대집행에 관한 규정이 있다. 「행정대집행법」은 일반법이고, 「건축법」은 특별법이다.

2) 행정대집행의 요건

「행정대집행법」 제2조는 "법률(법률의 위임에 의한 명령, 지방자치단체의 조례를 포함한다)에 의하여 직접 명령되었거나 또는 법률에 의거한 행정청의 명령에 의한 행위로서 타인이 대신하여 행할 수 있는 행위를 의무자가 이행하지 아니하는 경우 다른 수단으로써 그 이행을 확보하기 곤란하고 또한 그 불이행을 방치함이 심히 공익을 해할 것으로 인정될 때에는 당해 행정청은 스스로 의무자가 하여야 할 행위를 하거나 또는 제3자로 하여금 이를 하게 하여 그 비용을 의무자로부터 징수할 수 있다"라고 규정하고 있다. 따라서 행정대집행의 일반법인 「행정대집행법」이 정하고 있는 행정대집행의 요건은 첫째로, 의무자가 대체적 작위의무를 이행하지 아니할 것, 둘째로, 다른 수단으로써 그 이행을 확보하기 곤란할 것, 셋째로, 그 불이행을 방치함이 심히 공익을 해할 것의 셋이 된다. 세 요건 중 가장 문제되는 것이 셋째 요건이다. 어떤 사례가 그 불이행을 방치함이 심히 공익을 해할 것에 해당하는 사례가 되는가는 추상적으로 판단할 수 없고, 구체적으로 판단할 수 밖에 없다. 위법 건축물이 화재 등 비상사태의 대처에 지장을 주는 것이라면 위법 건축물의 철거의 불이행을 방치함이 심히 공익을 해하는 경우에 해당하게 될 것이다.

3) 행정대집행의 절차

「행정대집행법」제3조가 정하고 있는 행정대집행의 절차는 다음과 같다.

첫째 절차는 계고이다. 행정청이 행정대집행을 하려함에 있어서는 상당한 이행기간을 정하여 그 기한까지 이행되지 아니할 때에는 대집행을 한다는 뜻을 미리 문서로써 계고하여야 한다.

둘째 절차는 대집행영장에 의한 통지이다. 의무자가 계고를 받고 지정기한까지 그 의무를 이행하지 아니할 때에는 당해 행정청은 대집행영장으로써 행정대집행을 할 시기, 행정대집행을 시키기 위하여 파견하는 집행책임자의 성명과 행정대집행에 드는 비용의 개산(槪算)에 의한 견적액을 의무자에게 통지하여야 한다.

셋째 절차는 행정대집행의 실행이다. 대집행영장에 표시된 행정대집행의 시기까지 의무의 이행이 없으면 행정대집행이 실행된다. 즉 행정청은 스스로 의무자가 행하여야 할 행위를 하거나 제3자로 하여금 행하게 한다. 행정대집행의 실행은 사실행위이며, 행정대집행의 본체를 이룬다.

넷째 절차는 비용징수이다. 대집행에 소요된 비용은 의무자로부터 이를 징수한다. 비용징수는 행정청이 실제로 소요한 비용액과 그 납기일을 정하여 의무자에게 문서로써 그 납부를 명함으로써 행한다.

위의 첫째 절차와 둘째 절차의 예외로서, 비상시 또는 위험이 절박한 경우에 있어서 당해 행위의 급속한 실시가 필요해서 계고절차, 대집행영장에 의한 통지절차를 취할 여유가 없을 때에는 계고절차, 대집행영장에 의한 통지절차를 거치지 아니하고 행정대집행을 할 수 있다.

4) 행정대집행에 대한 다툼은 어떻게 해결하는가

「행정대집행법」제7조는 "대집행에 대하여는 행정심판을 제기할 수 있다"라고 하여 행정대집행이 행정심판의 대상이 됨을 명백히 하고 있다. 동법 제8조는 "전조의 규정은 법원에 대한 출소(出訴)의 권리를 방해하지 아니한다"라고 하여 별도로 행정소송을 제기할 수 있음을 규정하고 있다.

(2) 이행강제금이란 어떤 것인가

건축주가 위법하게 건축물을 건축하게 되면 허가권자로부터 공사의 중지 등의 조치를 명령받게 된다. 건축주가 시정명령을 받은 후 시정기간 내에 당해 시정명령을 이행하지 아니한 경우 허가권자는 법이 정한 일정한 금액을 이행강제금으로 부과하게 된다. 이 경우 허가권자는 최초의 시정명령이 있었던 날을 기준하여 1년에 2회 이내의 범위에서 그 시정명령이 이행될 때까지 반복하여 이행강제금을 부과·징수할 수 있다. 이와 같이 의무자가 행정법상 의무를 이행하지 아니하는 경우에 행정청이 일정한 기간 내에 의무를 이행하지 않으면 일정한 강제금을 과할 뜻을 의무자에게 예고함으로써 심리적 압박을 가하여 의무자로 하여금 스스로 의무를 이행케 하는 행정상 강제집행의 수단을 이행강제금이라 한다. 집행벌이라고도 한다.

(3) 직접강제란 어떤 것인가

신고하지 아니하고 일반음식점 영업을 하게 되면 영업소 폐쇄명령을 받게 된다. 영업소 폐쇄명령을 받고도 계속하여 영업을 하게 되면 식품의약품안전처장 등은 해당 영업소의 간판 등 영업 표지물의 제거나 삭제, 해당 영업소가 적법한 영업소가 아님을 알리는 게시문 등의 부착, 해당 영업소의 시설물과 영업에 사용하는 기구 등을 사용할 수 없게 하는 봉인(封印) 등의 조치를 할 수 있다. 이와 같이 의무자가 행정법상 의무를 이행하지 아니하는 경우에 행정청이 직접적으로 의무자의 신체 또는 재산에 실력을 행사하여 행정상 필요한 상태를 실현하는 행정상 강제집행의 수단을 직접강제라고 한다.

(4) 행정상 강제징수란 어떤 것인가

행정법상 의무자가 금전을 지급해야하는 의무에는 여러가지가 있다. 예컨대 납세의무, 부담금·과징금·사용료·수수료 등의 납부의무가 행정법상의 금전급부의무이다. 행정법은 금전급부의무의 의무이행확보를 위한 수단도 강구해 놓고 있다. 즉 의무자가 행정법상의 금전급부의무를 이행하지 아니하는 경우에 행정청이 의무자의 재산에 실력을 행사하여 의무가 이행된 것 같은 상태를 직접적으로 실현하는 행정상 강제집행의 수단을 행정상 강제징수라 한다.

금전급부의무도 대체적 작위의무이다. 「행정대집행법」 제1조는 "행정의무의 이행확보에 관하여서는 따로 법률로써 정하는 것을 제외하고는 본법의 정하는 바에 의한다"라고 규정하여 같은 대체적 작위의무라도 '따로 법률로써 정하는 것'은 그 법률의 정하는 절차에 의하여 의무이행을 확보하도록 하고 있다. 또한 행정상 강제징수는 직접강제의 성격도 갖고 있다.

납세의무를 의무자가 이행하지 아니하는 경우의 행정상 강제징수의 절차는 국세인 때에는 「국세징수법」이 정하고 있다. 「국세징수법」이 정하고 있는 강제징수 절차는 첫째로, 납세의 고지로서, 국세의 과세년도·세목·세액 및 그 산출근거·납부기한과 납부장소를 명시한 고지서를 발부한다. 둘째로 납기까지 완납하지 아니한 경우 독촉을 한다. 독촉은 의무자에게 완납을 재촉하고 완납하지 아니할 때에는 체납처분을 할 것을 예고하는 통지행위로서 독촉장의 발부에 의한다. 셋째로 완납하지 아니하는 경우 체납처분의 절차가 개시된다. 체납처분은 체납자의 재산압류, 압류재산의 매각, 청산으로서 매각대금의 배분 등으로 절차가 진행된다.

이와 같이 「국세징수법」이 정하고 있는 절차는 국세의 강제징수절차를 규정한 것에 지나지 않는다. 그러나 이 절차는 여러 법률에서 국가가 갖고 있는 금전채권의 강제징수절차로서 준용되고 있다(예컨대 「행정대집행법」 제6조 제1항). 지방세의 강제징수절차는 「지방세징수법」이 정하고 있다.

Ⅷ. 간접적 강제제도에는 어떤 것이 있는가

1. 간접적 강제제도에는 여러가지가 있다

행정상의 의무를 이행시키는 데에는 앞에서 본 행정상 강제집행만 있는 것이 아니다. 행정상 강제집행 외에도, 행정상 의무를 이행하지 아니할 경우에 제재(制裁)를 가할 것을 위협함으로써 상대방으로 하여금 그 의무를 이행하도록 촉구하는 수단들이 있다. 이러한 수단에는 여러가지가 있으나, 중요한 것으로는 행정벌, 허가의 취소 등에 의한 행정적 제재조치, 위반사실의 공표, 과징금, 가산세·가산금 등이 있다.

2. 행정벌이란 어떤 것인가

(1) 행정벌이란 무엇인가

「도로교통법」은 제43조에서 누구든지 지방경찰청장으로부터 운전면허를 받지 아니한 경우에는 자동차를 운전하여서는 아니된다고 규정하고, 제152조에서 운전면허를 받지 아니하고 자동차를 운전한 사람은 30만원 이하의 벌금이나 구류에 처한다고 규정하고 있다. 「도로교통법」과 같은 행정법에 의하여 과하여진 의무의 위반에 대하여 제재로서 행하여지는 처벌을 행정벌이라 한다. 「형법」 제250조 제1항은 "사람

을 살해한 자는 사형, 무기 또는 5년 이상의 징역에 처한다"라고 규정하고, 제329조
는 "타인의 재물을 절취한 자는 6년 이하의 징역 또는 1천만원 이하의 벌금에 처한
다"라고 규정하고 있다. 이와 같은 살인범·절도범에 대한 처벌을 형사벌이라 한다.
형사벌은 살인·강도에서 볼 수 있는 바와 같이 그 행위 자체가 법률에 의한 금지를
기다릴 나위없이 하여서는 아니되는 반사회적·반도덕적인 행위에 대하여 행하여지
는 처벌이다. 이에 대하여 행정벌은 행위 자체가 처음부터 반사회적·반도덕적인 행
위가 아니라 행정법이 행정상의 목적을 달성하기 위해서 일정한 의무를 과하고 있는
경우에 오로지 그 의무를 과한 명령·금지의 실효성을 확보하기 위하여 의무위반자
에게 행하여지는 처벌이다.

행정벌은 의무자에게 심리적 압박을 가하여 의무자로 하여금 스스로 의무를 이행케
한다는 점에서 앞에서 본 이행강제금과 유사한 점이 있다. 그러나 이행강제금이 장래
의 의무이행을 확보하기 위하여 과하는 것임에 대하여, 행정벌은 과거의 의무위반에
대한 제재로서 과하여진다는 점에서 제도의 목적이 명백하게 다를 뿐만 아니라 이행
강제금은 의무이행이 있기까지 반복하여 과할 수 있으나, 행정벌은 하나의 위반행위
에 대하여 이중처벌금지의 원칙상 반복하여 과할 수 없다는 점도 다르다.

(2) 행정벌에는 어떤 것이 있는가

행정벌에는 행정형벌과 행정질서벌이 있다.

1) 행정형벌

행정형벌이란 행정법에 의하여 과하여진 의무위반에 대하여 제재로서 「형법」에
형명(刑名)이 있는 형벌을 과하는 행정벌을 말한다. 「형법」에 형명이 있는 형벌이란
사형·징역·금고·자격상실·자격정지·벌금·구류·과료(科料)·몰수를 말한다. 위
「도로교통법」 제152조가 운전면허를 받지 아니하고 자동차를 운전한 사람은 30만
원 이하의 벌금에 처한다고 규정하여 벌금이라는 「형법」에 형명이 있는 형벌을 과하
고 있으므로 행정형벌의 예가 된다.

행정형벌을 과하기 위하여는 법률의 근거가 있어야 한다. 행정상 강제집행과 행정
형벌이 동일한 원인에 의한 것이라 하더라고 동시에 행하는 것이 가능하다.

행정형벌도 형벌의 일종이다. 따라서 행정법령에 특별한 규정이 없는 한 행정형벌
에도 형법총칙이 적용된다(형법 제8조).

형법에는 행위자를 처벌하는 것이 원칙이다. 행정법규에는 법인의 대표자나 법인 또는 개인의 대리인·사용인 그 밖의 종업원이 그 법인 또는 개인의 업무에 관하여 일정한 위반행위를 한 경우에는 그 직접적인 위반행위자를 처벌하는 외에 그 영업주인 법인과 개인에 대하여도 위반행위자에 적용되는 해당 조문의 벌금형을 과하는 처벌규정을 두고 있는 경우가 있다. 이것을 양벌규정이라고 한다.

행정형벌은 「형법」에 형명이 있는 형벌을 과하는 것이므로 「형사소송법」의 절차에 따라 과해진다. 즉 검사의 공소제기로 시작하여 법원의 판결로 끝나는 형사소송절차에 따라 행정형벌이 과하여진다. 그러나 예외적으로 통고처분에 의하여 과하여지기도 한다. 통고처분이란 조세범·교통사범 등에 대한 벌금·과료(科料)의 행정형벌에 관한 특별과벌절차를 말한다. 정식재판에 갈음하여 행정청이 벌금·과료에 상당하는 금액 등의 납부를 통고(범칙금납부통고라고 부른다)하며, 당사자가 법이 정한 기간 내에 통고된 내용을 이행한 때에는 처벌절차는 종료된다. 이행되지 않는 때에는 당해 행정청의 고발에 의하여 일반과벌절차인 형사소송절차로 이행(移行)된다.

2) 행정질서벌

행정질서벌이란 행정법에 의하여 과하여진 의무위반에 대하여 제재로서 「형법」에 형명이 없는 과태료를 과하는 행정벌을 말한다. 「건축법」 제24조 제5항은 공사시공자는 건축허가나 용도변경허가가 필요한 건축물의 건축공사를 착수한 경우에는 해당 건축공사의 현장에 국토교통부령으로 정하는 바에 따라 건축허가 표지판을 설치하여야 한다고 한 후, 동법 제113조는 건축허가 표지판을 설치하지 아니한 자에 대하여는 200만 원 이하의 과태료를 부과하도록 규정하고 있다.

행정질서벌에는 형법총칙과 「형사소송법」이 적용되지 아니한다. 행정질서벌은 형벌이 아닌 과태료를 과하기 때문이다. 행정질서벌에 대하여는 일반법인 「질서위반행위규제법」이 별도로 제정되어 있다.

「질서위반행위규제법」에 의하면, 행정청이 질서위반행위에 대하여 과태료를 부과하고자 하는 때에는 미리 당사자에게 과태료 부과의 원인이 되는 사실, 과태료 금액 및 적용법령 등을 통지하고 10일 이상의 기간을 정하여 의견을 제출할 기회를 주어야 한다. 행정청은 위 의견제출절차를 마친 후에 서면으로 과태료를 부과하여야 한다. 행정청의 과태료 부과에 불복하는 당사자는 과태료 부과 통지를 받은 날부터 60일 이내에 해당 행정청에 서면으로 이의제기를 할 수 있다. 이의제기가 있는 경우에는 행정청의 과태료 부과처분은 그 효력을 상실한다. 이의제기를 받은 행정청은 이의제기를 받은 날부터 14일 이내에 이에 대한 의견 및 증빙서류를 첨부하여 관할 법원에 통보하여야 하며, 통보사실을 즉시 당사자에게 통지하여야 한다. 과태료 사건은 다른 법령에 특별한 규정이 있는 경우를 제외하고 당사자의 주소지의 지방법원 또는 그 지원의 관할로 한다. 법원은 이의제기 사실통보가 있는 경우 이를 즉시 검사에게 통지하여야 한다. 과태료 재판은 이유를 붙인 결정으로써 한다.

3. 관허사업의 제한이란 어떤 것인가

행정법상의 의무를 위반한 사인에 대하여 관허(官許)사업을 제한하는 수단에 의하여 의무의 이행을 간접적으로 강제한다. 예컨대, 「건축법」상의 명령이나 처분에 위반하여 행정청의 시정명령을 받고 이행하지 아니한 건축물에 대하여 행정청이 당해 건축물을 사용하여 행할 다른 법령에 따른 영업 그 밖의 행위의 허가 등을 하지 아니하도록 요청한 경우에 다른 행정청이 이에 응하여 영업 그 밖의 행위의 허가 등을 하지 아니하는 것(건축법 제79조)등이 그것이다.

4. 위반사실의 공표란 어떤 것인가

위반사실의 공표란 행정법상의 의무위반이나 불이행에 대하여 그 사실을 일반에게 공표함으로써 그것을 알게 된 사람들이 위반자와의 거래를 거절하거나 제품의 구입을 하지 아니하기 때문에 위반자에게 사실상 커다란 제재효과를 미치는 간접적 강제수단을 말한다. 「식품위생법」 제84조는 식품의약품안전처장 등이 폐기처분, 허가 취소, 품목 제조정지, 폐쇄조치, 과징금 처분 등을 규정한 법조에 따라 행정처분이 확정된 영업자에 대한 처분 내용, 해당 영업소와 식품등의 명칭 등 처분과 관련한 영업 정보를 대통령령으로 정하는 바에 따라 공표하도록 규정하고 있다.

5. 과징금이란 어떤 것인가

과징금이란 행정법상의 의무를 위반한 사람으로부터 일정한 금전적 이익을 박탈하는 제재를 과함으러써 의무이행을 확보하려는 간접적 강제수단이다. 공정거래위원회는 불공정거래행위의 금지의 규정에 위반하는 행위가 있을 때에는 당해 사업자에 대하여 대통령령이 정하는 매출액에 100분의 2를 곱한 금액을 초과하지 아니하는 범위 안에서 과징금을 부과할 수 있다(「독점규제및공정거래에관한법률」제24조의2).

과징금은 처벌이 아니란 점에서 과태료와 구별되며, 또한 제재수단이란 점에서 이행강제금과 구별된다.

　과징금이 과하여지면 위법행위로 인한 불법적인 경제적 이익이 박탈되기 때문에 사업자는 위반행위를 하더라도 아무런 경제적 이익을 얻을 수 없게 되므로 간접적으로 행정법상의 의무이행을 강제하는 효과가 있다.

6. 가산세 · 가산금이란 어떤 것인가

　가산세란 조세법에서 규정하는 의무의 성실한 이행을 확보하기 위하여 의무위반에 대한 제재로서 본래의 조세채무와는 별개로 조세의 형태로 과하여지는 간접적 강제수단을 말한다.

　가산금이란 지방세를 납부기한까지 납부하지 아니하는 경우에 「지방세징수법」에 따른 제재로서 고지된 세액에 가산하여 금액을 징수하거나 납부기한이 지난 후 일정한 기한까지 납부하지 아니한 경우에 가산하여 징수하는 금액에 다시 가산하여 금액을 징수(중가산금이라 한다)함으로써 의무의 이행을 확보하려는 간접적 강제수단을 말한다(2020년 12월 29일 「지방세징수법」의 개정으로 2022년 2월 3일부터 가산금은 가산세로 됨).

IX. 행정상 즉시강제란 어떤 것인가

1. 행정상 즉시강제란 무엇인가

　주택이 밀집되어 있는 주택가에 불이 나서 강풍을 타고 연소하고 있는 경우에 소방자동차가 화재현장에 접근하는데 방해되는 주차된 차량 및 물건의 소유자에게 이동을 명하여야 할 여유, 화재현장에 접근하여서는 옆 주택 소유자에게 승낙을 얻거나 수인(受忍:참음)을 명하여 할 여유, 경우에 따라서는 연소(延燒)를 막기 위해서 연소되지 않고 주택을 파괴하여야 하는데 소유자에게 철거를 명령하여야 할 시간적 여유가 없다. 이러한 경우에는 소방공무원은 의무를 명하지 않고, 주차된 차량 및 물건을 제거할 수 있어야 하고, 이웃 주택에 출입을 할 수 있어야 하며, 주택을 파괴할 수 있어야 한다. 또한 추운 겨울에 술에 취하여 의식이 없는 사람이 길 바닥에 누워있는 경우에 차에 치이거나 얼어 죽을 위험이 있는 때에는 의식이 없는 사람에게 의무를 과한다는 것은 무의미하므로 실력을 행사하여 보호조치를 취하지 않으면 아니 된다.

이와 같이 상대방에게 의무를 과하지 아니하고 행정이 실력을 행사하여 행정목적을 달성하는 수단을 행정상 즉시강제라고 한다. 좀 더 정확하게 말하면 행정상 즉시강제란 목전의 급박한 행정상 장해를 제거하여야 할 필요가 있거나 성질상 미리 의무를 명하여서는 행정목적을 달성할 수 없는 경우에 행정기관이 상대방에게 미리 의무를 명하지 아니하고 직접 실력을 행사하여 행정상 필요한 상태를 실현시키는 행정작용이 된다.

행정상 즉시강제는 사람의 신체 또는 재산에 직접 실력을 행사하여 행정상 필요한 상태를 실현시키는 행정작용이라는 점에서 직접강제와 다르지 않다. 양자는 상대방에게 의무를 과하고 그 의무의 이행이 없는 경우에 강제하느냐 상대방에게 의무를 과하지 않고 강제하느냐에 차이가 있다.

2. 행정상 즉시강제가 인정되는 경우는 두 가지이다

위의 예에서 본 바와 같이 행정상 즉시강제가 인정되는 경우는 다음 두 가지의 경우이다.

첫째는 위기가 절박해서 미리 의무를 과할 시간적인 여유가 없기 때문에 직접실력을 행사하는 경우이다. 위의 화재사건(이외에도 위험발생방지를 위한 경찰관의 억류조치 등)이 적절한 예가 된다.

둘째는 그 성질상 실력을 행사하여서만 행정목적을 달성할 수 있는 경우이다. 위의 술 취한 사람의 예 외에도 자살을 기도하는 사람에 대한 보호조치 등이 그 적절한 예가 된다.

3. 행정상 즉시강제에는 법률의 근거가 필요하다

행정상 즉시강제는 사람의 신체나 재산 등을 제한하는 강력한 공권력의 행사이므로 이를 행사하기 위해서는 법률의 근거가 필요하다. 「소방기본법」은 제25조 제1항에서 "소방본부장·소방서장 또는 소방대장은 사람을 구출하거나 불이 번지는 것을 막기 위하여 필요할 때에는 화재가 발생하거나 불이 번질 우려가 있는 소방대상물 및 토지를 일시적으로 사용하거나 그 사용의 제한 또는 소방활동에 필요한 처분을 할 수 있다"라고 규정하고, 동조 제3항에서 "소방본부장·소방서장 또는 소방대장은 소방활동을 위하여 긴급하게 출동하는 때에는 소방자동차의 통행과 소방활동에 방해가 되는 주차 또는 정차된 차량 및 물건 등을 제거 또는 이동시킬 수 있다"고 규정하고 있다. 또한 「경찰관직무집행법」 제4조 제1항은 "경찰관은 수상한 행동이나 그 밖의 주위의 사정을 합리적으로 판단하여 다음 각호의 어느 하나에 해당함이 명백하여 응급의 구호를 요한다고 믿을만한 상당한 이유가 있는 사람을 발견한 때에는 보건의료기관 또는 공공구호기관에 응급구호를 요청하거나 경찰관서에 보호하는 등 적당한 조치를 할 수 있다. 1. 정신착란을 일으키거나 술에 취하여 자신 또는 다른 사람의 생명·신체·재산에 위해(危害)를 끼칠 우려가 있는 사람. 2. 자살을 시도하는 사람. 3. 미아, 병자, 부상자 등으로서 정당한 보호자가 없으며 응급구호가 필요하다고 인정되는 사람"이라고 규정하고 있다.

제5장

행정은 어떤 절차를 밟는가

제5장 행정은 어떤 절차를 밟는가

Ⅰ. 적법절차원리를 다시 검토한다

1. 적법절차를 보장한다는 의미는 무엇인가

적법절차원리란 행정은 공정한 절차를 거쳐 올바른 행정결정을 행하여야 한다는 원리라는 것, 「행정절차법」의 제정·시행과 더불어 적법절차원리는 법치행정원리와 더불어 행정법의 중요한 기초원리가 되었다는 것, 행정절차는 사전절차와 사후절차로 나뉘는데 적법절차 보장의 문제는 사전절차의 보장으로 다루어 왔다는 것, 사후절차는 행정심판·행정소송절차를 중심으로 주로 행정구제법에서 다루어져 왔다는 것은 이미 앞에서 본 바와 같다.

행정이 법률에 적합하여야 한다는 원리는 행정작용의 내용이 법률에 적합하여야 한다는 실체적 적법성보장과 더불어 적법한 절차를 보장함으로써 행정작용의 절차도 법률에 적합하여야 한다는 절차적 적법성보장을 포함한다. 그렇다면 적법한 절차를 보장한다는 의미는 무엇인가. 적법한 절차를 보장한다는 의미는 두 가지이다. 그 한 가지는 사인의 권리·이익의 보호기능이다. 사전에 행정절차를 밟게 함으로써 결론의 올바름이 보다 더 담보될 수 있다. 올바른 절차야말로 올바른 결정을 낳는다. 올바른 절차는 잘못된 행정작용에 의한 사인의 권리·이익침해를 미연에 방지할 수 있게 된다. 즉 공정하고 투명한 절차를 보장함으로써 사인의 권리·이익을 보호할 수 있게 된다. 이러한 의미에서 사전절차보장의 제도는 사인의 권리·이익의 사전구제제도로서의 의미를 가진다. 「행정절차법」 제1조도 "국민의 권익을 보호함을 목적으로 한다"라고 하여 「행정절차법」의 궁극의 목적이 국민의 권익보호에 있음을 밝히고 있다. 또 다른 한 가지는 결정과정에의 참가보장에 의한 민주적 프로세스(process)의 확보기능이다. 이 기능은 개개의 사인의 권리·이익의 보호와는 별개로 행정입법·정책·제도·계획결정의 프로세스를 공정하고 투명하게 함으로써 민주주의적 결정과정의 공정성과 투명성을 확보한다는 것을 의미한다. 「행정절차법」 제1조도 "국민의 행정참여를 도모함으로써 행정의 공정성·투명성 및 신뢰성을 확보하고"라고 하여 「행정절차법」의 또 다른 궁극의 목표가 민주주의적 결정과정의 공정성·투명성·신뢰성 확보에 있음을 밝히고 있다.

종래의 법치행정원리에서는 이와 같은 적법절차의 보장을 중요시하지 아니하였다. 그것은 종래의 법치행정원리에서는 국회가 제정하는 법률이 처분(행정처분) 그 밖의 공권력 행사의 요건이나 효과 등 실체적 측면을 규율하는 것에 주된 관심이 있었기 때문이다. 그래서 어떤 행정작용이 법률에 의한 실체법적 규율에 위반함으로써 사인의 권리·이익을 위법하게 침해한 경우에는 법원이, 행정소송이나 국가배상소송에서, 당해 행정작용이 적법한가 위법한가에 관한 사법(司法)심사를 통하여 사후적 구제를 행하는 것에 주안점을 둔 법제도가 채택된 것이다.

이와 같은 법률에 의거한 실체법적 규율과 법원에 의한 사후적 구제를 기축(基軸)으로 한 법제도는 한편으로는 행정의 적법성 확보 및 사인의 권리·이익의 보호구제의 역할을 하여 왔다. 그러나 실체법적 규율과 법원에 의한 사후적 구제만으로는 행정의 적법성 확보 및 사인의 권리·이익의 보호구제에 온전하지 못하다.

2. 적법절차보장이 구체적으로 어떤 유익함을 주는가

적법절차보장은 구체적으로 어떤 유익함을 주는가는 여러가지를 들 수 있다. 여기에서는 가장 중요한 다음 두 가지를 지적해 두기로 한다.

첫째로, 적법절차보장은 행정작용의 실체적 적정성을 확보하기 위하여 필요하다. 일반 추상적인 법률의 규정에 의한 내용적 측면의 규율만으로는 개개의 사안의 구체적 사정이나 불이익 처분 등에 의하여 자기의 권리·이익에 영향을 받게 되는 사인의 개별적 사정이 충분히 고려되지 아니하기 때문에 불충분한 정보나 잘못된 사실인식에 의하여 처분 등이 행하여질 우려가 있다. 따라서 개개의 행정작용의 적법성이나 타당성을 확실하게 실현하려고 한다면 실체적 측면에 주안점을 둔 법률상의 규율만으로는 부족하고, 처분의 상대방 그 밖의 사인에게 의견진술 등에 의한 방어의 기회를 준다든가 하는 의견청취 등 사전절차가 불가결하다.

둘째로, 사인의 권리·이익의 보호를 위하여 필요하다. 즉 사인의 권리·이익을 온전히 보호하기 위해서는 처분 등에 의하여 권리·이익이 침해되기 전의 단계에서 사인의 절차참가에 의한 방어나 의견진술의 기회를 보장하는 것이 필요하다. 법원에 의한 사후적 구제가 가능하다고 하더라도 상대방은 승소판결을 받아 권리·이익을 회복하기까지는 이미 중대한 불이익을 입고 있는 것이므로, 그것만으로는 충분히 권리·이익이 확보되었다고 할 수가 없다.

3. 헌법은 적법절차를 어떻게 보장하고 있는가

대한민국의 주권은 국민에게 있고, 모든 권력은 국민으로부터 나온다. 우리 「헌법」 제1조 제2항의 규정이다. 그러나 현대산업사회에서는 국가권력이 직접 국민에 의하여 행사될 수 없고 대체로 기관에 의하여 행사되는 것이므로, 민주국가원리를 실현하기 위하여는 국회 등에 국민 등의 대표를 선출하여 보내는 일외에 국민 등 사인을 행정의 형성에 참여시킬 조직형태를 강구하지 아니하면 아니 된다. 즉 민주행정원리는 사인의 행정에의 참여에 의하여 보장된다.

또한 법치국가원리는 실체적으로 뿐만 아니라 절차적으로도 행정의 법적합성을 요구하고 있다. 즉 법치국가원리는 사인의 행정에의 적극적 참여를 보장함으로써 공익과 사익을 사전에 조정함과 동시에 실질적으로 공정하고 투명한 행정이 행하여지며, 국민의 권익구제가 사전에 절차과정에서 이루어지도록 요청하고 있다.

헌법재판소는 "「헌법」 제12조 제3항 본문은 동조 제1항과 함께 적법절차원리의 일반조항에 해당하는 것으로서, 형사절차상의 영역에 한정되지 않고 입법·행정 등 국가의 모든 공권력의 작용에는 절차상의 적법성뿐만 아니라 법률의 실체적 내용도 합리성과 정당성을 갖춘 실체적인 적법성이 있어야 한다는 적법절차의 원칙을 헌법의 기본원리로 명시한 것이다"(헌법재판소 1992. 12. 24. 92헌가8 결정)라고 판시하고 있다.

II. 행정절차법은 어떤 법률인가

1. 행정절차법 제정의 의미는 무엇인가

종래 개별 행정법률에서 행정절차를 규정한 것이 있었다. 그리고 이들 법률규정을 바탕으로 주목할 만한 판결들이 나왔다. 그러나 선각자들의 노력에도 불구하고 행정절차에 관한 일반법이 제정될 수 없었다. 우여곡절을 겪은 끝에 1996년 말에「행정절차법」이 제정되었다.

「행정절차법」의 제정이 갖는 의미는 첫째, 비록 순수절차규정을 입법화한 것이기는 하지만, 행정절차에 관한 일반법이 탄생되었다는 점이다.

둘째로, 행정작용의 실체적 적정성확보와 사인의 권익보호에 충실할 수 있다는 점이다.「행정절차법」은 앞에서도 본 바와 같이 "국민의 행정참여를 도모함으로써 행정의 공정성·투명성 및 신뢰성을 확보하고 국민의 권익을 보호함"을 목적으로 하고 있다(제1조). 비단 행정의 공정성뿐만 아니라 행정의 투명성·신뢰성을 확보한다는 점, 그리고 별도로 투명성(제5조)에 관한 규정을 두어 "행정청이 행하는 행정작용은 그 내용이 구체적이고 명확하여야 한다"는 점을 명시한 것은「행정절차법」의 취지를 잘 나타내고 있다. 이와 같은 입법의 취지는 뒤에서 볼 처리기간의 설정·공표, 처분기준의 설정·공표, 처분의 사전통지, 의견청취, 처분의 이유제시 등 일련의 규정에 구체화되어 있다.

셋째로,「행정절차법」의 제정은 실체법에 주안점을 둔 법제도의 수정을 의미하는 것이므로 우리 행정법제의 변화에 획기적인 의의를 갖는다.

2. 행정절차법은 무엇을 규정하고 있는가

(1) 행정절차법은 어떻게 구성되어 있는가

우리「행정절차법」은 8개의 장(章)으로 구성되어 있다. 제1장은 총칙이고, 이어서 처분절차, 신고절차, 행정상 입법예고절차, 행정예고절차, 행정지도절차, 국민참여의 확대 및 보칙의 순이다. 따라서 우리「행정절차법」이 규율대상으로 하고 있는 주된 절차 규정은 처분절차, 신고절차, 행정상 입법예고절차, 행정예고절차, 행정지도절차이다.

각 국가가「행정절차법」이라는 이름의 일반법을 제정하는 경우에, 그 일반법에 어떤 내용의 행정절차를 규율하는가는 각 국가의 입법정책문제이다. 따라서 각 국가가 규율하고 있는 행정절차의 종류와 그 내용이 동일한 것은 아니다.

총칙에는 전체에 공통되는 것으로 목적, 「행정절차법」에서 사용하는 용어 예컨대 행정청·처분·청문·공청회·전자문서 등의 정의(定義), 적용범위, 신의성실 및 신뢰보호, 투명성, 행정청의 관할 및 협조, 송달 등을 규정하고 있다.

(2) 송달을 어떻게 규정하고 있는가

송달이란 무엇인가. 「민사소송법」은 제1편 제4장 제4절에서 송달에 관한 규정을 두고 있다. 「행정소송법」은 송달에 관한 규정을 두지 않고 제8조 제2항에서 「민사소송법」의 규정을 준용하고 있다. 「행정심판법」도 제57조에서 「민사소송법」 중 송달에 관한 규정을 준용하고 있다. 「민사소송법」상 송달이란 소송상의 서류를 일정한 방식에 따라서 당사자 그 밖의 이해관계인에게 알릴 것을 목적으로 하는 재판권의 작용을 말한다.

「행정절차법」은 행정절차상의 서류를 일정한 방식에 따라 당사자 그 밖의 이해관계인에게 알리기 위한 행정작용으로 별도의 송달을 규정하고 있다. 「행정절차법」에서 규정하고 있는 송달의 방법·송달의 효력발생은 다음과 같다.

1) 송달의 방법

송달은 우편·교부 또는 정보통신망 이용 등의 방법에 의하되, 송달받을 자(대표자 또는 대리인 포함)의 주소·거소·영업소·사무소 또는 전자우편주소로 한다. 다만, 송달받을 자가 동의하는 경우에는 그를 만나는 장소에서 송달할 수 있다.

우편에 의한 송달은 행정청이 서류를 송달장소에 우편으로 발송한다. 이 경우 「민사소송법」상의 송달과는 달리 통상우편을 원칙으로 한다. 다만, 행정청은 송달하는 문서의 명칭, 송달받을 자의 성명 또는 명칭, 발송방법 및 발송연월일을 확인할 수 있는 기록을 보존하여야 한다.

교부에 의한 송달은 수령확인서를 받고 문서를 교부한다. 송달하는 장소에서 송달받을 자를 만나지 못한 때에는 그 사무원·피용자 또는 동거인로서 사리를 분별할 지능이 있는 사람에게 이를 교부한다. 다만, 문서를 송달받은 자 또는 그 사무원 등이 정당한 사유 없이 송달받기를 거부하는 때에는 그 사실을 수령확인서에 적고, 문서를 송달할 장소에 놓아둘 수 있다.

정보통신망을 이용한 송달은 송달받을 사람이 동의하는 경우에 한한다. 이 경우

송달받을 사람은 송달받을 전자우편주소 등을 지정하여야 한다.

송달받을 사람의 주소 등을 통상의 방법으로 확인할 수 없거나 또는 송달이 불가능한 경우에는 송달받을 사람이 알기 쉽도록 관보·공보·게시판·일간신문 중 하나 이상에 공고하고, 인터넷에도 공고하여야 한다.

2) 송달의 효력발생

일반송달의 경우에는 송달받을 사람에게 도달됨으로써 그 효력이 발생한다. 정보통신망을 이용하여 전자문서로 송달하는 경우에는 송달받을 사람이 지정한 컴퓨터 등에 입력된 때에 도달된 것으로 본다. 공시송달을 행한 경우(관보·공보·게시판·일간신문에 공고한 경우)에는 원칙적으로 공고일로부터 14일이 경과한 때에 그 효력이 발생된다.

3. 행정절차법과 다른 법률의 관계는 어떠한가

「행정절차법」이외에도 행정절차를 규정하고 있는 법률이 있다. 예컨대 「공익사업을 위한 토지 등의 취득 및 보상에 관한 법률」은 제21조에서 의견청취 등의 제목으로 "국토교통부장관은 사업인정을 하려면 관계 중앙행정기관의 장 및 특별시장·광역시장·도지사·특별자치도지사 및 중앙토지수용위원회와 협의하여야 하며, 대통령령이 정하는 바에 따라 미리 사업인정에 이해관계가 있는 자의 의견을 들어야 한다"라고 규정하고, 이를 받아 「공익사업을 위한 토지 등의 취득 및 보상에 관한 법률 시행령」 제11조는 의견청취 등을 규정하면서 "토지소유자 및 관계인, 그 밖에 사업인정에 관하여 이해관계가 있는 자"는 "열람기간에 당해 시장·군수 또는 구청장에게 의견서를 제출"할 수 있도록 규정하고 있을 뿐이다.

「행정절차법」제3조 제1항은 "처분·신고·행정상 입법예고·행정예고 및 행정지도의 절차(이하 행정절차)에 관하여 다른 법률에 특별한 규정이 있는 경우를 제외하고는 이 법이 정하는 바에 의한다"라고 규정하고 있다. 따라서 「공익사업을 위한 토지 등의 취득 및 보상에 관한 법률」제21조에서 규정하고 있는 것은 「행정절차법」 제3조 제1항에서 말하는 다른 법률에 특별한 규정이 있는 경우에 해당하므로 동법 제22조에서 규정하고 있는 의견청취 규정을 제외하고는 일반법인 「행정절차법」의 규정 예컨대 처리기간의 설정·공표, 처분기준의 설정·공표, 처분의 사전통지, 처분의 이유제시 등이 사업인정에도 전반적으로 적용된다.

4. 행정절차법의 적용에서 제외되는 사항은 어떤 것인가

「행정절차법」 제3조 제2항은 동법의 적용에서 제외되는 사항을 열거하고 있다. 첫째는 국회 또는 지방의회의 의결을 거치거나 동의 또는 승인을 얻어 행하는 사항이다. 둘째는 법원 또는 군사법원의 재판에 의하거나 그 집행으로 행하는 사항이다. 셋째는 헌법재판소의 심판을 거쳐 행하는 사항이다. 넷째는 각급 선거관리위원회의 의결을 거쳐 행하는 사항이다. 다섯째는 감사위원회의 결정을 거쳐 행하는 사항이다. 여섯째는 형사·행형 및 보안처분 관계법령에 의하여 행하는 사항이다. 일곱째는 국가안전보장·국방·외교 또는 통일에 관한 사항 중 행정절차를 거칠 경우 국가의 중대한 이익을 현저히 해할 우려가 있는 사항이다. 여덟째는 심사청구·해양안전심판·조세심판·특허심판·행정심판 그 밖의 불복절차에 관한 사항이다. 아홉째는 병역법에 의한 징집·소집, 외국인의 출입국·난민인정·귀화, 공무원 인사관계 법령에 의한 징계 그 밖의 처분 또는 이해조정을 목적으로 법령에 의한 알선·조정·중재·재정 그 밖의 처분 등 당해 행정작용의 성질상 행정절차를 거치기 곤란하거나 불필요하다고 인정되는 사항과 행정절차에 준하는 절차를 거친 사항으로서 대통령령으로 정하는 사항이다. 각국의 행정절차법은 동 법률의 적용 예외를 동 법률에서 정하고 있다. 우리 「행정절차법」이 동 법률의 적용 제외를 대통령령으로도 정할 수 있도록 한 것은 이례(異例)에 속한다.

주의할 점은 적용 제외사항도 그 전부에 대하여 「행정절차법」의 규정이 배제되는 것이 아니라는 점이다. 대법원은 "행정과정에 대한 국민의 참여와 행정의 공정성, 투명성 및 신뢰성을 확보하고 국민의 권익을 보호함을 목적으로 하는 「행정절차법」의 입법목적과 「행정절차법」 제3조 제2항 제9호의 규정 내용 등에 비추어 보면, 공무원 인사관계 법령에 의한 처분에 관한 사항 전부에 대하여 「행정절차법」의 적용이 배제되는 것이 아니라 성질상 행정절차를 거치기 곤란하거나 불필요하다고 인정되는 처분이나 행정절차에 준하는 절차를 거치도록 하고 있는 처분의 경우에만 「행정절차법」의 적용이 배제된다"(대법원 2013. 1. 16. 선고 2011두30687 판결 등)라고 판시하고 있다.

Ⅲ. 행정절차법은 어떻게 행정을 통제하고 있는가

1. 전체를 개관한다

「행정절차법」은 처분·신고·행정상 입법예고·행정예고·행정지도로 나누어 각각의 절차를 규정하여 그 절차에 따르게 함으로써 행정을 통제하고 있다. 「행정절차법」은 이와 같은 통제를 통하여 동법의 궁극의 목적인 국민의 권익을 보호하게 된다.

위 절차 중 신고절차는 사인의 행위의 종류에서 이미 보았다. 또한 행정지도절차도 행정지도를 설명하면서 이미 언급하였다. 남는 것은 처분절차와 행정상 입법예고·행정예고절차이다. 순차적으로 보기로 한다.

2. 처분은 어떤 절차를 거쳐 행하여지는가

우리 「행정절차법」은 처분을 이익처분과 불이익처분으로 나누어 규율하고 있지 않다. 이미 "행정행위는 어떻게 분류되는가"에서 본 바와 같이 처분에는 이익처분도 있고, 불이익처분도 있으며, 복효적 처분도 있다. 법적 이익이 다양해지고 있는 오늘날 복효적 처분이 날로 늘어나고 있다.

(1) 처분의 신청부터 시작한다

행정청에 대하여 처분을 구하는 신청이 있으면 행정청은 그 접수를 보류 또는 거부하거나 부당하게 되돌려 보내서는 아니되며 신청인에게 접수증을 주어야 한다는 것(「행정절차법」 제17조)은 이미 앞에서 본 바와 같다. 행정청은 신청인의 신청이 없었던 것으로 할 수는 없다. 신청이 있었느냐 없었느냐는 신청인 자신이 행하는 것이지 행정청이 정하는 것이 아니다. 사인의 적법한 신청이 있으면 행정청은 가부의 응답을 해야 할 의무가 있을 뿐이다. 예컨대 그 신청이 허가의 신청이라면 행정청은 허가 또는 불허가의 응답을 해야 할 의무를 진다. 이것이 「행정절차법」 제17조의 취지이다.

행정청은 신청인의 신청을 접수하면 이를 신속하게 처리할 의무를 진다. 행정청은 다수의 행정청이 관여하는 처분을 구하는 신청을 접수한 경우에는 관계행정청과의 신속한 협조를 통하여 당해 처분이 지연되지 아니하도록 하여야 한다(「행정절차법」 제18조). 행정청은 신청인의 편의를 위하여 처분의 처리기간을 종류별로 미리 정하여 공표하여야 한다(동법 제19조). 우리 「행정절차법」은 이 처리기간의 설정·공표를 이

웃나라 일본의 행정절차법처럼 '행정청의 노력으로' 규정하지 아니하고 '행정청의 의무'로 규정하고 있음을 주의하여야 한다.

(2) 처분기준을 설정·공표하여야 한다

「행정절차법」 제20조는 제1항에서 "행정청은 필요한 처분기준을 당해 처분의 성질에 비추어 될 수 있는 한 구체적으로 정하여 공표하여야 한다. 처분기준을 변경하는 경우에도 또한 같다"라고 규정하고, 제3항에서 "당사자 등은 공표된 처분기준이 불명확한 경우 당해 행정청에 대하여 그 해석 또는 설명을 요청할 수 있다. 이 경우 당해 행정청은 특별한 사정이 없는 한 이에 응하여야 한다"라고 규정하고 있다. 이 처분기준의 설정·공표의무는 투명성의 원칙을 구체화 한 것이다.

이와 같은 규정을 두게 된 취지는 처분의 기준을 구체적으로 알 수가 없으면 예컨대 처분을 신청한 경우 신청인은 신청의 결과를 전혀 예측할 수가 없다. 이것은 불이익처분의 경우도 마찬가지이다. 예컨대 징계처분의 경우 징계처분의 구체적인 기준을 모르면 어떤 징계처분이 행하여질 것인지 알 수가 없을 것은 당연하다. 또한 행정청의 재량의 여지를 최소화하려는 데에도 그 취지가 있다. 귀에 걸면 귀엣고리 코에 걸면 코엣고리라는 말이 있다. 여러가지 뜻으로 쓰이나 신문에는 재량의 남용을 빗대는 말로 사용한다. 우리나라 부정부패 부정축재의 온상이 기준 없는 재량이었기 때문이다.

그래서 우리 「행정절차법」은 처분기준의 설정·공표를 '행정청의 노력'으로 규정하지 아니하고 '행정청의 의무'로 규정하고 있다. 그리고 처분기준의 내용도 "당해 처분의 성질에 비추어 될 수 있는 한 구체적으로 정하여야 한다"고 명시하고 있다. 따라서 예컨대 재량처분의 경우 효과재량의 기준은 물론이고 요건재량의 기준도 구체적으로 정하여야 한다. 처분청이 처분기준을 정하면서 구체성을 결여한 때에는 「행정절차법」 제20조 위반이 되며, 객관적 합리성이 결여된 때에는 처분기준 그 자체 또는 그 처분기준에 의거한 처분이 통제의 대상이 된다(대법원 2004. 5. 28. 선고 2004두961 판결).

행정청이 스스로 설정·공표한 처분기준에 위반하여 처분을 하게 되면 행정의 자기구속원칙 위반이 된다.

(3) 처분의 사전통지를 하여야 한다

행정청은 불이익처분을 하는 경우에는 원칙적으로 사전통지(notice)의 의무가 있다.「행정절차법」제21조 제1항은 "행정청은 당사자에게 의무를 과하거나 권익을 제한하는 처분을 하는 경우에는 미리" 처분의 제목, 당사자의 성명 또는 명칭과 주소, 처분하고자 하는 원인이 되는 사실과 처분의 내용 및 법적 근거 등의 사항을 "당사자 등에게 통지하여야 한다"라고 규정하고 있다. 동조 제2항은 "행정청은 청문을 실시하고자 하는 경우에 청문이 시작되는 날부터 10일전까지" 위 사항 등을 "당사자 등에게 통지하여야 한다"라고 규정하고 있다. 이 규정은 행정의 공정성·투명성·신뢰성의 확보 및 국민의 권익보호를 위한 구체적 표현이다.

이 규정의 취지는 행정청이 조사한 사실 등 정보를 미리 당사자 등에게 알려줌으로써 당사자 등이 충분한 시간을 갖고 준비하여 자신이 알고 있는 사실을 바탕으로 청문·의견제출절차에서 의견을 진술하게 함으로서 자신의 권익을 보호할 수 있게 하기 위한 것이다.

(4) 의견청취를 하여야 한다

행정청이 처분 특히 불이익처분을 하는 경우에는 원칙적으로 의견청취를 하여야 한다. 당사자가 의견진술의 기회를 포기한다는 뜻을 명백히 표시한 경우에는 의견청취를 아니할 수 있다. 의견청취에는 청문·공청회·의견제출의 세 가지 방법이 있다.

1) 청 문

청문이란 행정청이 어떠한 처분을 하기에 앞서 당사자 등의 의견을 직접 듣고 증거를 조사하는 의견청취절차를 말한다.

청문의 실시는 다음 세 가지 경우에 행한다. 첫째는 다른 법령 등에서 청문을 실시하도록 규정하고 있는 경우이다(「행정절차법」제22조 제1항). 예컨대「식품위생법」은 동법의 규정에 따른 영업허가 또는 등록의 취소나 영업소의 폐쇄명령 등의 처분에는 청문을 하도록 규정하고 있다(제81조).「행정절차법」의 시행에 따른 관계 법률의 정비를 위해「행정절차법의 시행에 따른 공인회계사법 등의 정비에 관한 법률」이 제정되었다. 이 법률에 의하여 당사자의 재산권 자격 또는 지위를 직접 박탈하는 허가·인가·면허 등의 취소처분과 법인·조합 등의 설립인가 취소 또는 해산을 명하는 중대한 불이익처분의 경우에는 청문을 실시하도록 정비되었다.

둘째는 행정청이 필요하다고 인정하는 경우이다.

셋째는 인허가 등의 취소, 신분 자격의 박탈, 법인이나 조합 등의 설립허가의 취소의 처분시 행정청이 통지한 의견제출기한 내에 당사자 등의 신청이 있는 경우이다.

청문은 청문주재자가 주재한다. 행정청은 청문이 시작되는 날부터 7일 전까지 청문주재자에게 청문과 관련한 필요한 자료를 미리 통지하여야 한다. 청문주재자는 예정된 처분의 내용, 그 원인이 되는 사실 및 법적 근거의 설명으로부터 청문을 시작하고, 신청 또는 직권에 의하여 필요한 조사를 할 수 있으며, 당사자 등이 주장하지 아니한 사실에 대하여도 조사할 수 있다. 당사자 등은 의견을 진술하고 증거를 제출할 수 있으며, 참고인·감정인 등에 대하여 질문을 할 수 있다.

청문주재자는 청문조서를 작성하여야 하며, 또한 처분의 내용·주요사실·증거 및 종합의견을 기재한 청문주재자의 의견서를 작성하여야 한다.

당사자 등은 청문의 통지가 있는 날부터 청문이 끝날 때까지 행정청에 대하여 당해 사안의 조사결과에 관한 문서 그 밖에 당해 처분과 관련되는 문서의 열람 또는 복사를 요청할 수 있다(「행정절차법」 제37조).

2) 공청회

공청회란 행정청이 공개적인 토론을 통하여 어떠한 행정작용에 대하여 당사자 등, 전문지식과 경험을 가진자, 그 밖에 일반으로부터 의견을 널리 수렴하는 의견청취절차를 말한다.

공청회의 개최는 첫째는 다른 법령 등에서 공청회를 개최하도록 규정하고 있는 경우이고, 둘째로는 당해 처분의 영향이 광범위하여 널리 의견을 수렴할 필요가 있다고 행정청이 인정하는 경우이다.

행정청이 공청회를 개최하려는 경우에는 공청회 개최 14일 전까지 공청회 개최에 관하여 필요한 사항을 당사자 등에게 통지하고, 관보·공보·인터넷 홈페이지 또는 일간신문 등에 공고하는 등의 방법으로 널리 알려야 한다. 행정청은 위 공청회와 병행하여서만 정보통신망을 이용한 공청회(전자공청회)를 실시할 수 있다.

공청회의 주재자는 공청회를 공정하게 진행하여야 하며, 공청회의 원활한 진행을 위하여 발표내용을 제한할 수 있고, 질서유지를 위하여 발언중단, 퇴장명령 등 행정안전부장관이 정하는 필요한 조치를 할 수 있다.

공청회의 경우에는 청문에 있어서와 같은 처분과 관련되는 문서의 열람·복사를 요청할 수 있는 규정이 「행정절차법」에 없다. 따라서 이 경우에는 「공공기관의 정보공개에 관한 법률」 등에 의하여 처분과 관련되는 정보를 요청할 수 밖에 없다.

3) 의견제출

의견제출이란 행정청이 어떠한 행정작용을 하기에 앞서 당사자 등이 의견을 제시하는 절차로서 청문이나 공청회에 해당하지 아니하는 의견청취를 말한다.

행정청이 불이익처분을 하는 경우에는 청문을 실시하거나 공청회를 개최하는 경우 외에는 당사자 등에게 의견제출의 기회를 주어야 한다. 쌍용자동차 해고자들은 2012년 4월 10일에서 12일 사흘 동안 서울광장에서 '정리해고 철회결의대회'를 연 뒤 서울광장 일부를 무단 점거하면서 텐트를 치고 희망광장을 운영했다. 이에 서울시는 서울광장 미신고 무단사용을 이유로 쌍용자동차 해고자측에 의견진술의 기회를 준 뒤 변상금부과처분을 행하였다. 당사자 등은 처분이 행하여지기 전에 그 처분의 관할 행정청에 서면·구술로 또는 정보통신망을 이용하여 의견제출을 할 수 있다. 이 경우 당사자 등은 그 주장을 입증하기 위한 증거자료 등을 첨부할 수 있다.

의견제출의 경우에도 청문에 있어서와 같은 처분과 관련되는 문서의 열람·복사를 요청할 수 있는 규정이 「행정절차법」에 없다. 따라서 이 경우에도 당사자 등은 「공공기관의 정보공개에 관한 법률」 등에 의하여 처분과 관련되는 정보를 요청할 수 밖에 없다.

(5) 처분의 근거와 이유를 제시하여야 한다

1) 행정청의 이유제시 의무

행정청은 처분을 하는 때에는, 법이 정한 예외를 제외하고, 당사자에게 그 근거와 이유를 제시하여야 한다. 예외의 경우에도 처분 후 당사자가 요청하는 경우에는 그 근거와 이유를 제시하여야 한다. 흔히 처분의 근거와 이유제시를 이유제시라고만 부른다. 「행정절차법」 제정 이전에는 이유부기(理由附記)라고 불렀다.

인간의 의사결정에는 반드시 이유가 있다. 인간이 이유를 제시하지 아니하는 경우도 없지 아니하나, 그 배후에는 반드시 이유가 있다. 사인과 사인 간에 대하여는 이유의 내용에 대하여 법률이 별반 요구하지 아니한다. 의사결정의 자유원칙에는 의사결정의 이유제시 자유도 포함되어 있기 때문이다. 그러나 행정행위의 경우에는 사정이 다르다. 행정행위에는 지금까지 보아온 바와 같이 여러 형태의 법률의 규제가 있다. 행정행위가 인간의 행위인 이상 당연히 이유가 있기 마련이지만 그 이유는 법률에 적합한 것이 아니면 아니 된다.

2) 처분과 이유제시의 동시성 및 이유제시의 정도

「행정절차법」은 행정청이 처분을 하는 때에는 처분과 동시에 처분의 근거와 이유를 제시하도록 요구하고 있다. 따라서 앞에서 본 처분의 근거와 이유제시의 예외는 처분의 근거와 이유제시를 할 필요가 없다는 의미의 제외가 아니라 처분과 근거·이유제시의 동시성에 대한 예외가 된다. 또한 행정청이 처분을 하는 때에 어느 정도의 근거와 이유제시를 해야 하는가에 관하여 「행정절차법 시행령」 제14조의2는 "처분의 원인이 되는 사실과 근거가 되는 법령 또는 자치법규의 내용을 구체적으로 명시하여야 한다"고 규정하고 있다.

3) 이유제시의 기능

처분의 근거와 이유제시가 어떠한 기능을 하기 때문에 「행정절차법」과 동법 시행령이 근거와 이유제시에 대하여 위와 같은 규정을 두고 있는 것인가. 처분의 근거와 이유제시 기능의 첫째는 행정청으로 하여금 처분의 근거와 이유를 제시하게 함으로써 행정청의 자의(恣意)를 억제시키고, 판단의 근거를 알림과 동시에 처분의 결정과정을 공개시키며, 행정절차를 보다 투명하게 한다. 둘째는 행정청이 처분의 근거와 이유를 제시하게 되면 당사자뿐만 아니라 제3자도 제시된 처분의 근거와 이유를 검토하게 될 것이기 때문에 행정청으로서는 처분을 할 때 보다 신중하게 된다. 셋째는 처분의 근거와 이유제시는 당사자 등에게 설득기능을 하게 된다. 처분의 근거와 이유제시에 의하여 당사자 등이 처분이 정당한 것으로 수긍하게 되면 행정은 사인의 협조를 받게 되어 원활한 행정에 도움이 되며, 당사자 등은 무익한 쟁송을 피하게 된다. 넷째로 행정청이 처분의 근거와 이유를 제시하게 되면 당사자 등은 처분의 법적·사실적 문제가 어디에 있는가를 명확하게 파악할 수 있게 되기 때문에 행정심판이나 행정소송으로 처분을 다투는 경우에 주장·입증의 실마리가 되어 쟁송의 기회를 실질적으로 보장하는데 도움이 된다.

4) 이유제시의 중요성

이유제시는 처분기준의 설정·공표, 처분의 사전통지 및 의견청취절차와 더불어 사전절차를 떠받들고 있는 중요한 기둥이다.

(6) 절차의 결과를 반영하여 처분하여야 한다

행정청이 의견청취절차를 거쳐 처분을 하는 때에는 의견청취절차의 결과를 반영하여 처분하여야 한다.

먼저 청문의 경우, 청문주재자는 청문을 마친 때에는 청문조서, 청문주재자의 의견서 그 밖의 관계 서류 등을 행정청에 지체 없이 제출하여야 한다. 행정청은 청문을 마친 후에도 처분하기까지 새로운 사정이 발견된 경우 청문을 다시 열도록 명할 수 있다. 행정청은 처분을 함에 있어서 청문조서, 청문주재자의 의견서, 그 밖의 관계 서류 등을 충분히 검토하고 상당한 이유가 있다고 인정하는 경우에는 청문결과를 반영하여야 한다(「행정절차법」 제35조의2). 지금의 중앙행정심판위원회의 전신인 국무총리행정심판위원회는 처분취소심판청구사건에서 청문결과를 반영하지 아니한 위법이 있다는 이유로 처분을 취소하는 의결(국무총리행정심판위원회 2002. 8. 12. 자 02-03514 의결)을 한 바 있었다.

공청회의 경우에도, 행정청은 처분을 함에 있어서 공청회·전자공청회 및 정보통신망 등을 통하여 제시된 사실 및 의견이 상당한 이유가 있다고 인정하는 경우에 이를 반영하여야 한다(동법 제39조의2).

의견제출의 경우에도 행정청은 당사자 등이 제출한 의견이 상당한 이유가 있다고 인정하는 경우에는 처분을 함에 있어 이를 반영하여야 한다(동법 제27조의2).

(7) 행정청이 처분을 하는 경우 고지를 하여야 한다

고지란 행정청이 처분을 행하는 경우에 상대방 등에게 행정심판 및 행정소송을 제기할 수 있는지 여부, 그 밖에 불복을 할 수 있는지 여부, 청구의 기관·절차·기간 등 필요한 사항을 알려주는 제도를 말한다. 「행정절차법」이 이에 관한 규정을 두고 있다(제26조). 「행정심판법」도 이에 관한 규정을 두고 있다(제58조).

원래는 「행정절차법」에서 규정하여야 할 성질의 제도이지만, 「행정심판법」이 먼저 제정되었기 때문에 「행정절차법」과 「행정심판법」 양쪽이 모두 규정하게 된 것이다.

(8) 절차에 흠이 있는 경우 처분은 어떻게 되는가

행정청이 처분을 하면서「행정절차법」그 밖에 법률이 규정하고 있는 절차에 위반하여 행하여진 경우, 이와 같은 절차의 흠이 당해 처분의 효력에 어떤 영향을 주게되는가. 절차는 크게 내부절차와 외부절차로 나눌 수 있다. 내부절차는 사인의 권익에 영향이 없는 절차를 말하고, 외부절차는 사인의 권익에 영향을 주는 절차를 말한다. 절차의 흠이 처분의 효력에 영향을 주는 것은 외부절차이다.

우리는 지금까지 주로「행정절차법」이 규정하고 있는 절차를 중심으로 처리기간의 설정·공표, 처분기준의 설정·공표, 처분의 사전통지, 의견청취, 처분의 근거·이유제시 등을 보아 왔다. 절차의 흠이 처분의 효력에 어떤 영향을 주는가에 대해서는 견해가 나뉜다. 그러나 최소한 행정청이 불이익처분을 하면서 미리 처분의 사전통지를 하지 아니한 경우, 처분을 하면서 청문 등 의견청취를 하지 아니한 경우, 당사자에게 그 근거와 이유를 제시하여야 하는 의무에 위반하여 행정청이 처분을 행한 경우 그 처분은 위법하여 취소사유가 된다는 것이 우리나라의 확립된 판례이다(대법원 2001. 4. 13. 선고 2000두3337 판결 등).

이명박 정부의 역점 사업이었던 4대강 정비사업에 소송이 제기된 것은 2009년 11월 26일이다. 이 소송의 쟁점의 첫째는 4대강의 보(洑)를 막아 늘 강물이 출렁대는 스타일의 강을 만들어야 한다는 주장과 계절과 지형마다 변화무쌍한 강의 모습을 그냥 내버려 둬야 한다는 주장이다. 쟁점의 둘째는 보를 쌓으면 수질이 좋아지고 준설로 홍수 피해를 줄일 수 있다는 주장과 그렇지 않다는 주장이다.

이와 같은 가치와 과학이 쟁점이 되어 있는 소송은 법원이 판단하기 적합한 소송이 아니다. 이 소송사건 전에 있었던 새만금소송도 이와 비슷한 소송이다. 이런 소송이 증가하고 있다. 이런 소송은 절차의 적법성 판단으로 판가름이 나게 된다. 4대강 소송의 항소심판결도 "법원은 어떤 정책이 더 국가와 국민이익에 부합하는지 판단할 능력도 자격도 없다. 절차의 적법성만 판단할 뿐이다"라고 판시하고 있다. 절차의 적법성이 얼마나 중요한가를 일깨워주는 판결이다.

3. 행정상 입법예고·행정예고는 어떤 절차를 거치는가

(1) 행정상 입법예고란 무엇인가

법령 등을 제정·개정 또는 폐지하고자 할 때에는 당해 입법안을 마련한 행정청은 원칙적으로 이를 예고하여야 한다. 이를 행정상 입법예고라고 한다. 예고방법은 행정청이 입법안의 취지, 주요 내용 또는 전문(全文)을 관보·공보나 인터넷·신문·방송 등의 방법으로 널리 공고한다. 행정청은 예고된 입법안에 전자공청회 등을 통하여 널리 의견을 수렴할 수 있다. 누구든지 예고된 입법안에 대하여 그 의견을 제출할 수 있다. 행정청은 당해 입법안에 대한 의견이 제출된 경우 특별한 사유가 없는 한 이를 존중하여 처리하여야 한다. 행정청은 의견을 제출한 자에게 그 제출된 의견의 처리결과를 통지하여야 한다.

(2) 행정예고란 무엇인가

행정청은 국민생활에 매우 큰 영향을 주는 상황, 많은 국민의 이해가 상충되는 사항, 많은 국민에게 불편이나 부담을 주는 사항, 그 밖에 널리 국민의 의견수렴이 필요한 사항에 대한 정책·제도 및 계획을 수립·시행하거나 변경하고자 하는 때에는 원칙적으로 이를 예고하여야 한다. 이를 행정예고라고 한다. 국토교통부의 택배관련 화물자동차 운수사업 허가요령고시안 행정예고, 포항시의 어린이 보호구역 방범용 CCTV 설치에 따른 행정예고 등이 그 예이다.

국민의 생활에 큰 영향을 주는 정책·제도 및 계획의 수립·시행은 신중하여야 한다. 2013년 2월 5일자 뉴욕타임즈(NYT)의 보도에 의하면 유럽경제 위기의 직격탄을 맞고 있는 그리스 아테네 주택가에는 나무를 땔 때 나오는 매연이 자욱하다고 한다. 경제난에 시달리는 사람들이 겨울 들어 기름 보일로 대신 나무로 난방을 하기 시작했기 때문이라고 한다. 그리스인들이 다시 땔감으로 벽난로에 불을 지피기 시작한 것은 세금 때문이다. 그리스 정부는 세수(稅收)확대 등을 위해 난방용 기름에 부과하는 세금을 2012년 가을 무려 450% 인상했다. 난방비가 평균 50% 가까이 오르게 되자 기름 난방을 포기한 것이다. 그 결과 2012년 4분기 난방용 기름 사용량이 전년 동기와 비교해 70% 줄면서, 세금 인상으로 세수를 늘리겠다는 정부의 구상도 수포로 돌아갔다. 대신 땔감을 구하기 위해 산과 공원의 나무를 무단으로 자르는 일이 속출하고, 매연으로 국민건강까지 위협받은 상황이 된 것이다.

행정예고의 방법, 의견제출 및 처리 등은 행정상 입법예고와 같다.

(3) 행정상 입법예고·행정예고에 흠이 있는 경우 어떻게 되는가

행정상 입법예고·행정예고의 절차에 흠이 있는 경우 당해 법령·계획 등의 효력에 어떤 영향을 주게 되는가. 학설로는 입법예고를 생략할 뚜렷한 이유가 없음에도 불구하고 입법예고를 거치지 아니한 경우, 입법예고를 거쳤으나 그 절차가 공정하지 못하였거나 법이 정하는 바와 다르게 절차가 진행된 경우에는 위법하며, 행정예고도 동일하다는 견해가 대세이다. 하급심판결 중에는 국립대학교의 일부 학과 및 전공의 명칭 또는 소속 단과대학을 변경하거나 단과대학의 일부 학과 및 전공을 통·폐합하는 학칙 개정이 관련 법령과 학칙에서 정한 예고절차를 거치지 않은 것으로서 위법하다는 판결(대전지방법원 2008. 3. 26. 선고 2007구합4683, 4850 판결)이 있다.

제6장

사인의 권익은 어떻게 구제되는가

제6장 사인의 권익은 어떻게 구제되는가

Ⅰ. 사인의 권익의 구제방법에는 어떤 것이 있는가

1. 행정이 사인의 권익을 침해할 수 있다

행정은 여러 행정작용을 통하여 우리들의 생활을 안전하게 하고 보다 풍요롭게 하려는 목적을 달성하려고 한다. 그러나 때로는 행정은 권한을 위법·부당하게 행사하기도 하고 행정법이 정하고 있는 권한을 행사할 것을 태만함으로써 우리들 사인의 권리·이익을 침해하기도 한다. 현실의 피해가 발생하지 않도록 하려면 어떻게 해야 하는가. 또한 침해된 권리·이익을 회복하기 위해서는 어떤 방법이 있겠는가.

2. 사인의 권익 구제방법에는 여러가지가 있다

잘못된 행정을 바로 잡는데에는 여러가지 방법이 있다. 이미 앞에서 본 바와 같이 정보공개도 잘못된 행정을 바로 잡는 방법 중의 하나이다. 행정기관이 직권취소하는 것도 한 방법이다. 그러나 이를 기대하여 기다릴 수는 없는 것이고, 사인이 이들 잘못된 행정을 다툴 수 있는 길을 열어둘 필요가 있다. 행정기관의 위법·부당한 처분 및 권한 불행사의 소극적인 처분 등으로 인하여 권익을 침해받은 사인의 권익 구제방법에는 행정기관에 의한 시정방법과 법원에 의한 시정방법이 있다. 행정기관에 의한 시정방법에는 국민권익위원회·시민고충처리위원회에 신청하는 고충민원(苦衷民願)도 있다. 그러나 행정기관에 의한 시정방법 중 가장 효과적인 방법은 행정심판이다. 법원에 의한 시정방법은 처분이 위법한 경우에 한정된다. 또한 공권력의 행사 또는 불행사로 인하여 헌법상 보장된 기본권을 침해받은 사인은 헌법재판소에 헌법소원심판을 청구할 수 있다.

국가나 지방자치단체가 사인에게 손해나 손실을 입힌 경우에 모든 손해나 손실을 사인에게 참고 견디라(어려운 말로 受忍이라 한다)고 하는 것은 타당하지 않다. 필요한 경우에는 사인이 입은 손해나 손실을 금전으로 전보해 주는 길을 열어둘 필요가 있다. 국가 또는 지방자치단체가 전보해 주어야 하는 것으로 두 가지가 있다. 그 하나는 국가 또는 지방자치단체가 법령에 위반하여 사인에게 손해를 준 경우이다. 또 다른 하나는 국가나 지방자치단체 등의 행위 자체는 적법한 것이었지만 그 결과 발생한 손실을 방치하는 것이 타당하지 아니한 경우이다. 앞의 경우가 행정상 손해배상이고 뒤의 경우가 행정상 손실보상이다.

구체적인 예로 자동차 운전면허가 취소된 경우를 생각해 보자. 만일 행정청이 행한 운전면허취소처분이 법령에 위반하였다고 가정하는 경우, 그 구제방법으로 두 가지를 생각해 볼 수 있다. 그 하나는 취소처분을 받은 사람이 취소처분을 취소해 달라고 다투는 것이다. 이 경우 「도로교통법」은 먼저 행정심판을 거치도록 규정하고 있다(제142조). 행정심판에 의하여 목적을 달성하지 못한 경우에 행정소송으로 취소처분을 취소해달라고 다투어야 한다. 또 하나는 취소처분을 받은 사람이 국가를 상대로 「국가배상법」에 의하여 손해배상을 청구하는 방법이다. 그런데 「국가배상법」에 의한 손해배상에서 승소하여도 금전적인 배상만 받을 수 있을뿐이지 자동차 운전을 할 수 없다. 자동차 운전을 하려면 운전면허취소처분을 취소시켜 문제를 근본적으로 해결하여야 한다. 운전면허취소처분의 취소를 구하는 행정소송이 제1차 권리구제제도라고 한다면 「국가배상법」에 의한 손해배상청구소송은 제2차 권리구제제도가 된다.

Ⅱ. 행정심판에 의한 시정방법은 어떤 것인가

1. 전체를 개관한다

(1) 행정심판이란 무엇인가

행정심판은 넓은 의미의 행정심판과 좁은 의미의 행정심판으로 나뉜다. 원래의 행정심판은 넓은 의미의 행정심판으로 이해되어 왔다. 넓은 의미의 행정심판이란 행정법상 법률관계에 다툼이 있는 경우에 그 다툼을 행정기관이 해결하는 절차를 말한다. 그러나 헌법에 "재판의 전심절차로서 행정심판을 할 수 있다. 행정심판의 절차는 법률로 정하되, 사법절차가 준용되어야 한다"는 규정이 새로 신설되었고(신설될 당시의 헌법은 제108조 제3항이나 현행 헌법 제107조 제3항), 이에 의거하여 행정심판의 일반법인 「행정심판법」이 제정되었으며, 헌법재판소도 "사법절차의 본질적 요소를 어느정도 갖추고 있는 행정심판만이 헌법이 요청하는 행정심판이 된다"(헌법재판소 2001. 6. 28. 2000헌바30 결정)고 결정함으로써 행정심판이 좁은 의미로 이해되었다. 즉 좁은 의미의 행정심판이란 넓은 의미의 행정심판 중에서 헌법의 요청에 부응하여 사법절차의 본질적 요소를 어느정도 갖추고 있는 행정심판을 말한다. 「부동산가격공시에 관한 법률」 제11조는 제1항에서 "개별공시지가에 대하여 이의가 있는 자는 그 결정·공시일부터 30일 이내에 서면으로 시장·군수 또는 구청장에게 이의를 신청할 수 있다"고 하고, 제2항에서 "시장·군수 또는 구청장은 제1항에 따라 이의신청 기간이 만료된 날부터 30일 이내에 이의신청을 심사하여 그 결과를 신청인에게 서면으로 통지하여야 한다"라고 규정하고 있다. 이 법조에서 말하는 이의신청은 넓은 의미의 행정심판이지만, 좁은 의미의 행정심판은 아니다(대법원 2010. 1. 28. 선고 2008두19987 판결 참조). 「행정심판법」의 적용을 받는 행정심판에 대하여 개별법에서 따로 정한 특례절차에 따라 행하는 행정심판을 특별행정심판이라고도 부른다.

행정심판은 일반적으로 행정의 자기통제와 국민의 권익구제라는 두 가지 기능을 갖고 있다. 그러나 행정심판을 좁은 의미의 행정심판으로 이해하게 되면, 행정심판은 행정기관이 해결하는 절차라는 점에서 법원이 해결하는 절차인 행정소송과 구별되지만, 기능면에서 행정소송에 가까워진다.

(2) 행정심판은 왜 필요한가

행정심판이 필요한 이유의 첫째는 행정심판은 행정소송에 비해 간편하면서도 신속하게 침해된 권익을 구제해 준다. 행정소송에 의하는 경우 엄격한 절차를 밟지 않을 수 없으며 문제해결에 오랜 시간이 걸리며 비용도 많이 든다. 이에 비해서 행정심판에 의하는 경우 절차가 비교적 간편하여 시간도 오래 걸리지 않으며 비용은 거의 들지 않는다. 둘째로 행정심판은 행정소송에 비해 구제의 대상이 넓다. 행정소송에 의하는 경우 법원의 심사는 처분이 위법한가의 여부 문제에 한정된다. 이에 비해서 행정심판에 의하는 경우 행정심판기관의 심사는 처분이 위법한가의 여부는 물론이고 처분이 부당한가의 여부 문제에까지 확대되어 있다.

(3) 행정심판에는 어떤 것이 있는가

행정심판의 일반법인 「행정심판법」은 행정심판의 종류로 취소심판·무효등확인심판·의무이행심판의 세 가지로 구분하고 있다.

1) 취소심판

취소심판이란 행정청의 위법 또는 부당한 처분의 취소 또는 변경을 하는 행정심판을 말한다. 행정심판 재결례 중에서 예를 들어 보자. 혈중알코올농도 0.05%의 술에 취한 상태에서 운전하다가 사람을 다치게 했다는 이유로 운전면허를 취소당한 청구인이 자신은 저녁 식사때 반주로 소주 2잔을 마신 사실은 있으나, 접촉 사고 후 조치하는 등 정상적인 상태였는데 혼수상태에 빠지거나 사망에 이르는 수치인 0.05%로 측정된 것은 음주측정기에 고장이 있었다는 이유로 처분의 취소를 구하였다. 행정심판위원회는 청구인의 주장을 받아들여 운전면허취소처분을 취소하였다.

2) 무효등확인심판

무효등확인심판이란 행정청의 처분의 효력 유무 또는 존재 여부에 대한 확인을 하는 행정심판을 말한다. 다시 행정심판 재결례 중에서 예를 들어 보자. 행정청은 청구인이 다른 사람의 자동차를 훔쳤다는 이유로 청구인의 운전면허를 취소하였다. 청구인은 운전면허취소처분이 중대하고 명백한 흠이 있어 무효라는 이유로 무효확인을 구하는 행정심판을 제기하였다. 「도로교통법」에는 운전면허를 가진 사람이 자동차 등을 훔치거나 빼앗은 때에는 운전면허를 취소하도록 규정하고 있었다. 행정심판위원회는 이 규정의 취지를 운전면허를 본래의 목적으로 사용하지 않고 다른 사람의 자동차 등을 훔치거나 빼앗는 수단으로 사용하는 것을 막기 위한 것이라고 보았다. 이를 전제로 행정심판위원회는 청구인이 다른 사람과 원동기장치자전거를 절취할 것을 공모하고 다른 사람이 원동기장치자전거에 시동을 걸어 절취하는 동안 부근에서 망을 본 사실은 있으나 원동기장치자전거를 직접 운전한 사실은 없어 운전면허를 차량절도의 수단으로 사용한 것으로 볼 수 없다는 이유로 이 사건 운전면허취소처분에 중대하고 명백한 흠이 있어 무효인 처분이라고 하여 청구인의 청구를 인용하였다.

3) 의무이행심판

의무이행심판이란 당사자의 신청에 대한 행정청의 위법 또는 부당한 거부처분이나 부작위에 대하여 일정한 처분을 하도록 하는 행정심판을 말한다. 다시 행정심판

재결례 중에서 예를 들어보자. 청구인이 피청구인에게 TV, 라디오, 신문 및 이벤트 행사와 각 분야별 지출내역 자료의 공개를 신청(청구)하자, 피청구인은 이 사건의 정보가 「공공기관의 정보공개에 관한 법률」 제9조 제1항 제7호에 따른 비공개대상 정보라는 이유로 비공개 결정을 하였다. 이에 청구인은 피청구인의 비공개결정을 취소하고, 해당 정보를 공개하라는 행정심판을 제기하였다. 「공공기관의 정보공개에 관한 법률」 제9조 제1항 제7조는 "법인·단체 또는 개인(이하 법인 등이라 한다)의 경영·영업상 비밀에 관한 사항으로 공개될 경우 법인 등의 정당한 이익을 현저히 해할 우려가 있다고 인정되는 정보"를 비공개 대상 정보로 규정하고 있다. 행정심판위원회는 국민의 알권리를 보장하고 국정에 대한 국민의 참여와 국정운영의 투명성을 확보한다는 정보공개법의 입법목적과 취지에 비추어, 공공기관은 자신이 보유·관리하는 정보를 공개하는 것이 원칙이고, 정보공개의 예외로서 비공개사유에 해당하는지 여부는 이를 엄격하게 해석할 필요가 있다는 점, 이 사건정보를 공개한다고 하더라도 피청구인의 설립목적인 회원의 공동이익의 증진과 그 건전한 발전을 도모하는 것이 곤란해진다고 단정할 수 없다는 점 등의 이유로 청구인의 청구를 인용하였다.

(4) 누가 행정심판기관인가

행정심판기관이란 행정심판의 청구를 수리하여 이를 심리·재결할 수 있는 권한을 가진 행정기관을 말한다. 「행정심판법」은 행정심판위원회를 행정심판기관으로 정하고 있다. 「행정심판법」이 정하고 있는 행정심판위원회는 다음과 같다. 감사원, 국가정보원장, 그 밖에 대통령령으로 정하는 대통령 소속기관의 장, 국회사무총장·법원행정처장·헌법재판소 사무처장 및 중앙선거관리위원회 사무총장, 국가인권위원회, 그 밖에 지위·성격의 독립성과 특수성이 인정되어 대통령령으로 정하는 행정청의 처분 또는 부작위에 대한 심판청구의 심리·재결은 해당 행정청 소속 행정심판위원회가 행한다.

위의 행정청 외의 중앙행정기관의 장 또는 그 소속 행정청, 특별시장·광역시장·특별자치시장·도지사·제주특별자치도지사(교육감 포함) 또는 특별시·광역시·특별자치시·도·특별자치도의 의회, 「지방자치법」에 따른 지방자치단체조합 등 관계 법률에 따라 국가·지방자치단체·공공법인 등이 공동으로 설립한 행정청의 처분 또는 부작위에 대한 심판청구의 심리·재결은 국민권익위원회 소속 중앙행정심판위원회가 행한다.

특별시·광역시·특별자치시·도·특별자치도 소속 행정청, 특별시·광역시·특별자치시·도·특별자치도의 관할구역에 있는 시·군·자치구의 장, 소속 행정청 또는 시·군·자치구의 의회, 특별시·광역시·특별자치시·도·특별자치도의 관할 구역에 있는 둘 이상의 지방자치단체·공공법인 등이 공동으로 설립한 행정청의 처분 또는 부작위에 대한 심판청구의 심리·재결은 특별시장·광역시장·특별자치시장·도지사·특별자치도지사 소속 행정심판위원회가 행한다.

중앙행정기관의 장 또는 그 소속 행정청에 해당할 수 있음에도 불구하고 대통령령으로 정하는 국가행정기관 소속 특별지방행정기관의 장의 처분 또는 부작위에 대한 심판청구의 심리·재결은 해당 행정청의 직근 상급행정기관 소속 행정심판위원회가 행한다.

따라서 예컨대, 특별시·광역시·특별자치시·도·특별자치도 인사위원회위원장이 행한 지방공무원 임용시험 불합격 결정처분에 대하여 행정심판을 제기하는 경우, 특별시·광역시·특별자치시·도·특별자치도 인사위원회원장은 특별시·광역시·특별자치시·도·특별자치도 소속 행정청이므로, 특별시·광역시·특별자치시·도·특별자치도 소속 행정청이 하는 처분 또는 부작위에 대한 행정심판기관은 특별시장·광역시장·특별자치시장·도지사·특별자치도지사 소속 행정심판위원회가 된다.

2. 취소심판은 어떻게 행하여지는가

(1) 취소심판은 어떻게 제기해야 하는가

1) 취소심판의 제기에는 일정한 요건을 갖추어야 한다

취소심판은 법률이 정한 요건을 갖추어 제기하여야 한다. 다른 법률에 특별한 규정을 두고 있는 경우를 제외하고는 「행정심판법」의 정한 바에 의한다. 「행정심판법」이 정하고 있는 취소심판의 제기요건은 청구인이 취소심판사항을 대상으로 일정한 방식에 따라 소정의 취소심판청구기간 내에 피청구인인 처분청을 경유하거나 또는 직접으로 행정심판위원회에 제기하여야 한다.

2) 청구인이 제기하여야 한다

취소심판의 대상인 처분에 불복하여 처분을 취소 또는 변경하여 달라고 취소심판청구를 제기한 사람이 청구인이다. 청구인이 될 수 있는 사람은 원칙적으로 자연인 또는 법인이나, 법인 아닌 사단 또는 재단도 대표자나 관리인이 정하여져 있는 때에는 그 이름으로 청구인이 될 수 있다. 다수의 청구인이 공동으로 취소심판을 청구하는 때에는 청구인 중 3명 이하의 대표자를 선정할 수 있다. 이 대표자를 선정대표자라 한다. 선정대표자는 각기 다른 청구인을 위하여 그 사건에 관한 모든 행위를 할 수 있음이 원칙이다.

취소심판은 청구인적격이 있는 사람이 제기하여야 한다. 청구인적격이란 특정한 취소심판에 있어서 청구인으로 심판을 제기하여 본안에 대한 재결을 받기에 적합한 자격을 말한다. 처분의 취소 또는 변경을 구할 법률상 이익이 있는 사람이 취소심판 청구에 있어서 청구인적격을 갖는다(「행정심판법」 제14조 제1항). 법률상 이익이 있는 사람이 무엇인가에 관하여는 견해가 나뉜다. 판례는 처분의 근거 법률에 의하여 보호되는 이익을 침해받은 사람이 법률상 이익이 있는 사람으로 본다. 처분의 상대방은 당연히 법률상 이익이 있는 사람이며, 법률상 이익이 있는 사람인가 아닌가가 문제되는 것은 제3자이다. 행정심판 재결례에서 예를 찾아보면 속리산국립공원내 용화집단시설지구 공원사업시행허가취소사건에서 용화집단시설지구 하류 36km이내에 거주하고 있는 주민들이 법률상 이익이 있는 자인가가 문제되었다. 행정심판위원회는 "청구인들은 사업지구로부터 36km 이내에 거주하고, 사업지구인 신월천의 복류수 및 하천수를 식수, 생활용수 및 농업용수로 사용하는 자들로 갈수기 등 환경변화시 또는 시설지구사업시행으로 인하여 계속된 오염의 축적시 사업지구로부터 다량의 방류수가 배출될 경우 청구인들이 사용하는 하천의 오염으로 식수피해 등의 발생이 충분히 예상되어 「헌법」 제35조 제1항의 규정에 의한 쾌적한 환경에서 생활할 권리, 「자연환경보전법」 제7조 등의 규정에 의한 건강하고 쾌적한 환경을 향유할 권리를 침해하게 되므로 청구인들은 이 건 처분의 취소를 구할 법률상 이익을 가진 자들이라할 것"이라고 하여 법률상 이익이 있는 사람이라고 하였다.

처분의 효과가 기간의 경과, 처분의 집행 그 밖의 사유로 인하여 소멸된 뒤에도 그 처분의 취소로 인하여 회복되는 법률상 이익이 있는 사람도 취소심판청구를 제기할 수 있다. 예컨대, 처분청이 운전면허정지 30일을 명한 처분에 대하여, 30일의 운전면허정지기간이 경과한 뒤에도 처분의 취소를 구할 이익이 있으면 법률상 이익이 인정된다.

3) 취소심판사항을 대상으로 제기하여야 한다
취소심판은 행정청의 위법·부당한 처분을 그 대상으로 한다.

여기서 말하는 행정청이란 행정에 관한 의사를 결정하여 표시하는 국가 또는 지방자치단체의 기관, 그 밖에 법령 또는 자치법규에 따라 행정권한을 가지고 있거나 위탁을 받은 공공단체나 그 기관 또는 사인(私人)을 말한다(「행정심판법」제2조 제4호). 운전면허취소처분에 불복하여 처분의 취소심판을 제기하는 경우를 예로 들어 보면 여기서 말하는 행정청은 지방경찰청장을 말한다.

위에서 말하는 위법은 법 그 자체를 위반한 경우를 말하고, 부당은 부적절하지만 위법에까지는 이르지 아니하는 흠을 말한다. 판결을 보면, 개별공시지가결정이 법이 정한 절차에 위반하였다든가, 토지가격비준표에 의한 표준지와 당해 토지의 토지특성의 조사·비교 또는 가격조정률의 적용이 잘못되었거나, 기타 계산이 틀렸거나 잘못 기록한 경우에는 위법으로 보고 있고, 이와 같은 잘못은 없으나 절차를 거쳐 결정된 개별공시지가가 현저하게 불합리한 경우에는 부당으로 보고 있다(대법원 1994. 3. 11. 선고 93누159 판결). 그러나 최근 판결을 보면, '객관적으로 명백히 부당하다고 인정되는 경우'를 '재량을 남용한 위법한 처분'(대법원 2008. 2. 1. 선고 2007두20997 판결)으로 보고 있으므로 위법과 부당의 구별이 명확하지 못하다. 그래서 실제 실무를 보면 취소심판의 청구인이 "처분이 위법·부당하니 취소하여 달라"고 청구하고 이 청구에 의한 취소심판의 재결도 "이 사건 처분은 위법·부당하다"고 판단하고 있다.

처분이란 행정청이 행하는 구체적 사실에 관한 법집행으로서의 공권력의 행사 또는 그 거부와 그 밖에 이에 준하는 행정작용을 말한다(「행정심판법」제2조 제1호).

「행정심판법」이 정하고 있는 처분의 정의(定義)는 이미 앞에서 본 「행정절차법」에서 정하고 있는 처분의 정의, 뒤에서 볼 「행정소송법」이 정하고 있는 처분의 정의와 동일하다. 행정심판의 재결례를 보면 「행정심판법」상의 처분은 대체로 「행정소송법」상의 처분에 관한 대법원의 판결에 따르고 있다. 「행정심판법」은 대통령의 처분을 취소심판의 대상에서 제외하고 있다(제3조 제2항).

4) 심판청구방식에 따라 제기하여야 한다

행정심판의 제기는 서면 즉 심판청구서를 제출함으로써 행한다. 심판청구서에는 청구인의 이름 및 주소 또는 사무소(주소 또는 사무소 외의 장소에서 송달받기를 원하면 송달장소를 추가로 적어야 한다), 피청구인인 행정청과 행정심판위원회, 심판청구의 대상이 되는 처분의 내용, 처분이 있음을 알게 된 날, 심판청구의 취지 및 이유, 처분을 한 행정청의 고지의 유무 및 그 내용을 기재하여야 한다. 청구인이 법인이거나 청구인 능력이 있는 법인이 아닌 사단 또는 재단이거나 행정심판이 선정대표자나 대리인에 의하여 청구되는 것일 때에는 그 대표자·관리인·선정대표자·대리인의 이름과 주소를 함께 적어야 하고, 서명하거나 날인하여야 한다.

그러나 심판청구의 방식은 엄격한 형식을 필요로 하는 서면행위가 아니다. 판례와 재결례는 행정청의 위법·부당한 처분으로 인하여 권리나 이익을 침해당한 사람이 당해 행정청이나 행정심판위원회에 그 처분의 취소나 변경을 구하는 취지의 서면을 제출하면 표지나 형식에 구애되지 아니하고 심판청구가 제기된 것으로 본다.

5) 취소심판은 처분의 취소·변경을 구하여야 한다

취소심판은 위법·부당한 처분의 취소 또는 변경을 구하여야 한다. 여기서 말하는 취소는 보통은 처분의 효력을 상실시키는 것을 의미한다. 때로는 처분이 처음부터 위법이었음을 확정하는 것도 포함된다. 예컨대, 「행정대집행법」제7조는 "대집행에 대하여는 행정심판을 제기할 수 있다"고 규정하고 있는데, 여기서 말하는 대집행 속에는 대집행의 실행인 사실행위도 포함되므로 이 경우에서의 취소는 대집행의 실행이 처음부터 위법이었음을 확정하는 것이 된다.

위의 변경은 처분의 일부취소라는 의미의 소극적 변경뿐만 아니라 원처분에 갈음하여 새로운 처분을 행하는 적극적 변경도 포함된다. 운전면허취소처분을 운전면허 정지처분으로 변경해 줄 것을 청구하거나 운전면허 6개월의 정지처분이 너무 가혹하니 감경해 줄 것을 청구하는 것 등이 그 예이다.

6) 취소심판청구기간 내에 제기하여야 한다

「행정심판법」이 규정하고 있는 취소심판청구기간은 다음과 같다.

취소심판은 원칙적으로 처분이 있음을 알게 된 날로부터 90일 이내, 처분이 있는 날로부터 180일 이내에 제기하여야 한다. 이들 두 기간 중 어느 하나라도 기간이 지나면 취소심판은 부적법한 것이 되어 나중에 보는 바와 같이 각하재결을 받게 된다.

처분이 있음을 알게 된 날이란 처분의 상대방 등이 통지·공고 그 밖의 방법에 의하여 당해 처분이 있었다는 사실을 현실적으로 안 날을 의미한다. 처분에 관한 서류가 당사자의 주소지에 송달되는 등 사회통념상 처분이 있음을 당사자가 알 수 있는 상태에 놓여진 때에는 반증이 없는 한 그 처분이 있음을 알았다고 추정할 수 있다는 것이 판례(대법원 2002. 8. 27. 선고 2002두3850 판결)이다. 처분이 있은 날이란 처분이 그 효력을 발생한 날을 말한다.

위 원칙에 대하여는 예외가 있다. 90일에 대한 예외로는 청구인이 천재지변·전쟁·사변 그 밖에 불가항력으로 인하여 90일의 기간 내에 취소심판청구를 할 수 없었을 때에는 그 사유가 소멸한 날로부터 14일(국외에서의 청구의 경우에는 30일)이내에 제기하면 된다. 또한 행정청이 취소심판청구기간을 90일보다 긴 기간으로 잘못 알린 경우에는 그 잘못 알린 기간 내에 심판청구가 있으면 법정기간 내에 적법하게 제기된 것으로 본다. 180일에 대한 예외로는 180일 이내에 제기하지 못한 것에 정당한 사유가 있는 경우이다. 여기서 말하는 정당한 사유란 불가항력의 정도까지는 이르지 못하더라도 취소심판청구에 상당한 지장이 있다는 것이 객관적으로 명백한 경우를 말한다.

7) 심판청구서를 제출하여야 한다

취소심판청수인은 심판청구서를 피청구인 또는 행정심판위원회에 제출하여야 한다. 피청구인이란 심판청구의 상대방인 당사자를 말하며, 처분을 한 행정청이 피청구인이 된다. 청구인이 심판청구서를 다른 행정기관에 제출한 때에는 당해 행정기관은 심판청구서를 지체 없이 정당한 권한 있는 행정청에 송부하여야 한다.

피청구인이 심판청구서를 접수하거나 송부받은 경우, 그 심판청구가 이유 있다고 인정하여 심판청구의 취지에 따라 직권으로 처분을 취소·변경한 경우를 제외하고, 심판청구서를 받은 날로부터 10일 이내에 그 심판청구서와 답변서를 행정심판위원회에 송부하여야 한다. 행정심판위원회가 심판청구서를 직접 접수한 경우, 지체 없이 피청구인에게 심판청구서 부본을 송부하여야 한다.

피청구인으로부터 답변서가 제출되면 행정심판위원회는 답변서 부본을 청구인에게 송달하여야 한다.

(2) 취소심판이 제기되면 어떤 영향이 미치게 되나

취소심판이 제기되면 행정심판기관에 어떤 영향을 미치며, 취소심판의 대상인 처분에 어떤 영향을 미치는가. 심판이 제기되면 행정심판기관인 행정심판위원회는 이를 심리·재결할 의무를 진다. 취소심판의 대상인 처분에 대하여는 집행부정지원칙이 적용된다.

1) 집행부정지원칙이란 무엇인가

취소심판이 제기되면, 취소소송의 경우와는 비교가 되지 않지만, 결론이 나오기까지는 시간이 걸린다. 자동차를 가지고 생계를 이어가는 사람에게는 운전면허가 취소되면 생활이 어려워질 수 있다. 이 경우 운전면허취소처분의 취소를 구하는 취소심판이 제기되면 운전면허취소처분은 어떻게 되는가. 「행정심판법」 제30조 제1항은 "심판청구는 처분의 효력이나 그 집행 또는 절차의 속행(續行)에 영향을 주지 아니한다"라고 규정하고 있다. 따라서 운전면허취소처분의 취소를 구하는 취소심판이 제기되어도 운전면허취소처분의 효력에는 영향이 없으므로 자동차를 운전할 수 없다. 이와 같이 취소심판이 제기되어도 처분의 집행 등이 정지되지 아니하는 원칙을 집행부정지원칙이라 한다.

집행부정지원칙이 적용되는 이유는 예컨대 조세부과처분에 있어서와 같이 조세부과처분에 취소심판이 제기되면 조세부과처분에 영향을 주어 그 집행 등이 정지된다고 한다면 조세부과처분이 위법·부당하지 않다는 것을 알면서도 납세를 지연시키기 위해서 취소심판을 제기할 것이므로 조세행정목적을 원활하게 실현하기 어렵다. 그러나 반대로 집행부정지원칙을 일률적으로 적용하게 되면 처분은 공정력이 있으므로 취소심판의 제기와 관계없이 집행하게 되어 청구인이 나중에 청구인용재결을 받게 되더라도 이미 집행이 완료되어 회복할 수 없는 손해를 입을 우려가 있다. 예컨대, 건축물 철거명령을 다투는 취소심판을 제기하여도 건축물 철거명령은 공정력을 가지므로 행정청은 행정대집행에 의하여 건축물을 철거할 수 있으며, 행정대집행에 의하여 철거당하게 되면 나중에 건출물 철거명령을 다툰 취소심판에서 인용재결을 받아도 원상회복이 불가능하게 된다. 여기에 처분의 집행정지를 인정해야 할 필요성이 있다.

2) 집행정지제도란 어떤 것인가

「행정심판법」 제30조 제2항은 "위원회는 처분, 처분의 집행 또는 절차의 속행 때문에 중대한 손해가 생기는 것을 예방할 필요성이 긴급하다고 인정할 때에는 직권으로 또는 당사자의 신청에 의하여 처분의 효력, 처분의 집행 또는 절차의 속행의 전부 또는 일부의 정지(이하 집행정지라 한다)를 결정할 수 있다. 다만, 처분의 효력정지는 처분의 집행 또는 절차의 속행을 정지함으로써 그 목적을 달성할 수 있을 때에는 허용되지 아니한다"라고 규정하고 있다.

(가) 집행정지의 종류

집행정지는 효력정지·좁은 의미의 집행정지·속행정지로 나뉜다.

효력정지란 처분의 효력 그 자체가 존속하지 않는 상태에 두는 것을 말한다. 예컨대 건축물 철거명령에 효력정지결정이 행하여지면 건축물 철거명령의 효력 그 자체가 존속하지 않는 것이 되어 당사자는 적법하게 건축물을 이용할 수 있게 된다.

좁은 의미의 집행정지란 처분의 집행력을 박탈하여 그 내용의 실현을 정지시키는 것을 말한다. 예컨대 행정대집행에 집행정지결정이 행하여지면 행정대집행에 의하여 건축물의 철거를 실행할 수 없게 된다.

속행정지란 처분이 유효함을 전제로 법률관계를 진전시키는 다른 행위가 이어질 경우에 그 전제가 되는 처분의 효력을 박탈하여 후속되는 법률관계의 진전을 정지시키는 것을 말한다. 예컨대 건축물 철거명령이 다투어진 경우 건축물 철거명령에 속행정지결정이 행하여지면 후속되는 행정대집행절차에로의 진행이 정지된다.

(나) 집행정지의 요건

집행정지를 하려면 첫째로 본안인 심판청구가 계속(係屬)되어 있을 것이 필요하다. 즉 본안인 행정심판이 제기되어 있어야 한다. 둘째로 집행정지의 대상이 되는 처분이 존재하여야 한다. 셋째로 집행정지신청의 이익이 있어야 한다. 처분의 집행이 완료된 처분에 대하여는 집행정지를 할 이익이 없으므로 집행정지의 요건을 갖추지 못한 것이 된다. 넷째로 집행정지는 처분이나 그 집행 또는 절차의 속행으로 인하여 중대한 손해가 생기는 것을 예방할 필요성이 긴급하다고 인정할 때에 허용된다. 여기서 말하는 중대한 손해란 원상회복이 곤란한 손해는 말할 나위도 없고 경제적 손실이나 기업이미지 및 신용의 훼손으로 사업 자체를 계속할 수 없거나 중대한 경영상의 위기를 맞게 될 가능성이 있는 사정등도 포함한다. 그리고 긴급하다는 것은 중대한 손해가 생길 가능성, 시간적으로 급박하거나 또는 본안의 재결을 기다릴 여유가 없음을 말한다. 다섯째 집행정지는 공공복리에 중대한 영향을 미칠 우려가 있을 때에는 허용되지 아니한다.

(다) 집행정지의 절차

집행정지는 행정심판위원회가 당사자의 신청 또는 직권에 의하여 결정한다. 그러나 행정심판위원회의 심리·결정을 기다려서는 중대한 손해가 발생할 우려가 있다고 인정될 때에는 행정심판위원회의 위원장은 직권으로 심리·결정에 갈음하는 결정을 할 수 있다.

당사자가 집행정지의 신청을 하고자 하는 때에는 심판청구와 동시에 또는 심판청구에 대한 행정심판위원회의 의결이 있기 전까지 신청의 취지와 원인을 기재한 서면에 심판청구서 사본 및 접수증명서를 첨부하여 행정심판위원회에 제출하여야 한다. 행정심판위원회는 집행정지에 관하여 심리·결정한 때에는 지체없이 결정서 정본을 당사자에게 송달하여야 한다.

3) 임시처분제도란 어떤 것인가

「행정심판법」 제31조는 제1항에서 "위원회는 처분 또는 부작위가 위법·부당하다고 상당히 의심되는 경우로서 처분 또는 부작위 때문에 당사자가 받을 우려가 있는 중대한 불이익이나 당사자에게 생길 급박한 위험을 막기 위하여 임시지위를 정하여야 할 필요가 있는 경우에는 직권으로 또는 당사자의 신청에 의하여 임시처분을 결정할 수 있다"라고 하고, 제3항에서 임시처분은 "집행정지로 목적을 달성할 수 있는 경우에는 허용되지 아니한다"라고 규정하고 있다.

이 제도는 집행정지제도만으로는 청구인의 권익구제에 어려움이 있었으므로 이를 해결하기 위하여 새로이 마련된 것이다. 거부처분 등과 같은 소극적 처분은 집행정지의 대상이 될 수 없다는 것이 종래의 통설이고 실무였기 때문이다.

(3) 취소심판의 심리는 어떻게 행하여지는가

1) 심리에는 요건심리와 본안심리가 있다

취소심판이 제기되면 행정심판위원회는 취소심판청구가 적법한 형식적 요건을 갖춘 청구인지의 여부를 심리한다. 이를 요건심리라고 한다. 형식적 심리라고도 한다. 취소심판 제기 요건은 본안심리의 전제가 된다. 요건심리의 결과, 심판청구가 앞에서 본 법률이 정한 심판 제기 요건을 갖추지 못한 부적법한 것인때에는 보정(補正)할 수 있는 것이면 보정을 요구하거나 직권으로 보정하고, 보정할 수 없으면 심판청구를 각하한다.

요건심리의 결과, 심판청구가 심판 제기 요건을 갖춘 적법한 것일 때에는 다음 단계로 청구인의 청구가 위법·부당한가를 심사하게 된다. 이를 본안심리라고 한다. 실질적 심사라고도 한다. 본안심리의 결과, 청구인의 청구가 이유있다고 인정되는 경우에는 심판청구를 인용하게 되고, 이유없다고 인정되는 경우에는 심판청구를 기각하게 된다.

2) 심리절차가 준사법화되어 있다

「행정심판법」은 청구인과 피청구인이 대립되는 구조인 대심구조(對審構造)를 채택하면서 심리절차를 준사법화하고 있으므로 행정심판의 심리절차는 정식쟁송인 행정소송에 가깝다.

첫째로 심리의 범위에 관하여 변론주의를 원칙으로 하면서도 "위원회는 필요하면 당사자가 주장하지 아니한 사실에 대하여도 심리할 수 있다"(제39조)라고 하여 직권심리주의를 가미하고 있다.

둘째로 심리의 방식에 관하여 "행정심판 심리는 구술심리나 서면심리로 한다. 다만, 당사자가 구술심리를 신청한 경우에는 서면심리만으로 결정할 수 있다고 인정되는 경우 외에는 구술심리를 하여야 한다"(제40조)라고 하여 구술심리를 널리 인정하고 있다.

셋째로 심리절차에는 이 밖에도 당사자 측에서 청구의 보정(補正), 주장의 보충, 증거서류 등의 제출, 행정심판위원회 측에서 자료의 제출요구 등, 증거조사, 절차의 병합 또는 분리, 심리기일의 지정과 변경, 청구인의 심판청구 등의 취하 등 구체적 규정을 두고 있다.

(4) 취소심판의 재결은 어떻게 행하여지는가

1) 재결이란 무엇인가

재결이란 청구인이 제기한 취소심판청구에 대하여 행정심판위원회가 행하는 판단을 말한다. 재결도 하나의 처분이다. 따라서 재결 자체에 위법이 있으면 취소소송의 대상이 된다.

2) 위법·부당판단의 기준은 언제인가

처분이 행하여진 때와 재결할 때까지의 사이에 사실관계가 변경될 수도 있고 근거법령이 변경될 수도 있다. 이 경우 어느 시점을 기준으로 하여 처분의 위법·부당 여부를 판단하여야 하는가의 문제가 발생한다. 판례는 처분이 행하여진 때를 기준으로 위법·부당 여부를 판단하여야 한다는 입장이다.

3) 재결기간

재결은 피청구인 또는 행정심판위원회가 심판청구서를 받은 날로부터 60일 이내에 하여야 하는 것이 원칙이다. 그러나 부득이한 사정이 있을 때에는 행정심판위원회 위원장이 직권으로 30일을 연장할 수 있다. 재결기간을 연장한 때에는 재결기간이 만료되기 7일 전까지 당사자에게 이를 통지하여야 한다.

4) 재결방식

재결은 서면(재결서)으로 한다. 재결서에는 주문(主文)·청구취지·이유 등을 기재하고, 기명날인하여야 한다. 재결서에 기재하는 이유에는 주문 내용이 정당함을 인정할 수 있는 정도로 판단을 표시하여야 한다.

5) 재결의 범위

행정심판위원회는 심판청구의 대상이 되는 처분 외의 사항에 대하여는 재결하지 못한다. 즉 불고불리(不告不理)의 원칙을 명문화하고 있다.

행정심판위원회는 심판청구의 대상이 되는 처분보다 청구인에게 불이익한 재결을 하지 못한다. 불이익변경금지의 원칙을 명문화하고 있다.

6) 재결의 송달과 효력 발생

행정심판위원회가 재결을 행한 때에는 지체없이 당사자에게 재결서의 정본을 송달하여야 한다. 서류의 송달 방법에 관하여는 「민사소송법」 중 송달에 관한 규정을 준용한다. 재결은 청구인에게 재결서의 정본의 송달이 있은 때에 그 효력이 생긴다.

취소심판이 처분의 상대방이 아닌 제3자에 의하여 제기된 경우에 행정심판위원회는 지체없이 그 재결서의 등본을 피청구인을 거쳐 처분의 상대방에게 송달하여야 한다.

7) 재결의 종류

재결에는 다음과 같은 것이 있다.

첫째는 각하재결이다. 각하재결이란 취소청구가 그 제기요건을 갖추지 못한 부적법한 것인 경우(예:심판청구기간이 경과한 후에 심판청구를 제기한 경우)에 본안 심리를 거절하는 재결이다.

둘째는 기각재결이다. 기각재결이란 취소청구가 이유있는가를 심리한 결과 이유없다고 하여 청구를 배척하는 내용의 재결이다.

셋째는 사정재결이다. 사정재결이란 심판청구가 이유있다고 인정하는 경우에도 이를 인용(認容)하는 것이 현저히 공공복리에 적합하지 아니하다고 인정하는 경우에 그 취소심판청구를 기각하는 재결이다. 예컨대, 산업기지개발구역 내에서 행한 건축허가신청에 대하여 피청구인이 허가신청을 반려하여 청구인이 반려처분취소심판을 제기한 경우에, 행정심판위원회가 심리한 결과 반려처분이 위법·부당하지만 반려처분이 진행 중인 저지대 해수 방지 대책이라는 공공복리를 위한 것일 때에 심판청구를 기각하는 재결을 하는 것이 그것이다. 그러나 사정재결을 한다고 해서 처분의 위법·부당성이 없어지는 것이 아니므로 행정심판위원회는 재결의 주문에서 그 처분이 위법하거나 부당하다는 것을 구체적으로 밝혀야 한다(「행정심판법」 제44조 제1항). 행정심판위원회는 사정재결을 할 때에는 청구인에 대하여 상당한 구제방법을 취하거나 상당한 구제방법을 취할 것을 피청구인에게 명할 수 있다(동조 제2항).

넷째는 인용재결이다. 인용재결이란 심판청구가 이유있다고 하여 청구인의 청구취지를 받아들이는 내용의 재결이다. 행정심판위원회는 취소심판의 청구가 이유 있다고 인정할 때에는 처분을 취소 또는 다른 처분으로 변경하거나 피청구인에게 다른 처분으로 변경할 것을 명한다.

8) 재결의 효력

재결은 재결서의 정본이 청구인에게 송달되면 그 효력이 발생한다. 재결도 하나의 행정행위이므로 이미 앞에서 본 행정행위가 일반적으로 갖는 효력(공정력 등)을 가진다. 그 밖에도 「행정심판법」은 재결에 기속력(羈束力)이라는 특별한 효력을 부여하고 있다. 즉, 심판청구를 인용하는 재결은 피청구인인 행정청과 그 밖의 관계행정청을 기속한다. 따라서 처분을 취소·변경하는 재결이 있으면 처분청 등 관계행정청은 그 재결에 저촉되는 행위를 할 수 없으므로 동일한 사실에 관하여 동일한 처분을 되풀이 하여서는 아니된다. 또한 처분을 변경할 것을 명하는 재결이 있는 경우에는 처분청은 재결의 취지에 따라 처분을 변경하여야 한다.

3. 무효등확인심판은 어떻게 행하여지는가

(1) 무효등확인심판은 어떻게 제기해야 하는가

1) 무효등확인심판의 필요성

이론상으로는 처분이 무효이거나 존재하지 아니하면 처음부터 아무런 효력이 없는 것이며, 누구든지 그 효력을 부인할 수 있다. 그러나 처분이 무효라든가 존재하지 아니한다든가 하는 것이 권한 있는 기관에 의하여 확정되지 아니하는한, 경우에 따라서는 처분이 유효한 것으로 또는 존재하는 것으로 오인되어 행정청에 의하여 집행

될 우려가 있다. 여기에 처분의 효력 유무 또는 존재 여부에 대한 확인을 구하는 무효등확인심판이 필요하다.

2) 무효등확인심판의 제기요건

무효등확인심판을 제기하는 경우에도 법률이 정한 요건을 갖추어 제기하여야 한다. 다른 법률에 특별한 규정을 두고 있는 경우를 제외하고는 「행정심판법」의 정한 바에 의한다. 「행정심판법」이 정하고 있는 무효등확인심판의 제기요건은 취소심판의 제기요건과 대체로 같다. 다만 유의해야 할 점이 있다. 첫째로 청구인적격이다. 무효등확인심판청구에 있어서는 처분의 효력 유무 또는 존재 여부에 대한 확인을 구할 법률상 이익이 있는 사람이 청구인적격을 갖는다. 둘째로 심판청구기간이다. 무효등확인심판 청구를 제기하는 경우에는 취소심판을 제기하는 경우와 달리 심판청구기간에 관한 규정이 적용되지 아니한다. 따라서 무효등확인심판의 청구인은 언제든지 심판청구를 할 수 있다. 셋째로 청구로써 요구하는 대상이다. 무효등확인심판을 제기하는 경우에는 청구인은 처분의 효력 유무 또는 존재 여부에 대한 확인을 구하여야 한다. 여기에서도 대통령의 처분은 무효등확인심판의 대상이 되지 아니한다.

(2) 무효등확인심판이 제기되면 어떤 영향이 미치게 되나

무효등확인심판이 제기되면 행정심판위원회는 이를 심리·재결할 의무를 진다. 처분이 무효이거나 존재하지 아니하면 처음부터 아무런 효력이 없는 것이지만, 처분으로서의 외관이 존재하여 효력이 있는 것으로 오인될 우려가 있기 때문에 집행정지결정과 임시처분의 대상이 된다.

(3) 무효등확인심판의 심리와 재결은 어떻게 행하여지는가

무효등확인심판의 심리는 취소심판의 심리와 같다. 무효등확인심판의 재결도 취소심판의 재결과 대체로 동일하다. 행정심판위원회는 무효등확인심판의 청구가 이유있다고 인정할 때에는 처분의 효력 유무 또는 존재 여부를 확인한다. 이와 같이 무효등확인심판의 청구가 이유있다고 인정하는 경우에는 인용재결을 하여야 하며, 설사 이를 인용하는 것이 현저히 공공복리에 적합하지 아니하다고 하더라도, 취소심판의 재결에 있어서와 같은 사정재결을 할 수가 없다.

4. 의무이행심판은 어떻게 행하여지는가

(1) 의무이행심판은 어떻게 제기해야 하는가

　의무이행심판도 법률이 정한 요건을 갖추어 제기하여야 한다. 다른 법률에 특별한 규정을 두고 있는 경우를 제외하고는 「행정심판법」의 정하는 바에 의한다. 「행정심판법」이 정하고 있는 의무이행심판의 제기요건은 취소심판의 제기요건과 대체로 같다. 다만 유의해야 할 점이 있다. 첫째로 청구인적격이다. 의무이행심판 청구에 있어서는 행정청의 거부처분 또는 부작위에 대하여 일정한 처분을 구할 법률상 이익이 있는 사람이 청구인적격을 갖는다. 둘째로 의무이행심판의 대상이다. 의무이행심판의 대상은 당사자의 신청에 대한 행정청의 위법 또는 부당한 거부처분이나 부작위이다. 여기서 말하는 거부처분이란 행정청이 당사자의 신청을 받고서 그에 응하지 아니하고 신청된 내용의 행위를 하지 아니할 의사를 표시하는 처분을 말한다. 또한 부작위란 행정청이 당사자의 신청에 대하여 상당한 기간 내에 일정한 처분을 하여야 할 법률상 의무가 있는데도 처분을 하지 아니하는 것을 말한다. 대통령의 거부처분과 부작위는 여기서 말하는 거부처분과 부작위에서 제외된다. 셋째로 심판청구로써 구하는 대상이다. 의무이행심판을 제기하는 경우에는 청구인은 위법·부당한 거부처분이나 부작위에 대하여 일정한 처분을 하도록 청구하여야 한다. 넷째로 심판청구방식이다. 부작위에 대하여 일정한 처분을 하도록 청구하는 심판청구서에는 청구인의 이름 및 주소 또는 사무소, 피청구인인 행정청과 행정심판위원회 심판청구의 취지와 이유, 당해 부작위의 전제가 되는 신청의 내용과 날짜를 기재하여야 한다. 다섯째 심판청구기간이다. 부작위에 대한 의무이행심판청구에는 심판청구기간에 관한 규정이 적용되지 아니한다. 그러나 거부처분에 대한 의무이행심판청구에는 심판청구기간에 관한 규정이 적용된다.

(2) 의무이행심판이 제기되면 어떤 영향이 미치게 되나

　의무이행심판이 제기되면 행정심판위원회는 이를 심리·재결할 의무를 진다. 당사자의 신청에 대한 행정청의 거부처분을 다투는 의무이행심판 청구의 경우 거부처분이 집행정지의 대상이 될 수 있는가에 관하여 견해의 대립이 있으나, 통설은 거부처분이 집행정지의 대상이 될 수 없다고 본다. 그러나 거부처분 또는 부작위가 위법·부당하다고 상당히 의심되고 거부처분이나 부작위로 인하여 당사자가 중대한 불이익을 받을 우려가 있거나 급박한 위험이 생길 우려가 있는 때에는 임시처분의 대상이 된다.

(3) 의무이행심판의 심리와 재결은 어떻게 행하여지는가

의무이행심판의 심리는 취소심판의 심리와 같다.

의무이행심판의 재결도 취소심판의 재결과 대체로 동일하다. 다만, 유의해야 할 점이 있다. 첫째로 위법·부당판단의 기준이 언제인가의 문제이다. 의무이행심판의 재결의 경우에는 앞으로 신청에 따른 일정한 처분을 할 것을 전제로 재결을 행하게 되는 것이므로 재결을 행할 때를 기준으로 행정청의 부작위에 대한 위법·부당 여부를 판단하여야 한다. 둘째로 인용재결의 경우이다. 의무이행심판의 청구가 이유있다고 인정하는 경우 인용재결을 하게 된다. 즉 행정심판위원회는 의무이행심판의 청구가 이유있다고 인정할 때에는 지체없이 신청에 따른 처분을 하거나 이를 할 것을 피청구인인 행정청에 명한다. 이 경우 행정청은 지체없이 재결의 취지에 따라 다시 이전의 신청에 대한 처분을 하여야 한다. 그럼에도 불구하고 행정청이 처분을 하지 아니하는 때에는 행정심판위원회는 당사자의 신청에 따라 기간을 정하여 서면으로 시정을 명하고, 그 기간 내에 이행하지 아니하는 경우에는 직접 당해 처분을 할 수 있다.

III. 행정소송에 의한 시정방법은 어떤 것인가

1. 전체를 개관한다

(1) 행정소송이란 무엇인가

잘못된 행정작용을 바로 잡는 데에는 여러가지 방법이 있다. 사전에 시정하는 방법도 있고, 사후에 시정하는 방법도 있다. 사전에 시정하는 방법으로는 사전절차인 행정절차, 처분청의 직권취소 등이 있고, 사후에 시정하는 방법으로는 고충민원처리, 행정심판 등이 있다. 이들 중 행정절차와 행정심판에 대하여는 비교적 상세히 보았다.

사전절차인 행정절차 또는 사후의 권익구제제도인 행정심판이 의도하였던 제도의 취지에 따라 제대로 기능하여 당사자 등 이해관계인이 충분히 납득할 수 있을 형태로 다툼이 미연에 방지된다든가 권익이 구제된다고 한다면, 그래서 소송에까지 갈 필요가 없다고 한다면 그 보다 더 바람직한 것은 없다. 그러나 이들 제도에 의하여 다툼이 해결되지 아니한다고 한다면, 소송에 가서 다툼을 해결할 수 밖에 없게 된다.

행정법상 법률관계에 다툼이 있는 경우에 그 다툼을 법원이 해결하는 절차가 행정소송이다. 행정소송은 판단기관이 독립성이 보장되어 있는 헌법상 사법기관인 법원이고, 그 절차가 공개된 대심구조를 취하고 있다는 점에서 정식쟁송이다. 행정소송에 관하여는 "행정소송절차를 통하여 행정청의 위법한 처분 또는 그 밖에 공권력의 행사·불행사 등으로 인한 국민의 권리 또는 이익의 침해를 구제하고, 공법상의 권리관계 또는 법적용에 관한 다툼을 적절하게 해결함을 목적으로 하는" 「행정소송법」이 제정되어 있다.

(2) 행정소송에는 한계가 있다

우리 「헌법」 제27조 제1항은 "모든 국민은 「헌법」과 법률이 정한 법관에 의하여 법률에 의한 재판을 받을 권리를 가진다"라고 규정하고, 제101조 제1항은 "사법권은 법관으로 구성된 법원에 속한다"라고 규정하고 있다. 그러나 행정법상의 다툼은 어느 것이나 행정소송을 제기하여 법원의 판단을 구할 수 있는 것이 아니며 행정소송에 일정한 한계가 있다는 것이 지금까지의 통설이고 판례이다. 이와 같은 행정소송의 한계로서 사법권의 본질에서 오는 한계와 권력분립에서 오는 한계를 든다.

1) 사법권의 본질에서 오는 한계

우리 「헌법」 제107조 제2항은 "명령·규칙 또는 처분이 헌법이나 법률에 위반되는 여부가 재판의 전제가 된 경우에는 대법원은 이를 최종적으로 심사할 권한을 가진다"라고 규정한다. 이를 구체화하여 「법원조직법」 제2조 제1항은 "법원은 「헌법」에 특별한 규정이 있는 경우를 제외한 일체의 법률상의 쟁송을 심판하고, 이 법과 다른 법률에 의하여 법원에 속하는 권한을 가진다"라고 규정하고 있다. 지금까지의 통설과 판례는 사법(司法)개념의 요소가 되고 있는 '법률상의 쟁송'을 당사자 사이의 구체적인 권리·의무에 관한 다툼이면서 동시에 법률적용에 관한 다툼으로 이해한다.

따라서 첫째로 행정소송은 구체적인 권리·의무에 관한 다툼에서 오는 한계가 있다. 예컨대, 일반적·추상적인 법령의 효력이나 해석에 관한 다툼은 구체적인 권리·의무에 관한 다툼이 아니므로 행정소송으로 다툴 수 없게 된다. 둘째로 행정소송은 법률적용에 관한 다툼에서 오는 한계가 있다. 예컨대, 학문상·예술상·종교상의 다툼은 구체적인 권리·의무에 관한 다툼이라 하더라도 법률을 적용하여 해결할 수 있는 다툼이 아닌 한 행정소송으로 다툴 수 없게 된다.

2) 권력분립에서 오는 한계

행정소송이 사법(司法)작용인 이상 권력분립원리에서 오는 일정한 한계가 있다는 것이 지금까지의 통설이고 판례이다. 예컨대 우리「헌법」제77조는 제1항에서 "대통령은 전시·사변 또는 이에 준하는 국가비상사태에 있어서 병력으로써 군사상의 필요에 응하거나 공공의 안녕질서를 유지할 필요가 있을 때에는 법률이 정하는 바에 의하여 계엄을 선포할 수 있다"고 규정하고 있는데, 계엄의 위법성이 행정소송으로 다투어진 경우 법원이 위법성의 여부를 판단할 수 있는가의 문제가 있다. 대법원은 "사법기관인 법원이 계엄선포의 요건의 구비 여부나 선포의 당·부당을 심사하는 것은 사법권의 내재적인 본질적 한계를 넘어서는 것이다"(대법원 1979. 12. 7. 자 79초70 재정 등)라고 판시하고 있다. 통설은 통치행위의 관념을 인정하여 이 판결을 통치행위로 다룬다. 즉 통치행위는 당해 행위가 갖는 고도의 정치성 때문에, 설사 위법성의 판단이 가능하다 하더라도, 주권자인 국민에 대하여 정치적 책임을 지고 있는 정부와 국회의 판단에 맡기고 법원이 사법심사의 대상으로 하지 아니하는 것으로 이해한다.

(3) 행정소송에는 어떤 것이 있는가

1) 주관소송과 객관소송

소송을 제기하려는 사람에게 있어서는 누가 누구에게 무엇을 청구하는가를 명백히 하는 것이 제일 중요하다. 이것이 명백하지 않으면 법원은 재판을 할 수가 없다. 그래서 소송법은 소송을 제기할 수 있는 형태를 정하고 있다. 이것을 소송유형이라고 한다. 우리「행정소송법」제3조는 "행정소송은 다음의 네 가지로 구분한다"라고 하여 소송유형으로 "항고소송: 행정청의 처분 등이나 부작위에 대하여 제기하는 소송, 당사자소송: 행정청의 처분 등을 원인으로 하는 법률관계에 관한 소송 그 밖에 공법상의 법률관계에 관한 소송으로서 그 법률관계의 한쪽 당사자를 피고로 하는 소송, 민중소송: 국가 또는 공공단체의 기관이 법률에 위반되는 행위를 한 때에 직접 자기의 법률상 이익과 관계없이 그 시정을 구하기 위하여 제기하는 소송, 기관소송: 국가 또는 공공단체의 기관상호간에 있어서의 권한의 존부 또는 그 행사에 관한 다툼이 있을 때에 이에 대하여 제기하는 소송(다만,「헌법재판소법」제2조의 규정에 의하여 헌법재판소의 관장사항으로 되는 소송은 제외한다)"을 규정하고 있다. 위 소송유형 중 항고소송과 당사자소송은 사인의 권리·이익의 구제를 목적으로 하고 있으며, 주관(主觀)소송이라고 부른다. 이에 대하여 민중소송과 기관소송은 주관적인 이익이라고 하기 보다는 객관적인 법질서의 유지를 목적으로 하고 있으며, 객관(客觀)소송이라고 부른다. 「행정소송법」의 주된 목적이 위법한 행정작용으로 인하여 침해된 사인의 권리 또는 이익을 법원에 의하여 구제하는 데에 있는 것이므로, 「행정소송법」은 주관소송을 중심으로 규정하고 있다.

2) 법정항고소송과 무명항고소송

「행정소송법」 제4조는 항고소송을 다시 세분하여 "취소소송: 행정청의 위법한 처분 등을 취소 또는 변경하는 소송, 무효등확인소송: 행정청의 처분 등의 효력 유무 또는 존재 여부를 확인하는 소송, 부작위위법확인소송: 행정청의 부작위가 위법하다는 것을 확인하는 소송"의 셋으로 나누고 있다. 이 세 소송유형을 흔히 법이 정하고 있는 항고소송이라는 의미로 법정항고소송이라고 부른다. 학자들 중에는 「행정소송법」 제4조가 정하고 있는 취소소송·무효등확인소송·부작위위법확인소송의 세 소송유형은 예시적(例示的)인 것이라고 보는 견해가 다수이다. 이들 다수의 견해는 법정항고소송 외에도 의무이행소송·예방적 부작위소송 등의 항고소송 등도 「행정소송법」 제4조에 포함되어 있다고 본다.

이들 항고소송을 법이 명문으로 정하고 있지 않다는 의미로 무명(無名)항고소송 또는 법정외(法定外)항고소송이라고 부른다. 의무이행소송이란 행정청이 위법한 거부처분을 행하거나, 당사자의 신청에 대하여 상당한 기간 내에 일정한 처분을 하여야 할 법률상 의무가 있음에도 불구하고 이를 하지 아니하는 경우에 행정청에 대하여 일정한 처분을 하도록 하는 판결을 구하는 소송을 말한다. 예방적 부작위소송이란 행정청의 처분에 의하여 사인의 권리 또는 이익이 침해될 우려가 있는 경우에 처분을 발동하지 아니할 것을 명하거나 처분의 권한이 없다는 확인의 판결을 구하는 소송을 말한다. 대법원은 의무이행소송·예방적 부작위소송 등을 일체 인정하지 아니한다.

3) 행정소송법이 정한 소송유형

요컨대, 「행정소송법」이 정하고 있는 소송유형은 취소소송·무효등확인소송·부작위위법확인소송·당사자소송·민중소송·기관소송이다. 「행정소송법」은 취소소송에 관하여 상세한 규정을 두고, 그 외의 소송유형에 관하여는 취소소송에 관한 규정을 준용하고 있다. 따라서 고찰의 중심이 되는 것은 취소소송이다.

2. 취소소송은 어떻게 권익을 구제하는가

(1) 취소소송을 제기하여야 한다

소(訴)의 제기가 없으면 소송이 없다는 원칙은 취소소송에도 그대로 적용된다. 유효한 취소소송을 제기하기 위해서는 소송요건을 모두 갖추어야 한다.

1) 취소소송의 제기에는 어떤 요건이 필요한가

취소소송은 행정청의 위법한 처분 등을 취소 또는 변경하는 소송이므로, 취소소송을 제기하기 위하여는 다음과 같은 소송요건을 갖추어야 한다. 첫째는 처분 등이 존재하여야 한다. 둘째로 그 처분 등이 위법하다는 것을 주장하여야 한다. 셋째로 당사자적격이 있어야 한다. 넷째로 처분의 취소 또는 변경을 구하는 것이어야 한다. 다섯째로 소의 이익이 있어야 한다. 여섯째로 제소기간 내에 제기하여야 한다. 일곱째로 일정한 형식의 소장(訴狀)을 제출하여야 한다. 여덟째로 필요적 전치절차가 있을 때에는 이를 거쳐야 한다. 아홉째로 관할법원에 제기하여야 한다. 차례로 보기로 한다.

2) 처분 등의 존재

처분 등이라 함은 "행정청이 행하는 구체적 사실에 관한 법집행으로서 공권력의 행사 또는 그 거부와 그 밖에 이에 준하는 행정작용(이하 처분이라 한다) 및 행정심판에 대한 재결을 말한다"(「행정소송법」 제2조 제1항 제1호). 즉 처분과 재결을 포함하는 개념이다. 「행정소송법」은 처분의 정의를 「행정절차법」의 처분의 정의 및 「행정심판법」상의 처분의 정의와 동일하게 규정하고 있다.

(가) 처 분

먼저 처분을 보기로 한다. 첫째로 처분은 행정청이 행하는 행정작용이다. 여기서 말하는 행정청이란 국가 또는 지방자치단체의 의사를 결정하여 외부에 표시하는 권한을 가진 행정기관이라는 본래의 의미의 행정청 외에 "법령에 의하여 행정권한의 위임 또는 위탁을 받은 행정기관, 공공단체 및 그 기관 또는 사인이 포함된다"(「행정소송법」 제2조 제2항). 둘째로 처분은 구체적 사실에 관한 법집행행위이다. 지방경찰청장이 횡단보도를 설치하여 보행자의 통행방법 등을 규제하는 행위는 불특정다수인을 대상으로 하고 있지만, 구체적 사실에 관한 법집행행위이므로 처분이다. 조례와 같은 입법행위도 행정주체와 사인간의 관계를 규율하는 구체적인 행위일 때에는 처분이다. 행정계획도 마찬가지이다. 셋째로 처분은 공권력의 행사행위이다. 행정대집행의 실행도 공권력의 행사행위이므로 처분이다(「행정대집행법」 제8조). 넷째로 행정청이 사인의 신청을 받고 그 신청에 따른 행위를 하지 않겠다고 거부하는 행위도 처분이다. 예컨대 도시계획구역 내 토지소유자의 도시계획입안 신청에 대한 도시계획 입안권자의 거부행위는 처분이다. 다섯째 그 밖에 이에 준하는 행정작용도 처분이다. 행정지도는 권력적 행위가 아니므로 취소소송의 대상이 되는 처분이 아니라는 판례에도 불구하고 학설로서 행정지도 중 규제적·구속적 성격이 강한 것은 처분이 될 수 있다고 주장되는 것은 '이에 준하는 행정작용'의 규정 때문에 더 설득력을 얻고 있다. 여섯째 처분은 사인의 권리·의무에 직접 관계가 있는 행위라는 것이 지금까지의 판례의 주류적 태도이다. 이와 같은 판례의 태도는 독일의 실체법상의 행정행위 개념을 처분으로 보는 과거의 전통적인 통설을 받아들인 것으로서 우리 「행정소송법」이 새로이 제정된 후에도 계속되어 왔다. 그러나 최근 판례는 처분을 대폭 확대하고 있다. 그 전형적인 예는 대법원 1995. 12. 2. 선고 94누4295 판결이 "실체상의 권리관계에 어떤 변동을 가져오는 것이 아니라"는 이유로 처분이 아니라고 하였던 토지대장 지목변경신청을 거부한 조치(확립된 판례였다)를 대법원 2004. 4. 22. 선고 2003두9015 전원합의체 판결이 "지목은 토지소유권을 제대로 행사하기 위한 전제요건으로서 토지소유자의 실체적 권리관계에 밀접하게 관련되어 있다"는 이유로 처분이라고 하였다.

(나) 재 결

다음으로 재결을 보기로 한다. 「행정소송법」 제19조는 "취소소송은 처분 등을 대상으로 한다. 다만, 재결취소소송의 경우에는 재결 자체의 고유한 위법이 있음을 이유로 하는 경우에 한한다"라고 규정하여 취소소송의 원칙적인 대상은 처분이고, 재결은 예외적인 대상으로 하고 있다. 처분을 취소심판으로 다툰 경우 원처분을 유지하는 각하재결이나 기각재결이 행하여진 때에는 재결 자체 위법이 있더라도 원처분에 대하여도 바로 소송을 제기할 수 있고 또 원처분의 취소를 구하는 것이 보다 직접적인 권리구제수단이 될 것이므로, 재결취소를 구할 실익은 거의 없다. 재결취소를 구할 실익이 있을 경우는 원처분의 인용재결 특히 복효적 처분의 인용재결이 행하여진 때이다. 예컨대, 건축허가처분에 대하여 인근주민들이 취소를 구하는 행정심판을 제기하여 인용재결이 행하여진 경우 건축주는 원처분에 의하여는 권익이 침해되지 않았으나 재결에 의하여 비로소 권익을 침해당하게 된 것이므로 재결을 대상으로 취소소송을 제기할 실익이 있게 된다.

(다) 처분 등의 존재의 의미

처분 등이 존재하여야 한다는 것은 처분 등이 처분 등으로서의 외견을 갖추고 있어야 한다는 것을 말한다. 처분 등이 존재하지 아니하는 경우에는 처분 등의 부존재를 다투는 다른 소송의 대상이 될 수 있으나 취소소송을 제기할 수 없다.

3) 처분 등의 위법 주장

(가) 처분 등의 위법을 주장하는 경우

취소소송을 제기하기 위해서는 처분 등이 위법하다는 것을 주장하여야 한다. 처분 등이 위법하다는 것은 처분 등이 법을 객관적으로 위반하였음을 말한다.

(나) 선행처분의 위법을 주장하는 경우

원고가 처분 등에 불복하여 취소소송을 제기하는 경우 당해 처분이 위법하다는 것을 주장함이 원칙이다. 예컨대 건물철거명령에 이어서 「행정대집행법」의 계고처분 및 대집행 영장발급 통지행위가 행하여진 경우 행정대집행의 계고처분에 대한 취소소송인 때에는 그 계고처분이 위법하다는 주장을, 대집행 영장발급 통지행위에 대한 취소소송인 때에는 그 통지행위가 위법하다는 주장을 함이 원칙이다. 이 경우에 당해 처분의 위법이 아니라 당해 처분의 선행처분의 위법을 주장하여 당해 처분의 취소를 구하는 소송을 제기할 수 있는가의 문제가 있다. 이 문제를 위법의 승계 또는 흠의 승계 문제라고 한다. 위의 예로는 건물철거명령의 위법을 이유로 행정대집행의 계고처분의 취소를 구하는 취소소송 및 행정대집행의 계고처분의 위법을 이유로 대집행 영장발급 통지행위의 취소를 구하는 취소소송을 제기할 수 있는가의 문제가 된다. 선행처분이 무효인 때에는 선행처분의 무효를 이유로 후행처분을 다툴 수 있다. 선행처분에 취소원인인 위법이 있는 때에는 견해가 나뉜다. 판례도 선행처분과 후행처분이 하나의 법적효과의 완성을 목적으로 하고 있는 경우, 선행처분의 위법의 주장을 할 수 없었던 개별적 사정이 있는 경우에는 선행처분의 위법을 이유로 후행처분의 취소소송을 제기할 수 있다는 입장이다. 대법원은 계고처분과 행정대집행 영장발급 통지행위에 대하여 위법의 승계를 긍정하였고, 건물철거명령과 행정대집행 계고처분에 대하여 위법의 승계를 부정하였다.

4) 당사자적격

취소소송은 원고적격을 가진 자가 피고적격을 가진 자를 피고로 하여 제기하여야 한다. 원고적격은 위법한 처분을 다투려는 원고에게 요구되는 자격이다

(가) 원고적격

원고적격을 가진 자는 처분 등의 취소를 구할 법률상 이익이 있는 자이다(「행정소송법」 제12조 전문). 자기의 권리·이익과 아무런 관계 없이 단순히 정의감이나 공명심으로 취소소송을 제기하는 사람은 여기서 말하는 법률상 이익이 있는 자에 해당하지 아니한다. 법률상 이익이 있는 한, 처분 등의 상대방이든 제3자이든 누구든지 원고적격을 가진다. 판례는 불이익처분의 상대방에 대하여 항상 원고적격을 인정해 왔으므로 처분 등의 상대방이 원고적격을 가진다는 데 대하여 특별히 문제될 것이 없다. 문제는 제3자의 원고적격이다. 이 문제는 어느 범위까지 법률상 이익이 있는 자에 해당하는 것인가의 문제가 된다. 이 문제에 대하여는 학설이 나뉜다. 판례는 처분 등의 취소를 구할 법률상 이익이 있는 자를 당해 처분의 근거 법규 및 관련 법규에 의하여 보호되는 개별적·직접적·구체적 이익이 있는 자로 본다. 구체적으로는 판례는 속리산 국립공원 내 용화집단시설지구 기본설계변경승인처분에 대한 용화집단시설지구 인근지역 주민, 방사성 물질에 의하여 보다 직접적이고 중대한 피해를 입으리라고 예상되는 지역 내의 주민, 폐기물 시설 설치계획 입지가 결정·고시된 지역 인근에 거주하는 주민들에게 원고적격을 인정하였다.

(나) 피고적격

취소소송의 피고적격을 가진 자는 행정청이다(「행정소송법」 제13조 제1항 본문). 여기서 말하는 행정청은 본래의 의미의 행정청 외에 법령에 의하여 행정권한의 위임 또는 위탁을 받은 행정기관, 공공단체 및 그 기관 또는 사인이 포함된다. 원래 처분 등의 효과는 국가 또는 지방자치단체 등 행정주체에 귀속되는 것이므로 국가·지방자치단체 등이 피고가 되어야 하는 것이 원칙이다. 그러나 법률이 소송 수행의 편의를 위하여 국가·지방자치단체 등의 행정기관에 불과한 행정청에 피고적격을 인정한 것이다.

5) 취소·변경을 구하여야 한다

취소소송은 위법한 처분 등의 취소 또는 변경을 구하는 것이어야 한다. 여기서 말하는 취소는 처분의 효력을 상실시키거나 처분이 처음부터 위법이었음을 확정하는 것을 말한다. 여기서 말하는 변경에는 처분의 일부취소라는 의미의 소극적 변경과 원처분에 갈음하는 새로운 처분을 행하는 적극적 변경이 포함될 수 있으나, 종래의 통설과 판례는 권력분립원리의 관점에서 적극적 변경을 변경 속에 포함시키지 않았다.

6) 소의 이익

소의 이익이라는 개념은 넓은 의미와 좁은 의미가 있다. 넓은 의미로는 첫째로 청구의 내용이 취소소송의 대상이 될 만한 적격성을 가지고 있는가, 둘째로 원고가 청구를 할만한 정당한 법률상 이익을 가지고 있는가, 셋째로 원고가 본안판결을 구할 정당한 이익 내지 필요가 있는가의 셋을 포함한다. 좁은 의미로는 위 셋째만을 의미한다. 여기서는 좁은 의미로 사용한다. 「행정소송법」 제12조는 "취소소송은 처분 등의 취소를 구할 법률상 이익이 있는 자가 제기할 수 있다. 처분 등의 효과가 기간의 경과, 처분 등의 집행 그 밖의 사유로 인하여 소멸된 뒤에도 그 처분 등의 취소로 인하여 회복되는 법률상 이익이 있는 자의 경우에는 또한 같다"라고 규정하고 있다. 통설은 제12조의 전문은 원고적격에 관한 규정으로, 후문은 좁은 의미의 소의 이익에 관한 규정으로 본다. 예를 들면, 자동차운전면허 3월의 정지처분을 받은 사람이 3월의 정지처분을 취소시켜 달라는 취소소송을 제기하였는데 소송 중에 3월의 정지기간이 경과한 경우에는 원고가 본안판결을 구할 이익 내지 필요 즉 좁은 의미의 소의 이익이 소멸되는 것이므로 소송은 각하된다. 그러나 면허정지처분을 받았다는 사실의 존재가 원고의 장래에 불이익하게 취급되는 것으로 행정법규에 규정되어 있어 법이 정한 가중(加重)요건으로 되어 있는 경우(예컨대, 벌점이 부과되어 일정한 점수를 초과하게 됨에 따라 불이익처분을 받게 되는 경우), 처분에서 정한 3월의 기간이 경과하였다고 하더라도 장래 가중처벌을 받을 법률상의 위험이 있으므로 그 처분의 취소를 구할 좁은 의미의 소의 이익이 있다.

7) 제소기간(提訴期間)

취소소송은 「행정소송법」이 정한 제소기간 내에 제기하여야 한다. 「행정소송법」이 정한 제소기간은 다음과 같다.

첫째로, 취소소송은 처분 등이 있음을 안 날부터 90일 이내에 제기하여야 한다. 여기에서 '처분 등이 있음을 안 날'이란 당해 처분이 있었다는 사실을 현실적으로 안 날을 말한다. 그러나 다른 법률에 당해 처분에 대한 행정심판의 재결을 거치지 아니하면 취소소송을 제기할 수 없다는 규정이 있는 경우, 필요적으로 거쳐야 하는 것은 아니지만 행정심판청구를 할 수 있는 경우, 또는 행정청이 행정심판청구를 할 수 있다고 잘못 알린 경우(재결 등을 거치는 경우)에 행정심판청구가 있은 때의 제소기간은 재결서의 정본을 송달받은 날로부터 90일 이내에 제기하여야 한다.

둘째로, 취소소송은 처분 등이 있은 날부터 1년(재결 등을 거치는 경우는 재결이 있은 날부터 1년)을 경과하면 이를 제기하지 못한다. 다만, 정당한 사유가 있는 때에는 그러하지 아니하다. 여기에서 '처분 등이 있은 날'이란 당해처분이 그 효력을 발생한 날을 말하며 상대방이 있는 처분의 경우에는 상대방에게 도달되어야 한다.

위의 90일과 1년이라는 두 기간의 경과는 선택적이 아니라 경합적으로 진행되는 것이므로 두 기간 중 어느 하나의 기간이 경과하면 제소기간은 종료된다.

8) 소 장(訴狀)

취소소송은 일정한 형식의 소장을 갖추어 제기하여야 한다. 소의 제기는 소장을 법원에 제출함으로써 행한다. 소장에는 당사자, 법정대리인, 청구의 취지와 원인을 기재하여야 한다.

9) 필요적 전심절차

취소소송을 제기하는 사람은 반드시 행정심판을 거쳐야 하는 것은 아니다. 행정심판을 거치고 싶으면 거쳐도 되고, 행정심판을 거치고 싶지 않으면 바로 취소소송을 제기하면 된다. 「행정소송법」 제18조는 제1항 본문에서 "취소소송은 법령의 규정에 의하여 당해 처분에 대한 행정심판을 제기할 수 있는 경우에도 이를 거치지 아니하고 제기할 수 있다"라고 규정하여 이를 나타내고 있다. 그러나 동항 단서에 "다만, 다른 법률에 당해 처분에 대한 행정심판의 재결을 거치지 아니하면 취소소송을 제기할 수 없다는 규정이 있는 때에는 그러하지 아니하다"라고 예외를 규정하고 있다. 이 예외를 필요적 전치주의라고 부른다. 현행법상 다른 법률에서 필요적 전치주의를 채택하고 있는 예로는 「국가공무원법」 등에서 채택하고 있는 공무원에 대한 징계 그 밖의 불이익처분, 「국세기본법」 등에서 채택하고 있는 조세법상의 불이익처분, 「도로교통법」에서 채택하고 있는 운전면허취소처분 등 각종 처분이 있다.

10) 관할법원

취소소송은 피고인 행정청의 소재지를 관할하는 행정법원에 제기하여야 한다. 취소소송은 제1심 관할법원이 행정법원이고, 그 항소심은 고등법원이며, 그 상고심은 대법원이다. 다만, 중앙행정기관, 중앙행정기관의 부속기관과 합의제행정기관 또는 그 장, 국가의 사무를 위임 또는 위탁받은 공공단체 또는 그 장이 피고인 경우에는 대법원 소재지를 관할하는 행정법원에 제기할 수 있다.

토지의 수용 기타 부동산 또는 특정장소에 관계되는 처분 등에 대한 취소소송은 그 부동산 또는 장소의 소재지를 관할하는 행정법원에 이를 제기할 수 있다.

행정법원이 설치되지 아니한 지역에서는 행정법원이 설치될 때까지 해당 지방법원 본원이 행정법원의 권한에 속하는 사건을 관할한다.

(2) 취소소송이 제기되면 어떤 영향이 발생하나

첫째로 취소소송이 제기되면 소송은 법원에 계속(係屬)되며, 법원은 이를 심리하여 판결할 의무를 진다. 소송이 계속되면 중복하여 소를 제기하는 것이 금지되며, 다음에 볼 처분의 집행정지결정 등이 가능해진다.

둘째로 취소소송의 제기는 다투어지고 있는 처분 등에 영향을 미치지 아니하는 것이 원칙이다. 이 원칙을 집행부정지원칙이라 한다. 그러나 취소소송이 제기된 시점부터 그 판결이 확정되어 만족을 얻기까지는 오랜 시간이 걸린다. 때로는 원고가 승소하더라도 그 때는 이미 회복할 수 없는 손해가 발생하여 권리구제를 받을 수 없게 되는 수가 있다. 이러한 사태를 방지하기 위하여 판결이 확정될 때까지 잠정적으로 원고의 권리를 보호하여 안전하게 할 임시구제(假救濟)제도가 필요하게 된다. 임시구제제도로는「행정소송법」은 집행정지제도를 규정하고 있다.

「행정소송법」제23조 제2항은 "취소소송이 제기된 경우에 처분 등이나 그 집행 또는 절차의 속행으로 인하여 생길 회복하기 어려운 손해를 예방하기 위하여 긴급한 필요가 있다고 인정할 때에는 본안이 계속되고 있는 법원은 당사자의 신청 또는 직권에 의하여 처분 등의 효력이나 그 집행 또는 절차의 속행의 전부 또는 일부의 정지(이하 집행정지라 한다)를 결정할 수 있다. 다만, 처분의 효력정지는 처분 등의 집행 또는 절차의 속행을 정지함으로써 목적을 달성할 수 있는 경우에는 허용되지 아니한다"라고 규정하고 있다.

1) 집행정지의 종류에는 어떤 것이 있나

집행정지에는 효력정지·좁은 의미의 집행정지·속행정지가 있다. 효력정지는 처분 등의 효력 그 자체를 존속하지 않는 상태에 두는 것이고, 좁은 의미의 집행정지는 처분 등의 집행력을 박탈하여 그 내용의 실현을 정지시키는 것이며, 절차의 속행정지는 처분 등이 유효함을 전제로 법률관계를 진전시키는 다른 행위가 이어질 경우 그 전제가 되는 처분 등의 효력을 박탈하여 후속되는 법률관계의 진전을 정지시키는 것이다. 이들 집행정지의 종류에 관한 예는 취소심판에서 집행정지의 종류에 관한 예가 참고가 된다.

2) 집행정지는 어떤 요건을 갖추어야 하나

집행정지를 하려면 첫째로 집행정지의 대상이 되는 처분 또는 재결이 존재하여야 한다. 둘째로 집행정지 신청을 구할 법률상 이익이 있어야 한다. 셋째로 적법한 본안소송이 법원에 계속되어 있어야 한다. 넷째로 집행정지는 처분 등이나 그 집행 또는 절차의 속행으로 인하여 생길 회복하기 어려운 손해를 예방하기 위하여 긴급한 필요가 있다고 인정할 때에 허용된다. 여기서 말하는 '회복하기 어려운 손해'란 금전보상이 불가능한 경우뿐만 아니라 금전보상으로는 사회관념상 처분을 받은 당사자가 참고 견딜 수 없거나 또는 참고 견디기가 현저히 곤란한 경우의 유형·무형의 손해를 말한다는 것이 판례이다. 따라서 처분이 금전부과처분인 경우에는 '회복하기 어려운 손해'의 요건을 충족하기 쉽지 않다. 판례는 나아가서 처분이 금전부과처분인 경우에도 금전부과처분에 따른 처분의 이행에 의한 경제적 손실이나 기업 이미지 및 신용의 훼손으로 인하여 사업자의 자금사정이나 경영 전반에 미치는 파급효과가 매우 중대하여 사업 자체를 계속할 수 없거나 중대한 경영상의 위기를 맞게 될 것으로 보이는 등의 사정이 존재하는 경우에는 '회복하기 어려운 손해'에 해당한다고 본다. 다섯째 집행정지는 공공복리에 중대한 영향을 미칠 우려가 있을 때에는 허용되지 아니한다.

3) 집행정지의 절차는 어떻게 행하여지는가

집행정지의 관할법원은 본안이 계속되고 있는 법원이다. 집행정지의 신청인은 본안소송의 원고이고, 피신청인은 원칙적으로 본안소송의 피고이다. 집행정지의 절차는 당사자의 신청 또는 직권에 의하여 개시된다. 집행정지의 결정을 신청함에 있어서는 그 이유에 대한 소명이 있어야 한다. 집행정지의 절차는 법원의 결정에 의하여 종결된다. 집행정지사건에 있어서의 재판의 형식은 언제나 결정이다. 법원은 집행정지 신청이 이유가 없는 때에는 신청을 기각하는 결정을 하며, 이유 있을 때에는 신청을 인용하는 결정을 한다.

(3) 취소소송의 심리는 어떻게 행하여지는가

취소소송의 심리에도, 행정심판의 심리에서와 마찬가지로 요건심리와 본안심리가 있다. 취소소송의 심리에는, 민사소송에 있어서와 같이, 변론주의를 바탕으로 하고 있다. 변론주의란 소송자료의 수집을 원고와 피고의 책임으로 하고 법원은 기본적으로 당사자가 주장하는 처분의 위법성이 있느냐의 여부에 대하여서만 심리하는 것을 말한다. 그러나 취소소송을 비롯한 행정소송은 행정의 적법성의 확보라는 기능도 갖고 있으므로 진실을 발견하여야 할 필요성이 크다. 그래서 「행정소송법」은 제3자의 소송참가(제16조), 다른 행정청의 소송참가(제17조)의 규정 외에도, 당사자의 신청이 있는 경우 법원이 결정으로 재결을 행한 행정청에 대한 행정심판기록의 제출을 명할 수 있도록 하는 규정(제25조), 필요하다고 인정할 경우에는 법원이 직권으로 증거조사를 할 수 있고, 당사자가 주장하지 아니한 사실에 대하여도 판단할 수 있는 직권심리규정(제26조)을 두고 있다.

(4) 취소소송의 판결은 어떻게 행하여지는가

1) 위법판단의 기준은 언제인가

법원은 심리를 마치면 다투어지고 있는 처분의 위법 여부에 대한 판단인 판결을 하게 된다. 판결을 할 때 다투어지고 있는 처분의 위법 여부를 어느 시점(위법판단 기준시점)을 기준으로 하여 판단하여야 하는가의 문제가 발생한다. 처분을 할 때와 판결을 할 때와의 사이에 상당한 기간이 있는데 그 사이에 사실관계가 변경될 수 있다. 예컨대, 처분을 할 때에는 법이 정한 면허기준이 충족되어 있지 않았으나 판결을 할 때에는 면허기준이 충족되어 있는 경우이다. 또한 처분을 할 때와 판결을 할 때와의 사이에 법령이 개정되거나 폐지될 수도 있다. 예컨대 징계처분에 대한 취소소송이 제기되었는데 징계처분을 할 때는 징계사유이었던 법률이 개정되어 판결을 할 때에는 징계사유가 아니게 된 경우이다. 판례는 처분의 위법 여부를 처분할 때의 기준으로, 그 시점의 사실관계와 법령을 기준으로, 판단하여야 한다는 입장이다.

2) 판결의 방식과 절차

판결은 판결서로 한다. 판결서에는 주문(主文)·청구의 취지·이유 등을 적고, 판결한 법관이 서명날인하여야 한다. 판결서의 이유에는 주문이 정당하다는 것을 인정할 수 있을 정도로 당사자의 주장, 그 밖의 공격·방어방법에 관한 판단을 표시한다. 판결은 재판장이 판결원본에 따라 주문을 읽어 선고한다. 판결서는 선고한 뒤에 바로 법원사무관 등에게 교부하여야 하며 법원사무관 등은 판결서를 받은 날로부터 2주 이내에 당사자에게 송달하여야 한다.

3) 판결의 종류

판결에는 다음과 같은 것이 있다.

첫째는 각하판결이다. 각하판결이란 소송의 적부(適否)에 대한 판결로서, 요건심리의 결과 소송요건을 갖추지 못한 경우에 당해 소송을 부적법한 것으로 각하하는 판결이다. 소송판결이라고도 한다.

둘째는 기각판결이다. 기각판결이란 원고의 청구가 이유 없다고 하여 배척하는 내용의 판결이다.

셋째는 사정판결이다. 사정판결이란 원고의 청구가 이유 있다고 인정하는 경우에도 이를 인용하는 것이 현저히 공공복리에 적합하지 아니하다고 인정하는 때에 그 청구를 기각하는 판결(「행정소송법」 제28조 제1항 전문)이다. 예컨대, 댐 건설을 위한 하천점용허가처분에 대하여 어업권자로부터 취소소송이 제기된 경우에 심리의 결과 당해 처분이 어업권을 침해하는 위법한 것인 때에는 본래 그 처분을 취소하여야 하지만 이미 거대한 댐 건설이 완공되어 버려 건설된 댐을 철거하는 것이 공공복리에 적합하지 아니하다고 판단하여 청구를 기각하는 판결을 하는 것이다. 「행정소송법」 제28조 제1항은 그 후문에서 "이 경우 법원은 그 판결의 주문에서 그 처분 등이 위법함을 명시하여야 한다"라고 규정하고 있다. 이처럼 판결의 주문에서 처분 등이 위법함을 명시한 이상 판결이 확정되면 처분 등이 위법하다는 점에 대하여 뒤에서 볼 기판력이 발생한다. 원고는 피고인 행정청이 속하는 국가 또는 공공단체를 상대로 손해배상, 제해(除害)시설의 설치 그 밖에 적당한 구제방법의 청구를 당해 취소소송이 계속(係屬)된 법원에 병합하여 제기할 수 있다.

넷째로 인용판결이다. 인용판결이란 원고의 청구가 이유있다고 하여 그 전부 또는 일부를 받아들이는 내용의 판결이다.

4) 판결의 효력

판결은 그에 대한 불복기간이 경과되어 확정되면, 그 효력이 발생한다. 판결이 확정되면 다음과 같은 효력이 발생한다.

첫째는 기속력이 발생한다. "처분 등을 취소하는 확정판결은 그 사건에 관하여 당사자인 행정청과 그 밖의 관계행정청을 기속한다"(「행정소송법」 제30조 제1항). 따라서 취소소송에서 청구의 인용판결이 확정되면 처분청은 동일한 사실관계 아래서 동일한 당사자(원고)에 대하여 동일한 내용의 처분 등을 반복할 수 없게 된다. 판결에 의하여 취소되는 처분이 당사자(원고)의 신청을 거부하는 것을 내용으로 하는 경우에는 그 처분을 행한 행정청은 판결의 취지에 따라 다시 이전의 신청에 대한 처분을 하여야 한다(「행정소송법」제30조 제2항). 이 규정이 필요한 이유는 예컨대 A가 「공공기관의 정보공개에 관한 법률」에 의하여 정보공개를 청구하였는데 행정기관이 정보공개를 거부하여 결국 정보공개거부처분취소소송이 제기된 경우, 법원에 의하여 거부처분을 취소하는 판결이 확정되어도 거부처분이 그 효력을 상실하여 거부처분이 없었던 원상태로 되돌아갈 뿐 정보가 공개되는 것은 아니기 때문이다.

둘째는 형성력이 발생한다. 취소소송에서 청구의 인용판결이 확정되면 다투어진 처분은 그 효력을 상실한다. 이와 같은 취소소송의 효력을 형성력이라 한다.

셋째는 기판력(既判力)이 발생한다. 기판력이란 일단 판결이 확정된 때에는 그 후의 소송의 재판에서 동일한 사항에 대하여 앞의 판결의 내용과 모순되는 당사자(원고)의 주장이나 법원의 판단을 할 수 없는 효력을 말한다. 따라서 판결이 확정된 때에는 동일한 원고가 동일한 처분에 대하여 다시 취소소송을 제기할 수 없다.

3. 무효등확인소송은 어떻게 권익을 구제하는가

(1) 무효등확인소송은 어떻게 제기해야 하는가

무효등확인소송의 제기요건은 취소소송의 제기요건과 대체로 같다. 다만 유의해야 할 점은 다음과 같다. 첫째로 원고적격이다. 「행정소송법」제35조는 "무효등확인소송은 처분 등의 효력 유무 또는 존재 여부의 확인을 구할 법률상 이익이 있는 자가 제기할 수 있다"라고 규정하고 있다. 여기서 말하는 '확인을 구할 법률상 이익'이 무엇을 의미하는가에 관하여는 견해가 나뉜다. 제한적으로 좁게 해석하는 소수의 견해도 있다. 한 때 판례도 좁게 해석하고 있었다. 그러나 대법원은 "행정처분의 근거 법률에 의하여 보호되는 직접적이고 구체적인 이익이 있는 경우에는 「행정소송법」제35조에 규정된 무효확인을 구할 법률상 이익이 있다고 보아야 하고, 이와 별도로 무효확인소송의 보충성이 요구되는 것은 아니므로 행정처분의 무효를 전제로 한 이행소송과 같은 직접적인 구제수단이 있는지 여부를 따질 필요가 없다고 해석함이 상당하다"고 판시(대법원 2008. 3. 20. 선고 2007두6343 전원합의체 판결)하여 판례변경을 하였다. 둘째로 필요적 전치주의이다. 무효등확인소송에는 필요적 전치주의의 적용이 없다. 셋째로 제소기간이다. 무효등확인소송에는 제소기간이 없다. 넷째로 청구로써 요구하는 대상이다. 무효등확인소송을 제기하는 경우에는 원고는 처분 등의 효력 유무 또는 존재 여부에 대한 확인을 구하여야 한다.

(2) 무효등확인소송이 제기되면 어떤 영향이 미치게 되나

무효등확인소송이 제기되면 소송은 법원에 계속(係屬)되며, 법원은 이를 심사하여 판결할 의무를 진다. 「행정소송법」은 무효등확인소송에도 집행정지제도를 준용하고 있다(제38조 제1항). 「행정소송법」이 무효등확인소송에 집행정지제도를 준용하고 있는 것은 당연무효인 처분이라 하더라도 실제상 무효등확인소송이 확정되기 이전에는 행정청이 무효인 처분을 유효한 처분으로 주장하여 강제집행을 할 가능성이 있기 때문에 이러한 점에 대비하기 위한 것이다.

(3) 무효등확인소송의 심리와 판결은 어떻게 행하여지는가

무효등확인소송의 심리는 취소소송의 심리와 같다. 취소소송의 심리에 관한 규정인 행정심판기록의 제출명령(「행정소송법」 제25조), 직권심리(동법 제26조)에 관한 규정이 무효등확인소송에 준용된다(동법 제38조 1항).

무효등확인소송의 판결도 취소소송의 판결과 대체로 동일하다. 다만 유의해야 할 점은 사정판결이다. 「행정소송법」은 무효등확인소송에 사정판결에 관한 규정을 준용하고 있지 않다. 따라서 무효등확인소송에 있어서는 사정판결을 할 수 없다. 「행정소송법」은 기속력에 관한 규정, 제3자에 대한 효력에 관한 규정을 준용하고 있다.

4. 부작위위법확인소송은 어떻게 권익을 구제하는가
(1) 부작위위법확인소송은 어떻게 제기하여야 하는가

부작위위법확인소송의 제기요건은 취소소송의 제기요건과 대체로 같다. 다만 유의해야 할 점은 다음과 같다. 첫째로 대상이다. 부작위위법확인소송의 대상은 행정청의 부작위이다. 부작위란 행정청이 당사자의 신청에 대하여 상당한 기간 내에 일정한 처분을 하여야 할 법률상 의무가 있음에도 불구하고 이를 하지 아니하는 것을 말한다(「행정소송법」 제2조 제1항 제2호). 둘째로 원고적격이다. 부작위위법확인소송은 처분의 신청을 한 사람으로서 부작위의 위법의 확인을 구할 법률상 이익이 있는 사람만이 제기할 수 있다. 셋째로 피고적격이다. 부작위위법확인소송은 당사자의 신청에 대하여 상당한 기간 내에 일정한 처분을 하여야 할 의무가 있음에도 불구하고 이를 하지 아니하는 행정청이 피고가 된다. 넷째는 필요적 전치주의이다. 개별 법률에서 필요적 전치주의를 규정하고 있는 경우에는 의무이행심판을 거쳐 부작위위법

확인소송을 제기하여야 한다. 다섯째로 제소기간이다. 「행정소송법」은 부작위위법
확인소송에도 취소소송의 제소기간에 관한 규정을 준용하고 있다(제38조 제2항).

(2) 부작위위법확인소송이 제기되면 어떤 영향이 미치게 되나

부작위위법확인소송이 제기되면 소송은 법원에 계속(係屬)되며, 법원은 이를 심리
하여 판결할 의무를 진다. 그러나 집행정지제도에 관한 「행정소송법」의 규정은 준용
되지 아니한다. 부작위위법확인소송에는 집행이 있을 수 없기 때문이다.

(3) 부작위위법확인소송의 심리와 판결은 어떻게 행하여지는가

부작위위법확인소송의 심리는 취소소송의 심리와 같다. 취소소송의 심리에 관한
규정인 행정심판기록 제출명령(「행정소송법」 제25조), 직권심리(동법 제26조)에 관한
규정이 부작위위법확인소송의 심리에도 준용된다(동법 제38조 제2항).

부작위위법확인소송의 판결도 취소소송의 판결과 대체로 동일하다. 다만 유의해
야 할 점은 다음과 같다. 첫째는 위법판단의 기준시점이다. 부작위위법확인소송에는
처분이 존재하지 않으므로 처분을 할 때를 기준으로 할 수는 없다. 따라서 부작위위
법확인소송에서의 위법판단의 기준은 상당한 기간의 경과를 판단하는 시점이 언제
인가에 있다. 소(訴)를 제기할 시점을 기준으로 하여야 한다는 견해와 판결을 할 때
를 기준으로 하여야 한다는 견해의 대립이 있다. 판결을 할 때를 기준으로 하여야 한
다는 견해가 통설이다. 둘째는 사정판결이다. 부작위위법확인소송의 경우에는 법원
은 사정판결을 할 수 없다. 「행정소송법」이 부작위위법확인소송에 사정판결에 관한
규정을 준용하고 있지 않기 때문이다.

5. 당사자소송은 어떻게 권익을 구제하는가
(1) 당사자소송에는 두 가지가 있다

당사자소송은 행정청의 처분 등을 원인으로 하는 법률관계에 관한 소송 그 밖에
공법상의 법률관계에 관한 소송으로서 그 법률관계의 한 쪽 당사자를 피고로 하는
소송이다(「행정소송법」 제3조 제2호). 이처럼 당사자소송은 공법상 법률관계의 한 쪽
당사자가 다른 한 쪽 당사자를 피고로 하여 제기하는 대등한 당사자 간의 소송이다.
당사자소송이라는 이름도 여기서 나온다. 「행정소송법」은 당사자소송을 '행정청의

처분 등을 원인으로 하는 법률관계에 관한 소송'과 '그 밖에 공법상의 법률관계에 관한 소송' 두 가지로 나누고 있다. 전자를 형식적 당사자소송이라 하고, 후자를 실질적 당사자소송이라 한다.

당사자소송에 관하여 「행정소송법」에 특별한 규정이 없는 사항에 대하여는 「법원조직법」과 「민사소송법」 및 「민사집행법」의 규정을 준용한다.

당사자소송에 관하여 「행정소송법」에 특별한 규정이 있는 사항은, 피고적격(국가·공공단체 그 밖에 권리주체를 피고로 한다), 재판관할(취소소송의 경우와 같지만, 국가 또는 공공단체가 피고인 경우에는 관계 행정청의 소재지를 피고의 소재지로 본다) 등이다.

(2) 형식적 당사자소송의 구체적인 예는 어떤 것이 있나

「공익사업을 위한 토지 등의 취득 및 보상에 관한 법률」은 토지수용위원회의 재결에 대하여 이의가 있는 자는 중앙토지수용위원회에 이의신청을 할 수 있게 하고, 제85조는 제1항에서 사업시행자·토지소유자 또는 관계인은 재결서를 받은 날부터 60일 이내에, 이의신청에 대한 재결서를 받은 날로부터 30일 이내에 각각 행정소송을 제기할 수 있다고 하면서 제2항에서 "제1항의 규정에 따라 제기하고자 하는 행정소송이 보상금의 증감에 관한 소송인 경우 당해 소송을 제기하는 자가 토지소유자 또는 관계인인 때에는 사업시행자를, 사업시행자인 때에는 토지소유자 또는 관계인을 각각 피고로 한다"라고 규정하고 있다. 제1항에 의하여 제기되는 행정소송은 항고소송인 취소소송이거나 무효등확인소송이 될 것이다. 제2항에 의하여 제기되는 행정소송은, 보상금이 토지수용위원회의 재결 또는 중앙토지수용위원회의 이의재결에 의하여 결정이 되지만, 보상금이 적으니 증액해 달라거나 많으니 감액해 달라는 소송이며, 이 소송은 보상금을 주고 받을 당사자의 한 쪽이 다른 한 쪽을 피고로 하는 소송인 형식적 당사자소송에 해당한다.

「공익사업을 위한 토지 등의 취득 및 보상에 관한 법률」 제85조 제2항이 없으면 제1항에 의한 취소소송 등 항고소송으로 다투어야 한다. 즉 보상금이 토지수용위원회의 재결이나 중앙토지수용위원회의 이의재결에 의하여 정하여지는 것이므로 보상금의 증감에 관한 다툼도 재결 또는 이의재결의 취소소송이 된다.

이 외에도 특허무효항고심판, 특허권존속기간의 연장등록무효항고심판, 권리범위확인항고심판 등에 관한 소송 등 지적재산권에 관한 소송도 형식적 당사자소송에 해당한다.

(3) 실질적 당사자소송의 구체적인 예는 어떤 것이 있나

　판례는 공무원이나 공립학교 학생 신분의 확인을 구하는 소송(대법원 1998. 10. 23. 선고 98두12932 판결), 국가·지방자치단체와의 채용계약에 의하여 일정기간 연구업무 등에 종사하는 계약직 공무원이 행정청의 일방적 채용계약해지통고의 효력을 다투는 소송(대법원 1993. 9. 14. 선고 92누4611 판결), 서울특별시립무용단원의 해촉을 다투는 소송(대법원 1995. 12. 22. 선고 95누4636 판결), 공중보건의사 채용계약 해지에 관한 소송(대법원 1996. 5. 31. 선고 95누10617 판결), 시립합창단원에 대한 재위촉 거부를 다투는 소송(대법원 2001. 12. 11. 선고 2001두7794 판결) 등을 당사자소송으로 보고 있다.

　그 밖에도 수용취득한 토지가 불필요하게 된 경우 토지소유자 등이 환매권을 행사하기 위해서는 토지에 대하여 지급받은 보상금에 상당한 금액을 사업시행자에게 지급해야 하는데, 토지의 가격이 수용취득 당시에 비하여 현저히 변경되었을 때에는 그 금액의 증감을 법원이 청구할 수 있다. 이 경우에 행하는 환매대금증감청구소송을 대법원은 당사자소송으로 보고 있다(대법원 2002. 6. 14. 선고 2001다24112 판결).

6. 객관소송은 무엇을 어떻게 다투는가
(1) 민중소송은 무엇을 어떻게 다투는가

　앞서 본 바와 같이 민중소송은 국가 또는 공공단체의 기관이 법률에 위반되는 행위를 한 때에 직접 자기의 법률상 이익과 관계없이 그 시정을 구하기 위하여 제기하는 소송이다. 이와 같은 소송으로「국민투표법」이 정한 국민투표무효소송,「공직선거법」이 정한 선거무효소송과 당선무효소송,「지방교육자치에 관한 법률」이 정한 선거무효소송과 당선무효소송,「지방자치법」이 정한 주민소송 등이 있다.

　「행정소송법」은 제소요건으로 "법률이 정한 경우에 법률에 정한 자에 한하여 제기할 수 있다"(제45조)라고 규정하고, 제46조에서 민중소송에 관하여 그 성질에 반하지 아니하는 한 취소소송, 무효등확인소송, 당사자소송에 관한 규정을 준용하고 있다. 따라서 구체적인 제도의 핵심을 규정하고 있는 것은「국민투표법」,「공직선거법」, 「지방교육자치에 관한 법률」,「지방자치법」 등의 법률이다.

(2) 기관소송은 무엇을 어떻게 다투는가

기관소송은 국가 또는 공공단체의 기관 상호 간에 있어서의 권한의 존부 또는 그 권한의 행사에 관한 다툼이 있을 때에 이에 대하여 제기하는 소송이다. 다만「헌법재판소법」제2조의 규정에 의하여 헌법재판소의 관장사항이 되는 소송은 제외된다. 원래 행정기관 간의 권한에 관한 다툼은 당해 기관의 공통상급기관이 있을 때에는 그 상급기관에 의하여 해결하는 것이 원칙이다. 그러나 경우에 따라서는 권한 다툼에 대한 적당한 해결기관이 없거나, 특히 공정한 제3자의 판단이 필요한 경우가 있다. 이러한 경우에 법률은 법원에 소송을 제기할 것을 규정하고 있는 예가 있다. 예컨대, 지방의회의 의결에 대한 지방자치단체의 장 또는 행정안전부장관 및 광역지방자치단체의 장이 행하는 소송(「지방자치법」제172조), 주무부장관 또는 광역지방자치단체의 장의 지방자치단체에 대한 감독처분 또는 이행명령에 대한 지방자치단체의 장의 이의소송(동법 제169조, 제170조) 등이 있다.

「행정소송법」은 제소요건으로 "법률이 정한 경우에 법률에 정한 자에 한하여 제기할 수 있다"(제45조)라고 규정하고, 제46조에서 취소소송, 무효등확인소송, 당사자소송에 관한 규정을 준용하고 있는 것은 민중소송과 같다. 따라서 구체적인 제도의 핵심을 규정하고 있는 것은「지방자치법」등의 법률이다.

Ⅳ. 행정작용에 의한 손해·손실의 전보(塡補)는 어떻게 행하여지는가

1. 전체를 개관한다

국가 또는 지방자치단체의 행정작용에 의하여 발생한 손해·손실을 전보하는 방법에는 행정상 손해배상과 행정상 손실보상의 두 가지가 있다는 것은 이미 본 바와 같다. 그러나 이 두 가지 방법이 주축을 이루고 있다는 것이지 그 이외의 방법이 없다는 의미는 아니다. 행정작용에 의한 손해·손실의 전보에는 행정상 손해배상과 행정상 손실보상에 의하여 전보되지 아니하여 혹은 법률의 해석에 의하여 혹은 입법에 의하여 문제를 해결해야 하는 영역이 있다. 이 영역은 혹은 무과실책임, 혹은 결과책임, 혹은 위험책임으로 일컬어진다. 그래서 이들 행정작용에 의한 손해·손실의 전보를 하나로 묶어 통일적으로 이해하려는 견해가 있다. 이들 견해는 국가보상제도 또는 국가보상법이라는 개념을 사용한다.

그러나 현재의 우리 실정법은 행정상 손해배상과 행정상 손실보상을 구분하고 있고, 관례도 마찬가지로 양자를 구분하고 있다. 양자의 차이는 다음과 같다.

첫째는 양자는 목적에 있어서 차이가 있다. 행정상 손해배상은 법치행정원리의 실현을 목적으로 한다. 법치행정원리에서 보면 위법한 행정작용은 제거되어야 한다. 위법한 행정작용을 제거하는 제1차적 제도가 행정소송이라고 한다면 위법한 행정작용을 제거하는 제2차적 제도는 행정상 손해배상이다. 이에 대하여 행정상 손실보상은 법치행정원리의 실현이 아니라 공평한 부담의 실현을 목적으로 한다.

둘째로 양자는 행위의 성질에 있어서 차이가 있다. 행정상 손해배상은 위법한 행정작용으로 인하여 발생한 손해의 전보제도이다. 이에 대하여 행정상 손실보상은 적법한 행정작용으로 인하여 발생한 손실의 전보제도이다. 적법한 행정작용으로 인하여 발생한 손실은 공평한 부담의 실현이라는 목적에 반하지 아니하는 한, 불이익이나 불편을 참아야 한다. 즉 수인(受忍)하여야 한다.

셋째로 양자는 「헌법」의 조문을 달리한다. 행정상 손해배상은 「헌법」제29조를 기본바탕으로 한다. 「헌법」제29조 제1항은 "공무원의 직무상 불법행위로 손해를 받은 국민은 법률이 정하는 바에 의하여 국가 또는 공공단체에 정당한 배상을 청구할 수 있다. 이 경우 공무원 자신의 책임은 면제되지 아니한다"라고 규정하고 있다. 이에 대하여 행정상 손실보상은 「헌법」제23조를 기본바탕으로 한다. 「헌법」제23조 제3항은 "공공필요에 의한 재산권의 수용·사용 또는 제한 및 그에 대한 보상은 법률로써 하되, 정당한 보상을 지급하여야 한다"라고 규정하고 있다.

2. 행정상 손해배상은 어떻게 손해를 전보하는가

(1) 국가배상법이란 어떤 법률인가

「헌법」제29조에 바탕하여 국가 또는 지방자치단체의 행정상 손해배상책임에 관한 일반법으로 제정된 법률이 「국가배상법」이다. 「국가배상법」제8조는 "국가 또는 지방자치단체의 손해배상의 책임에 관하여는 이 법의 규정에 의한 것을 제외하고는 민법의 규정에 의한다. 다만, 「민법」이외의 법률에 다른 규정이 있을 때에는 그 규정에 의한다"라고 규정하고 있다. 따라서 첫째로 「민법」이외의 다른 법률에 특별한 규정이 있으면 그 법률이 먼저 적용되고, 둘째로 그러한 특별법이 없으면 「국가배상법」이 적용되며, 셋째로 「국가배상법」에 규정이 없는 사항에 대하여는 「민법」이 보충적으로 적용된다.

「국가배상법」은 제2조에서 공무원의 직무행위로 인한 손해배상책임을 규정하고,

제5조에서 영조물의 설치·관리의 흠으로 인한 손해배상책임을 규정하고 있다. 「국가배상법」을 제정하게 된 주안점(主眼点)은 제2조에 있다. 「헌법」제29조의 초점도 여기에 있다. 「국가배상법」제5조는 이 규정이 없더라도 「민법」제758조에 의하여 국가 또는 지방자치단체에 배상책임을 물을 수 있으므로 그렇게 큰 의미가 있는 것은 아니다. 그러나 공공의 영조물의 설치·관리작용이 공행정에 속하기 때문에 공공의 영조물의 설치·관리의 흠으로 인한 손해에 대하여 「민법」제758조를 적용할 수 있는가의 여부가 명백하지 않았기 때문에 이를 분명히 하기 위하여 「국가배상법」제5조의 규정을 두게 된 것이다.

(2) 제2조가 정한 배상책임의 요건은 어떤 것인가

「국가배상법」제2조 제1항은 "국가나 지방자치단체는 공무원 또는 공무를 위탁받은 사인(이하 공무원이라 한다) 이 직무를 집행하면서 고의 또는 과실로 법령을 위반하여 타인에게 손해를 입히거나, 「자동차손해배상보장법」에 따라 손해배상의 책임이 있을 때에는 이 법에 따라 그 손해를 배상하여야 한다. 다만, 군인·군무원·경찰공무원 또는 향토예비군대원이 전투·훈련 등 직무집행과 관련하여 전사(戰死)·순직(殉職)하거나 공상(公傷)을 입은 경우에 본인이나 그 유족이 다른 법령에 따라 재해보상금·유족연금·상이연금 등의 보상을 지급받을 수 있을 때에는 이 법 및 「민법」에 따른 손해배상을 청구할 수 없다"라고 규정하고 있다. 「국가배상법」제2조 제1항이 정한 요건 중 주로 문제가 되는 것은 '공무원이 직무를 집행하면서 고의 또는 과실로 법령을 위반하여 타인에게 손해를 입힐 것'이라는 요건이다. 나누어 보기로 한다.

1) 공무원

여기서 말하는 공무원은 공무원 또는 공무를 위탁받은 사인이다. 따라서 「국가공무원법」이나 「지방공무원법」등에 의하여 공무원의 신분을 가지고 있는 사람뿐만 아니라 공무원의 신분을 가지고 있지 않더라도 널리 공무를 위탁받아 종사하는 사람도 공무원이다. 위탁에는 일시적 위탁이든 한정(限定)적인 사항에 관한 활동의 위탁이든 모두 포함한다. 지방자치단체가 '교통할아버지 봉사활동 계획'을 수립한 후 관할 동장으로 하여금 '교통할아버지'를 선정하게 하여 어린이보호, 교통안내, 거리질서 확립 등의 공무를 위탁하여 집행하게 하던 중 '교통할아버지'로 선정된 노인이 위탁받은 업무범위를 넘어 교차로 중앙에서 교통정리를 하다가 교통사고를 발생시킨 경우 '교통할아버지'로 선정된 노인도 공무원이다(대법원 2001. 1. 5. 선고 98다39060 판결).

2) 직 무

여기서 말하는 직무의 범위에 관하여 견해가 나뉜다. 판례는 "직무에는 권력적 작용만이 아니라 행정지도와 같은 비권력적 작용도 포함되며 단지 행정주체가 사경제주체로서 하는 활동만 제외된다"(대법원 1998. 7. 10. 선고 96다38971 판결)는 입장이다. 따라서 직무에는 권력적 행정작용, 사경제작용을 제외한 비권력적 행정작용, 입법작용, 사법(司法)작용을 포함하며, 법적 행위이든 사실작용이든, 작위이든 부작위이든 가리지 아니한다.

3) 직무를 집행하면서

'직무를 집행하면서'란 직무의 범위 내에 속하는 행위이거나 직무수행의 수단으로서 또는 직무수행에 부수(附隨)하여 행하여지는 행위로서 직무와 밀접한 관련이 있는 경우를 말한다. 예컨대, 육군중사가 자신의 개인소유 오토바이 뒷자석에 같은 부대 소속 군인을 태우고 다음날부터 실시예정인 훈련에 대비하여 사전정찰을 위해 훈련지역 일대를 살피고 귀대하던 중 교통사고가 일어났다면, 그가 비록 개인소유의 오토바이를 운전한 경우라 하더라도 실질적, 객관적으로 위 운전행위는 그에게 부여된 훈련지역의 사전정찰 임무를 수행하기 위한 직무와 밀접한 관련이 있다고 보아야한다(대법원 1994. 5. 27. 선고 94다6741 판결).

'직무를 집행하면서'의 판단기준은 행위 자체의 외관을 객관적으로 관찰하여 공무원의 직무행위로 보여질 때에는 비록 그것이 실질적으로 직무행위가 아니거나 또는 행위자로서는 주관적으로 공무집행의 의사가 없었다고 하더라도 그 행위는 '직무를 집행하면서'한 것으로 본다. 예컨대, 울산세관공무원들의 공무원증 및 재직증명서 발급업무를 하는 공무원인 A가 울산세관의 다른 공무원의 공무원증 등을 위조하는 행위는 비록 그것이 실질적으로는 직무행위에 속하지 아니한다 할지라도 적어도 외관상으로는 공무원증과 재직증명서를 발급하는 행위로서 직무를 집행하면서 한 것이다(대법원 2005. 1. 14. 선고 2004다26805 판결).

4) 고의 또는 과실

고의 또는 과실을 행위자인 공무원 개인의 주관적 인식을 기준으로 판단하면, 고의란 자기의 행위로 인한 일정한 결과의 발생을 인식하면서 그 결과의 발생을 용인하고 그 행위를 하는 심리상태를 말하며, 과실이란 자기의 행위로 인하여 일정한 결과가 발생할 것을 인식할 수 있었음에도 불구하고 부주의로 그 결과의 발생을 인식하지 못하고 그 행위를 하는 심리상태를 말한다. 고의 또는 과실을 이와 같이 보게 되면 배상책임의 성립이 행위자인 공무원 개인의 주관적 인식에 좌우되는 것이므로 피해자 측에서 보면 불공평한 구제가 될 수 있다. 행정작용이 비대(肥大)화·복잡화·전문화하고 있는 오늘날의 상황 아래에서는 행위자인 공무원 개인의 판단능력이나 인식능력에 비추어 고의 또는 과실을 인정하고 그 입증을 피해자에게 맡기는 것은 피해자에게 지나친 부담을 지우는 결과가 된다. 그래서 최근에는 고의·과실을 완화하여 해석하려는 경향이 뚜렷하다. 예컨대 과실을 객관화하여 "공무원이 그 직무를 수행함에 있어 당해 직무를 담당하는 평균인이 보통 갖추어야 할 주의의무를 게을리 한 것"으로 이해하거나, 혹은 배상책임을 지는 자가 공무원이 아니라 국가·지방자치단체이므로 고의·과실은 국가·지방자치단체가 지는 배상책임을 매개하는 요소의 하나로서 국가·지방자치단체에게 배상책임을 지우기 위해서 필요한 공무운영(公務運營)상의 객관적인 흠으로 이해하는 것이 그것이다. 대법원은 지방자치단체가 개설하여 주차료를 징수하여 관리하는 해수욕장에서 기상악화로 수영금지결정이 내려진 후 발생한 익사사고에 대하여 "피고 군이 수영금지결정이 내려진 상태에서 많은 피서객을 입장시켰고 일부 피서객들이 무릎 또는 허리 깊이 정도의 물속까지 들어가 물놀이를 하는데도 위 해수욕장의 담당 직원들은 간간이 수영금지방송만 내보내고 한 두 사람의 수상안전요원이 이따금 지나가면서 바닷물 깊이 들어가 있는 사람에게 호루라기를 불어 주의만 주는 등 형식적인 통제를 하는 데 그쳤을 뿐 바닷물에 들어가는 것을 적극적으로 감시하거나 통제하지 아니하다가 익사사고가 일어났고 그 구조에도 실패한 경우 그와 같은 사고는 해수욕장을 유지·관리하는 피고 군의 담당 직원 및 수상안전요원의 직무상 과실로 인하여 발생하였다고 할 것이다"(대법원 1997. 4. 25. 선고 95다22269 판결)고 판시하였다.

5) 법령을 위반하여

법령의 위반이란 객관적인 법규범의 위반을 의미한다. 즉 공무원이 「헌법」·법률·명령·자치법규·국제조약·일반적으로 승인된 국제법규·관습법·판례법·행정상 법의 일반원칙에 위반한 것을 말한다. 대법원도 "국가배상책임은 공무원의 직무집행이 법령에 위반한 것임을 요건으로 하는 것으로서, 공무원의 집무집행이 법령이 정한 요건과 절차에 따라 이루어진 것이라면 특별한 사정이 없는 한 이는 법령에 적합한 것이고 그 과정에서 개인의 권리가 침해되는 일이 생긴다고 하여 그 법령적합성이 곧바로 부정되는 것은 아니라고 할 것이다"(대법원 1997. 7. 25. 선고 94다2480 판결)라고 판시하고 있다. 그러나 대법원의 판결 중에는 "어떠한 행정처분이 후에 항고소송에서 취소되었다고 할지라도 그 기판력에 의하여 당해 행정처분이 곧바로 공무원의 고의 또는 과실로 인한 것으로서 불법행위를 구성한다고 단정할 수는 없는 것이고, 그 행정처분이 담당공무원이 보통 일반의 공무원을 표준으로 하여 볼 때 객관적 주의의무를 결하여 그 행정처분이 객관적 정당성을 상실하였다고 인정될 정도에 이른 경우에 국가배상법 제2조 소정의 국가배상책임의 요건을 충족하였다고 봄이 상당할 것이다"(대법원 2000. 5. 12. 선고 99다70600 판결)라고 판시한 것도 있다.

공무원의 직무행위에는 부작위도 포함되는데, 공무원의 권한의 불행사는 재량사항인 경우가 많아, 부작위의 위법이 어느 경우에 인정되느냐가 문제된다.

대법원은 "긴급구호권한과 같은 경찰관의 조치권한이 일반적으로 경찰관의 전문적 판단에 기한 합리적인 재량에 위임되어 있는 것이나, 그렇다고 하더라도 구체적인 상황 하에서 경찰관에게 이러한 조치권한을 부여한 취지와 목적에 비추어 볼 때 그 불행사가 현저하게 불합리하다고 인정되는 경우에는 이러한 불행사는 법령에 위반하는 행위에 해당하게 되어 국가배상법상의 다른 요건이 충족되는 한 국가는 이로 인하여 피해를 입은 자에 대하여 국가배상책임을 지게 되는 것이다"(대법원 1996. 10. 25. 선고 95다45927 판결)라고 하여 소극적 재량남용이론 및 재량수축(收縮)이론을 받아 들이고 있다.

6) 타인에게

「국가배상법」 제2조 제1항에서 말하는 타인이란 행위자인 공무원 및 그의 행위에 가담한 사람 이외의 모든 사람을 말한다. 공무원 A가 자신의 소유인 승용차를 운전하여 공무를 수행하고 돌아오던 중 같이 타고 있던 다른 공무원 B를 사망하게 하는 교통사고를 발생시킨 경우, 공무원 B가 공무원 A와 동일한 목적을 위한 업무를 수행한 공무원이라 할지라도 공무원 B가 공무원 A의 행위에 관여하지 아니한 이상 공무원 B는 여기서 말하는 타인에 해당한다(대법원 1998. 11. 19. 선고 97다36873 전원합의체 판결).

7) 손해를 입힐 것

여기서 말하는 손해란 공무원의 행위로 인하여 입은 타인(피해자)의 불이익을 말한다. 그 손해가 재산적 손해이든 비재산적 손해이든 가리지 아니한다. 또는 그 손해에는 적극적으로 입은 손해는 말할 나위가 없고, 기대·예상하였던 정당한 이익의 상실 등 소극적으로 입은 손해를 포함한다.

공무원의 직무의무 위반행위와 손해의 발생 간에는 상당인과관계가 있어야 한다(대법원 2003. 4. 25. 선고 2001다59842 판결).

(3) 공무원에게도 손해배상책임을 물을 수 있는가

「국가배상법」 제2조 제1항의 요건을 갖춘 경우 국가·지방자치단체가 손해를 배상하여야 한다. 즉 배상책임자는 국가 또는 지방자치단체이다. 「국가배상법」 제2조 제2항은 "제1항 본문의 경우에 공무원에게 고의 또는 중대한 과실이 있으면 국가나 지방자치단체는 그 공무원에게 구상(求償)할 수 있다"라고 규정하고 있다. 그런데 우리 「헌법」 제29조 제1항은 국가·지방자치단체가 배상책임을 지는 경우 "공무원 자신의 책임은 면제되지 아니한다"고 규정하고 있다. 여기에 문제가 발생한다. 즉 공무원의 고의·과실에 의한 위법한 직무행위로 손해가 발생한 경우 피해자는 국가·지방자치단체에 대해서만 손해배상을 청구할 수 있는가 아니면 국가·지방자치단체에 대해서 손해배상을 청구할 수 있고 또한 이와 병행하거나 별도로 공무원 개인에 대해서 손해배상을 청구할 수 있는가의 문제이다. 이를 선택적 청구권의 문제 또는 공무원 개인의 불법행위책임 문제라고 한다. 이에 대해서는 견해가 나뉜다.

판례는 "「헌법」 제29조 제1항 본문과 단서 및 국가배상법 제2조의 해석상 공무원이 직무수행 중 불법행위로 타인에게 손해를 입힌 경우에 국가 등이 국가배상책임을 부담하는 외에 공무원 개인도 고의 또는 중과실이 있는 경우에는 그로 인한 손해배상책임을 부담하고, 다만 공무원에게 경과실만이 인정되는 경우에는 공무원 개인은 손해배상책임을 부담하지 아니한다"(대법원 1996. 2. 15. 선고 95다38677 전원합의체 판결)라고 판시하였다. 이에 의하면 피해자는 국가·지방자치단체에 대해서 손해배상을 청구할 수 있을 뿐만 아니라, 공무원 개인에 대해서도 손해배상을 청구할 수 있지만 공무원 개인에 대해서 손해배상을 청구하는 경우에는 공무원에게 고의 또는 중과실이 있어야 한다.

(4) 제5조가 정한 배상책임의 요건은 어떤 것인가

「국가배상법」제5조 제1항 전문은 "도로·하천, 그 밖의 공공의 영조물(營造物)의 설치나 관리에 하자(瑕疵)가 있기 때문에 타인에게 손해를 발생하게 하였을 때에는 국가나 지방자치단체는 그 손해를 배상하여야 한다"고 규정하고 있다. 제5조 제1항 전단(前段)이 정하고 있는 배상책임의 요건은 공공의 영조물, 설치나 관리, 하자, 타인, 손해의 발생이다. 차례로 보기로 한다.

1) 공공의 영조물

여기서 말하는 공공의 영조물이란 국가·지방자치단체에 의하여 직접적으로 공공목적에 제공된 물적 시설을 말한다. 판례도 "공공의 영조물이란 국가 또는 지방자치단체에 의하여 특정 공공의 목적에 공여된 유체물 내지 물적 설비를 말하며, 국가 또는 지방자치단체가 소유권, 임차권 그 밖의 권한에 기하여 관리하고 있는 경우 뿐만 아니라 사실상의 관리를 하고 있는 경우도 포함된다"(대법원 1998. 10. 23. 선고 98다 17381 판결 등)고 설시한다. 따라서 공공의 영조물에는 「국가배상법」제5조 제1항 전문에서 예시하고 있는 도로, 하천 뿐만 아니라 항만, 상수도, 하수도, 관공서 청사, 국공립학교 교사(校舍), 철도시설물인 대합실과 승강장, 도로상에 설치된 보행자 신호기와 차량 신호기, 공공용 자동차·선박·항공기, 경찰견(犬), 경찰마(馬) 등이 포함된다.

2) 설치나 관리

여기서 말하는 설치란 공공의 영조물의 설계·건조(建造)작용을 말하며, 관리란 공공의 영조물의 유지·수선 및 보관작용을 말한다. 관리작용은 구체적인 처분일 수도 있고, 사실작용일 수도 있으며, 관리규칙을 제정하는 것과 같이 추상적인 작용일 수도 있다.

설치 또는 관리작용도 공무원의 직무에 의하여 행하여지기 때문에 「국가배상법」제2조가 정한 요건을 충족할 수도 있어, 제2조와 제5조가 경합할 수 있다.

이와 같이 경합하는 경우에는 피해자는 제2조에 의하여도 국가·지방자치단체에 손해배상을 청구할 수 있고, 제5조에 의하여도 국가·지방자치단체에 손해배상을 청구할 수 있다.

3) 하 자(瑕疵)

영조물의 설치나 관리에 하자(흠)가 있어야 한다. 편도 2차선 도로의 1차선 위에 교통사고의 원인이 될 수 있는 크기의 돌멩이가 방치되어 교통사고가 발생한 경우에 도로관리상의 하자(흠)에 해당하는가. 「국가배상법」 제5조 제1항 전문에서 말하는 하자(흠)가 무엇을 의미하는가에 대하여는 견해가 나뉜다. '하자가 있다'는 의미를 객관적으로 영조물의 설치·관리에 불완전한 점이 있어 통상적으로 갖추어야 할 물적 안전성을 갖추지 못한 상태로 보는 객관설도 있고, 영조물의 안전확보의무를 전제로 하여 손해방지조치를 게을리한 손해회피의무 위반으로 보는 관리의무위반설이 있다. 판례 중에는 객관설의 입장에 서 있는 것(대법원 1994. 11. 2. 선고 94다32924 판결 등)도 있고, 관리의무위반설의 입장에 서 있는 것(대법원 2000. 2. 25. 선고 99다54004 판결 등)도 있다. 최근의 판례의 경향은 관리의무위반설적 입장이다. 앞 편도 2차선 도로의 1차선 위에 교통사고의 원인이 될 수 있는 크기의 돌멩이가 방치되어 교통사고가 발생한 사건에서 피고가 '그것에 대한 관리가능성'이 없다는 입증을 못하는 한 도로관리상의 하자가 있다고 판시한 결과(대법원 1998. 2. 10. 선고 97다32536 판결)도 관리의무위반설적 입장으로 보인다. 또한 대법원이 하천의 관리상 하자의 유무에 관하여 설치관리자가 그 영조물의 위험성에 비례하여 사회통념상 요구되는 정도의 방호조치의무를 다하였는지 여부를 그 기준으로 삼아야 한다고 하면서, "하천관리의 하자 유무는 과거에 발생한 수해의 규모·발생의 빈도·발생 원인·피해의 성질·강우상황·유역의 지형 기타 자연적 조건, 토지의 이용상황 기타 사회적 조건, 개수를 요하는 긴급성의 유무 및 그 정도 등 제반 사정을 종합적으로 고려하고, 하천관리에 있어서의 위와 같은 재정적·시간적·기술적 제약 하에서 같은 종류, 같은 규모 하천에 대한 하천관리의 일반 수준 및 사회통념에 비추어 시인될 수 있는 안전성을 구비하고 있다고 인정될 수 있는지 여부를 기준으로 하여 판단하여야 한다"(대법원 2007. 9. 21. 선고 2005다65678 판결)고 한 것도 같은 입장이다.

4) 타 인

타인에게 손해를 발생하게 하여야 한다. 「국가배상법」 제2조 제1항 단서의 규정이 영조물의 설치·관리의 하자(흠)로 인한 손해배상의 경우에도 준용되고 있으므로(「국가배상법」 제5조 제1항 후문), 군인·군무원·경찰공무원 또는 향토예비군대원은 일정한 경우 여기서 말하는 타인에서 제외된다. 그 외에는 제한이 없다. 따라서 여기서 말하는 타인에는 영조물의 설치·관리자인 공무원 개인도 포함된다.

5) 손해의 발생

영조물의 설치 또는 관리의 하자(흠)로 인하여 타인에게 손해가 발생하여야 한다. 즉 영조물의 설치 또는 관리의 하자(흠)와 손해의 발생의 사이에 상당인과관계가 있어야 한다. 따라서 영조물의 설치 또는 관리의 하자(흠)와 손해의 발생 사이에 상당인과관계가 있는 이상, 손해발생의 직접적인 원인이 바람과 비와 같은 자연력에 있든, 제3자 또는 피해자의 행위에 있든, 「국가배상법」 제5조 제1항 전문의 요건을 충족한다(대법원 1992. 9. 22. 선고 92다30139 판결).

여기서 말하는 손해는 재산적 손해이든 비재산적 손해이든, 또는 적극적인 손해이든 소극적인 손해이든 상관이 없다.

(5) 배상심의회에 배상신청을 할 수도 있다

「국가배상법」 제2조와 제5조가 정한 요건을 충족하고 있는 경우에 피해자는 국가 또는 지방자치단체를 피고로 하여 손해배상청구소송을 제기하게 된다. 이 경우에 피해자는 배상심의회에 배상신청을 할 수 있다.

배상심의회는 법무부에 두는 본부심의회, 군인 또는 군무원이 타인에게 가한 배상결정을 심의하기 위하여 국방부에 두는 특별심의회, 이들 밑에 각각 두고 있는 지구심의회가 있다.

배상심의회에서 배상금의 지급을 받고자 하는 사람은 그 주소지·소재지 또는 배상원인 발생지를 관할하는 지구심의회에 대하여 배상신청을 하여야 한다.

지구심의회는 배상신청을 받으면 지체없이 증인신문·감정·검증 등 증거조사를 한 후 그 심의를 거쳐 4주일 이내에 배상결정을 하여야 한다. 지구심의회가 배상결정을 한 때에는 그 결정이 있은 날로부터 1주일 이내에 그 결정정본을 신청인에게 송달하여야 한다. 배상결정을 받은 신청인은 지체없이 그 결정에 대한 동의서를 첨부하여 국가 또는 지방자치단체에 대하여 배상금 지급을 청구하여야 한다. 신청인이 배상금 지급의 청구를 하지 아니하거나 지방자치단체가 소정 기간내에 배상금을 지급하지 아니한 때에는 그 결정에 동의하지 아니한 것으로 본다.

3. 행정상 손실보상은 어떻게 손실을 전보하는가

(1) 행정상 손실보상이란 무엇인가

지금까지 보아온 행정상 손해배상의 일반법인 「국가배상법」은 공무원의 직무집행

행위가 법령에 위반한 것이라든가 공공의 영조물의 설치·관리에 관한 하자(흠)가 있는 것이라든가 해서 국가·지방자치단체의 행정작용에 흠이 있음을 이유로 국가·지방자치단체에 손해배상책임을 묻고 있다. 그러면 국가·지방자치단체의 행정작용이 적법함에도 불구하고 사인에게 손실을 입힌 경우에는 어떻게 되는가. 이 문제가 행정상 손실보상의 문제이다. 가장 전형적인 예를 들어보면, 고속도로를 건설하기 위하여 특정한 사람들의 토지가 필요한 경우가 있다. 토지를 갖고 있는 사람들이 임의의 매수에 응해주면 사업시행자가 토지를 매입하면 되기 때문에 문제는 없다. 그런 토지를 소유자가 팔지 아니하면 대체지를 찾아야 하는데 그것도 마땅하지 아니한 경우가 있다. 고속도로 건설을 위하여 특정 토지가 필요하지만, 취득할 방법이 없는 경우에는 「공익사업을 위한 토지 등의 취득 및 보상에 관한 법률」에 의거하여 강제로 필요한 토지를 취득하게 된다. 이 경우 토지소유자는 고속도로 건설이라는 공공의 필요 때문에 희생을 하게 된 것이다. 「공익사업을 위한 토지 등의 취득 및 보상에 관한 법률」은 공공의 필요로 인하여 토지를 강제적으로 취득 당하게 된 토지소유자에게 희생의 대가로 보상을 지급하고 있다. 앞에서 행정상 손실보상은 법치행정원리의 실현이 아니라 공평한 부담의 실현을 목적으로 한다는 것은 이러한 의미이다.

그런데 문제는 국가·지방자치단체의 적법한 행정작용으로 사인에게 손실을 입히는 경우는 무한히 많다는 점이다. 예컨대, 특정 도로가 일방통행의 도로로 지정되면 자동차를 운전하는 사람이 우회하지 아니하면 아니되는 데 이로 인하여 발생하는 손실, 특정 지역이 전용주거지역으로 지정되면 일조(日照) 등의 확보로 좋아하는 사람도 있겠지만 반면에 건축물의 높이가 제한됨으로써 입게되는 토지소유자의 손실 등 국가·지방자치단체의 행정작용으로 인하여 직접 또는 간접으로 사인이 입게 되는 손실은 일일이 열거하기 어렵다. 이와 같은 행정작용으로 인하여 직접 또는 간접으로 사인이 입게 되는 손실을 모두 국가·지방자치단체가 보상해야 된다면 국가·지방자치단체는 파탄을 면할 수 없게 된다. 따라서 행정상 손실보상의 개념을 한정할 필요가 있다. 이러한 필요에서 행정상 손실보상이란 공공필요에 의한 적법한 행정작용에 의하여 사인에게 발생한 손실이 특별한 희생인 경우에 그 특별한 희생에 대하여 국가·지방자치단체 등 행정주체가 행하는 전보를 말하는 것으로 한정된 것이다. 위의 예에서 고속도로 건설을 위해서 토지를 강제적으로 취득 당한 토지소유자에게 손실을 보상하는 것은 토지소유자가 입은 희생이 특별한 희생이기 때문이다.

(2) 특별한 희생이란 무엇인가

특별한 희생은 일반의 희생과 대칭되는 개념이다. 일반의 희생은, 설사 재산상의 제약이 따른다 하더라도 사회생활을 하는 사람으로서는 누구나 감수해야 하는 희생이고, 특별한 희생은 보상해 주어야 하는 희생이 되는 것이라면 일반의 희생과 특별한 희생을 판단하는 기준은 무엇인가. 이에 대하여 견해가 나뉜다.

첫째는 형식적인 기준설이다. 이 견해는 희생을 받은 사람이 특정된 또는 국한된 범위 내의 사람인가 일반인 또는 다수의 사람인가 라는 형식적 기준에 의하여 특정된 또는 국한된 범위 내의 사람인 경우를 특별한 희생으로 본다.

둘째는 실질적 기준설이다. 이 견해는 희생이 재산권의 본질적 내용을 침해한 것으로 평가될 수 있을 정도로 강력한 것인가라는 실질적 기준에 의하여, 예컨대, 재산에 대한 침해가 재산권의 본래의 효용을 발휘할 수 없을 정도의 침해이면 특별한 희생으로 본다.

셋째는 일종의 절충적 견해로서 형식적 기준설과 실질적 기준설을 상호 보완하여 개별적으로 일반의 희생과 특별한 희생을 판단하려고 한다.

(3) 특별한 희생인가 아닌가를 누가 정하는가

「헌법」 제23조는 제1항에서 "모든 국민의 재산권은 보장된다. 그 내용과 한계는 법률로 정한다"라고 하고, 제2항에서 "재산권의 행사는 공공복리에 적합하도록 하여야 한다"라고 한 다음, 제3항에서 "공공필요에 의한 재산권의 수용·사용 또는 제한 및 그에 대한 보상은 법률로써 하되, 정당한 보상을 지급하여야 한다"라고 규정하고 있다. 즉 「헌법」 제23조 제3항은 보상을 법률로써 정하도록 규정하고 있다. 따라서 헌법에 의하면 어떤 희생이 손실보상을 필요로 하는 특별한 희생인가 여부를 입법부가 정하도록 한 것이다. 이에 의거하여 비록 행정상 손실보상에 관한 일반법은 제정되어 있지는 않으나, 「공익사업을 위한 토지 등의 취득 및 보상에 관한 법률」을 비롯하여 「도로법」, 「재난 및 안전관리기본법」 등의 수 많은 법률에서 손실보상에 관한 규정을 두고 있다.

(4) 직접 헌법의 규정에 의하여 구체적인 손실보상청구권이 발생하는가

재산권의 수용·사용 또는 제한 중 재산권의 수용·사용의 경우에는 특별한 희생에 대하여 법률이 손실보상에 관한 규정을 두고 있다. 그러나 재산권의 제한의 경우에는 그 제한이 특별한 희생에 해당하느냐의 여부가 문제되는 경우가 발생하고, 이 경우 특별한 희생에 해당함에도 불구하고 법률에서 손실보상의 근거규정을 두지 않고 있는 때에는 직접 헌법규정에 의하여 손실보상을 청구할 수 있느냐의 문제가 제기된다. 이를 긍정하는 견해가 있다. 이를 긍정하는 견해는「헌법」제23조 제3항에서 직접 구체적인 손실보상청구권이 발생한다는 견해도 있고,「헌법」제23조 제3항 제1문(재산권 보장)과 제11조(평등원칙)에서 직접 구체적인 손실보상청구권이 발생한다는 견해도 있다. 판례는 손실보상을 규정한 법률의 규정 및 손실보상을 규정한 법률규정의 유추적용으로 구체적인 손실보상청구권이 발생한다는 입장이며, 아직 헌법의 규정에서 직접 구체적인 손실보상청구권이 발생한다고 판시하고 있지 않는 것으로 보인다.

헌법재판소는 구 도시계획법 제21조(개발제한구역의 지정)에 대한 헌법소원사건에서 "이 사건 법률조항에 의한 재산권의 제한은 개발제한구역으로 지정된 토지를 원칙적으로 지정 당시의 지목과 토지 현황에 의한 이용방법에 따라 사용할 수 있는 한, 재산권에 내재하는 사회적 제약을 비례의 원칙에 합치하게 합헌적으로 구체화한 것이라고" 하여 특별한 희생이 아니라고 하였다. 그러나 "종래의 지목과 토지 현황에 의한 이용방법에 따른 토지의 사용도 할 수 없거나 실질적으로 사용·수익을 전혀 할 수 없는 예외적인 경우에도 아무런 보상 없이 이를 감수하도록 하고 있는 한, 비례의 원칙에 위반되어 당해 토지소유자의 재산권을 과도하게 침해하는 것으로서「헌법」에 위반된다"라고 하여 '종래의 지목과 토지 현황에 의한 이용방법에 따른 토지의 사용도 할 수 없거나 실질적으로 사용·수익을 전혀 할 수 없는 예외적인 경우'는 특별한 희생이고 이에 관하여 손실보상규정을 두지 아니한 구 도시계획법 제21조는 위헌이라고 하였다(헌법재판소 1998. 12. 24. 89헌마214. 90헌바16, 97헌바78(병합)결정). 이 헌법재판소의 결정에 따라 입법부는「개발제한구역의 지정 및 관리에 관한 특별조치법」제17조에서 위 '예외적인 경우'에 대한 손실보상을 규정하였다.

(5) 어느 정도의 내용의 보상이 되어야 하나

특별한 희생이어서 손실보상을 해야 할 경우에 어느 정도의 내용의 보상이 되어야 하는지 문제가 된다.「헌법」제23조 제3항은 "정당한 보상을 지급하여야 한다"라고 규정하고 있다. 따라서 '정당한 보상'이 무엇을 의미하느냐가 문제가 된다. '정당한 보상'의 해석에 관하여는 완전보상설·상당보상설 등 견해가 나뉜다. 완전보상설은 침해된 재산이 가지는 객관적 가치를 완전히 보상해야 된다는 견해이고, 상당보상설은 상당한 보상이면 되는 것이지 반드시 완전한 보상이어야 하는 것은 아니라는 견해이다. 대법원은 "「헌법」 제23조 제3항에 따른 정당한 보상이란 원칙적으로 피수용재산의 객관적인 재산가치를 완전하게 보상하여야 한다는 완전보상을 뜻하는 것이다"(대법원 2001. 9. 25. 선고 2000두2426 판결)라고 하여 원칙적으로 완전보상설을 지지하고 있다. 헌법재판소도 "「헌법」이 규정한 정당한 보상이란 손실보상의 원인이 되는 재산권의 침해가 기존의 법질서 안에서 개인의 재산권에 대한 개별적인 침해인 경우에는 그 손실보상은 원칙적으로 피수용재산의 객관적인 재산가치를 완전하게 보상하는 것이어야 한다는 완전보상을 뜻하는 것으로서 보상액뿐만 아니라 보상의 시기나 방법 등에 있어서도 어떠한 제한을 두어서는 아니된다는 것을 의미한다고 할 것이다"(헌법재판소 1990. 6. 25. 89헌마107 결정)라고 하여 역시 원칙적으로 완전보상설을 지지하고 있다.

(6) 구체적인 손실보상의 내용은 어떠한가

구체적인 손실보상의 내용은 「공익사업을 위한 토지 등의 취득 및 보상에 관한 법률」이 상세히 규정하고 있다. 「공익사업을 위한 토지 등의 취득 및 보상에 관한 법률」에 의하면, 보상액의 산정은 협의에 의한 경우에는 협의 성립 당시의 가격을, 재결에 의한 경우에는 수용 또는 사용의 재결 당시의 가격을 기준으로 한다. 보상액의 산정에 있어서 당해 공익사업으로 인하여 토지 등의 가격에 변동이 있는 때에는, 즉 개발이익이 발생한 때에는 개발이익을 배제하여 산정한다.

「공익사업을 위한 토지 등의 취득 및 보상에 관한 법률」은 토지와 토지 이외의 재산권보상뿐만 아니라 재산권의 수용·사용에 부수하여 영업을 폐지하거나 휴업함에 따른 영업손실에 대한 보상 등 이른바 일실(逸失)손실보상 및 직접 공공사업에 제공된 것은 아니나 사업지 밖에 위치하여 당해 공공사업으로 인하여 손실을 받게 된 경우에 그 손실에 대한 보상인 간접보상 등을 규정하고 있다.

(7) 생활권보상이란 무엇인가

예를 들어 댐을 건설함으로 인하여 마을 전체가 수몰되어 수몰된 지역에서 살고 있던 주민이 딴 곳에 이주하여 생활하지 않으면 아니되는 경우가 있다. 이 경우에 수몰된 지역에 살고 있던 주민이 토지·건물 등의 재산에 대하여 금전의 보상을 받았다고 하더라도, 생활의 기반(基盤) 자체가 없어져 버렸기 때문에, 재산에 대한 금전보상만으로는 이주되기 전과 동일한 생활을 할 수가 없다. 따라서 이들 주민에게는 재산에 대한 금전보상 외에 이들이 다시 종래의 생활을 할 수 있도록 도와주는 보상이 필요하다. 이 보상을 생활권보상이라고 한다. 「공익사업을 위한 토지 등의 취득 및 보상에 관한 법률」, 「댐건설 및 주변지역지원 등에 관한 법률」, 「산업입지 및 개발에 관한 법률」 등이 생활권보상의 근거규정을 마련하고 있다.

현행법상의 생활권보상에는 피보상자에게 직접 지급되는 생활보상금과 그 밖의 피보상자의 생활재건을 위한 조치가 있다. 이주 정착금, 주거이전에 필요한 비용과 가재도구 등의 운반에 필요한 비용보상, 공익사업의 시행으로 농어업을 계속할 수 없게 되어 이주하는 농어민이 지급받을 보상금이 없거나 미미한 경우 지급하는 보상 등은 전자의 예이고, 고용·직업훈련·댐주변지역의 정비사업이나 지원사업 및 친환경공간조성 등은 후자의 예이다.

4. 행정상 손해배상과 행정상 손실보상만으로 충분한가

(1) 예방접종사고를 생각한다

「감염병의 예방 및 관리에 관한 법률」이라는 법률이 있다. 이 법률은 제24조에서 필수예방접종을, 제25조에서 임시예방접종에 관하여 규정한 후, 제71조 제1항에서 "국가는 제24조 및 제25조에 따라 예방접종을 받은 자가 그 예방접종으로 인하여 질병에 걸리거나 장애인이 되거나 사망하였을 때에는 대통령령이 정하는 기준과 절차에 따라 다음 각호의 구분에 따른 보상을 하여야 한다"라고 규정하고 있다. 예방접종은 전염병의 발생과 유행을 방지하기 위하여 반드시 필요하다. 그러나 부작용이 따른다.

예방접종으로 다른 질병에 걸리거나 장애인이 되거나 심지어 사망에 이르는 경우가 있다. 문헌에 의하면 이러한 부작용은 불가피한 모양이다. 일정한 율의 부작용 발생에도 불구하고 절대 다수의 많은 사람들의 건강을 지켜준다. 그래서 예방접종사고를 악마의 제비뽑기라고 한다. 「감염병의 예방 및 관리에 관한 법률」제71조에 의하여 피해의 국가보상을 규정하기 전에는 예방접종으로 불행한 사고가 발생하여도 피해자는 구제를 받을 수 없었다. 행정상 손해배상의 경우 구제를 받기 위해서는 「국가배상법」이 정한 요건을 충족하여야 하는데 의사의 과실을 입증할 수가 없었다. 행정상 손실보상의 경우 생명·신체에 대한 침해는 재산에 대한 침해와 달리 특별한 희생으로 볼 법적 근거가 없었다. 결국 「감염병의 예방 및 관리에 관한 법률」을 개정함으로써 입법적으로 해결하게 된 것이다.

(2) 손해배상제도와 손실보상제도 사이에는 틈이 있다

예방접종사고의 예에서 본 바와 같이 행정상 손해배상제도와 행정상 손실보상제도 사이에는 틈이 있어 구제를 받을 수 없는 영역이 존재한다. 「국가배상법」이 규정하고 있는 요건을 우리가 앞에서 본 바와 같이 해석한다면, 위법하지만 고의·과실이 없어 배상을 받지 못하는 사례가 있을 수 있다. 또한 손실보상에 관한 법제를 종전대로 해석하는 한, 실정법의 규정이 없어 보상를 받지 못하는 사례가 발생할 수 있다.

(3) 양 제도의 틈을 어떻게 메울 것인가

행정상 손해배상과 손실보상 사이에 존재하는 틈을 어떻게 메울 것인가에 대하여는 이미 있는 법의 해석을 통하여 메우는 방법과 입법에 의하여 메우는 방법을 생각할 수 있다. 법의 해석을 통하여 메우는 방법은 결국 행정상 손해배상과 행정상 손실보상의 근거법률의 해석을 통하여 양 제도 간의 틈을 메우는 것이다. 행정상 손해배상에 있어서는 「국가배상법」이 정하고 있는 요건을 넓게 해석하려는 노력이 행하여지고 있다. 예컨대 제2조에 규정된 과실을 국가작용의 흠의 표현으로 해석한다거나, 제5조에 규정된 설치·관리의 하자(흠)를 기능적 하자(흠)까지 포함하여 해석하는 것 등이다. 또한 행정상 손실보상에 있어서는 법률에 보상규정이 없어 보상을 청구할 수 없는 경우 행정주체의 침해의 효과가 수용과 다름이 없을 때에는 적법한 수용이 있는 것과 마찬가지로 피해자는 그로 인한 손실의 보상을 청구할 수 있다고 해석하는 이른바 수용유사 침해론·수용적 침해론·희생보상청구권 등이다. 이러한 해석론을 우리 실정법의 해석론으로 받아들이는 것은 해석론이 지켜야 할 한계를 넘고 있다고 보고, 예방접종사고의 예에서와 같이 입법에 의하여 틈을 메워야 한다는 견해가 있다.

V. 헌법소송에 의한 시정방법은 어떤 것인가

1. 행정구제수단으로서의 헌법소송은 어떤 것이 있나

헌법소송은 헌법의 적용과정과 다툼이 있는 경우에 그 다툼을 헌법재판소가 해결하는 절차이다. 헌법소송에는 위헌법률심판, 탄핵심판, 정당해산심판, 권한쟁의심판, 헌법소원심판이 있다(「헌법」제111조 제1항, 「헌법재판소법」제2조). 이 중 직접 행정구제수단으로 기능하고 있는 것은 권한쟁의심판과 헌법소원심판이다.

권한쟁의심판은 국가기관 상호간, 국가기관과 지방자치단체간 및 지방자치단체 상호간에 그 권한의 존부나 범위에 대하여 다툼이 있는 경우에 헌법재판소가 그 권한의 존부나 범위를 확정하는 심판이다. 지방자치단체간에 경계분쟁(매립지 등 지역 귀속결정은 별도임)이 발생한 경우에, 관계 지방자치단체의 협의, 신청에 의한 행정안전부장관이나 도지사 등에 의한 조정에 의하여 해결되지 아니하는 때에는 권한쟁의심판을 청구하고 있다.

헌법소원심판은 국가의 공권력의 행사 또는 불행사로 인하여 국민의 기본권이 침해당한 경우에 국민의 청구에 의하여 헌법재판소가 행하는 심판이다. 예컨대, 고양시가 일산도시설계를 하면서 고양시 일산지구 내 다가구주택의 가구수를 3가구 이하로 제한한 사건에서 헌법재판소는 이러한 도시계획의 성격을 구속적 행정계획인 공권력의 행사이고, '건축물의 가구수를 제한하는 것'을 「헌법」제23조의 재산권 보장의 대상인 청구인의 다가구주택에 대한 사용·수익권능의 행사의 제한으로 즉 국민의 기본권을 침해하는 것으로 보아 헌법소원심판을 허용하고 있다(헌법재판소 2003. 6. 26. 2002헌마402 결정). 헌법소원심판은 행정청의 처분 등이나 부작위에 대하여 제기하는 소송인 항고소송과 다르다. 그러나 항고소송도 '공권력의 행사 또는 그 거부와 그 밖에 이에 준하는 행정작용'으로 인하여 '국민의 권리 또는 이익이 침해당하는 경우'에 국민의 청구에 의하여 법원이 행하는 심판이라는 점에서 헌법소원심판과 유사한 점이 있다. 따라서 헌법소원심판은 사인에 대하여 중요한 행정구제수단으로 기능하고 있다.

2. 보충성의 원칙이란 무엇인가

「헌법재판소법」제68조 제1항은 본문에서 "공권력의 행사 또는 불행사로 인하여 헌법상 보장된 기본권을 침해받은 자는 법원의 재판을 제외하고는 헌법재판소에 헌법소원심판을 청구할 수 있다"라고 규정한 다음, 그 단서에서 "다만, 다른 법률에 구제절차가 있는 경우에는 그 절차를 모두 거친 후가 아니면 청구할 수 없다"라고 규정하고 있다. 이 단서의 규정을 보충성의 원칙이라고 한다. 이 단서의 뜻은 헌법소원이 그 본질상 헌법상 보장된 기본권 침해에 대한 예비적이고 보충적인 최후의 구제수단이므로 공권력 작용으로 말미암아 기본권의 침해가 있는 경우에는 먼저 다른 법률이 정한 절차에 따라 침해된 기본권의 구제를 받기 위한 수단을 다하였음에도 불구하고 그 구제를 받지 못한 경우에 비로소 헌법소원심판을 청구할 수 있다는 것이다(헌법재판소 1993. 12. 23. 92헌마247 결정). 주의해야할 점은 여기서 말하는 권리구제절차란 공권력의 행사 또는 불행사를 직접 대상으로 하여 그 효력을 다툴 수 있는 권리구제절차를 의미하는 것이며, 사후적·보충적 구제수단인 손해배상청구나 손실보상청구를 의미하는 것이 아니라는 점이다(헌법재판소 1989. 4. 17. 88헌마3 결정).

헌법재판소는, 명문의 규정은 없지만, 보충성의 원칙에 대하여 예외를 인정하고 있다. 헌법재판소는 '사전에 구제절차를 거칠 것을 기대하기 곤란한 경우'에는 예외를 인정한다. 예컨대, 집회 및 시위의 진압명령의 실행이 완료되어 진압명령에 대하여 행정소송을 제기하더라도 소의 이익이 없다고 하여 각하될 가능성이 매우 큰 경우에 구제절차가 있다고 하더라도 권리구제의 기대가능성이 없고 다만 기본권 침해를 당한 사람에게 불필요한 우회절차를 강요하는 것 밖에 되지 않는 경우로서 진압명령에 대한 심판청구는 권리구제절차를 밟지 아니하였다고 하더라도 적법하다(헌법재판소 1995. 12. 28. 91헌마80 결정)라고 하였다. 또한 헌법재판소는 '법률상 구제절차가 없는 경우'에도 예외를 인정한다. 과거 대법원은 토지대장 등 지적공부에 등록된 지목변경신청에 대한 행정청의 거부행위를 행정소송의 대상이 되는 행정처분이 아니라고 하였다(지금은 판례변경하였다). 헌법재판소는 지목변경신청 거부행사에 대하여 행정소송을 제기할 수 없고 달리 다른 법률에 구제절차가 있는 것도 아니어서 거부행위에 대하여 바로 헌법소원을 청구하였다고 하더라도 보충성의 요건에 반하지 아니한다고 하였다(헌법재판소 1999. 6. 24. 97헌마315 결정 등). 헌법재판소는 대법원의 선례가 명확하게 존재하는 특정한 행정작용에 해당하지 않는 이상 '법률상 구제절차가 없는 경우'의 유형으로 본다.

따라서 공권력의 행사 또는 불행사로 이익을 침해받은 사람이 다투고자 하는 경우에는 공권력 행사 또는 불행사 중 행정처분에 해당하는 것은 먼저 항고소송으로 다투어야 한다. 그러나 행정처분에 해당하지 아니하는 것은 항고소송을 제기할 수 없고, 헌법소원심판을 제기하여 다투어야 한다.

3. 헌법소원심판에도 청구기간이 있다.

헌법소원에는 두 가지가 있다. 그 하나는 공권력의 행사 또는 불행사로 인하여 기본권이 침해된 경우에 기본권을 침해받은 사람이 제기하는 권리구제형 헌법소원(헌법재판소법 제68조 제1항)이고, 다른 하나는 법원에 위헌법률심판의 제청신청을 하였으나 기각된 경우에 제청신청을 한 당사자가 헌법재판소에 제기하는 위헌심사형 헌법소원(동조 제2항)이다.

권리구제형 헌법소원의 심판은 "그 사유가 있음을 안 날로부터 90일 이내에, 그 사유가 있은 날부터 1년 이내에 청구하여야 한다"(동법 제69조 제1항 본문).

'안 날'은 기본권을 침해당한 공권력의 행사가 있은 사실을 현실적으로 안 날이며, '있은 날'은 기본권을 침해한 공권력의 행사가 현실적으로 효력을 발생한 날이다. '안 날' 과 '있은 날'의 관계는 헌법소원심판의 청구가 '안 날'규정이나 '있은 날'규정 가운데 어느 하나에 저촉되면 청구기간이 경과한 것으로 되어 부적법한 청구가 된다. "다만, 다른 법률에 의한 구제절차를 거친 헌법소원의 심판은 그 최종결정을 통지받은 날로부터 30일 이내에 청구하여야 한다"(동조 동항 단서).

위헌심사형 헌법소원의 심판은 "위헌 여부 심판의 제청신청을 기각하는 결정을 통지받은 날부터 30일 이내 청구하여야 한다"(동조 제2항).

사항색인

◆ 사항색인 ◆

[ㅊ]

저자 약력

- 서울대학교 법과대학 졸업
- 서울대학교 대학원 수료
- 건국대학교 법과대학 교수
- 독일 자유Berlin대학 및 Speyer대학 객원교수
- 법무부 법무자문위원회 공법연구 특별분과
  (행정심판법·행정소송법 제정)위원회 위원
- 총무처 제1차 행정절차법안 심의위원회 위원
- 법무부 법무자문위원회 민사특별법제정특별분과위원회 위원
- 한국공법학회 회장
- 한국환경법학회 회장
- 총무처 제2차 행정절차법안 심의위원회 위원
- 국무총리 행정심판위원회 위원
- 행정자치부 자문위원회 행정절차분과위원회 위원장
- 한국행정판례연구회 회장
- 행정자치부 자문위원회 행정절차정보공개분과위원회 위원장
- 행정자치부 정책자문위원회 위원장
- 한국행정판례연구회 명예회장
- 한국행정법학회 이사장
- 사법시험·행정고등고시·외무고등고시·입법고등고시·
  법원행정고시 등 각종 시험위원

저 서

- 行政法 Ⅰ(박영사)
- 行政法 Ⅱ(박영사)
- 判例敎材 行政法(共著)(법문사)
- 鑑定評價 및 補償法論(범론사)
- 註釋 地方自治法(共著)(한국행정사법학회)
- 註釋 行政訴訟法(編輯代表)(박영사)
- 행정법입문(고시계사)
- 행정법(고시계사)
- 행정절차와 행정소송(피앤씨미디어)

전면개정 제6판 행정법입문

초 판 발 행	2010년 8월 1일
전면개정제2판발행	2012년 11월 10일
전면개정제3판발행	2014년 3월 10일
전면개정제4판발행	2018년 2월 12일
전면개정제5판발행	2020년 3월 2일
전면개정제6판발행	2021년 3월 5일

저   자   김 철 용
발   행   인   정 상 훈
발   행   처   고시계사

서울특별시 관악구 봉천로 472
코업레지던스 B1층 102호 고시계사

대 표 817-2400   팩 스 817-8998
考試界·고시계사·미디어북 817-0418~9
www.gosi-law.com
E-mail : goshigye@chollian.net